Garfield

ALBUM GARFIELD #18

PRESSES AVENTURE

Copyright © 2006 par PAWS, Inc. Tous droits réservés.
www.garfield.com
Garfield et les autres personnages Garfield sont des marques déposées ou non déposées de Paws inc.

Publié par **Presses Aventure,** une division de
Les Publications Modus Vivendi inc.
5150, boul. Saint-Laurent
Montréal (Québec)
Canada
H2T 1R8

Conception de la couverture : Marc Alain
Infographie : Modus Vivendi
Version française : Jean-Robert Saucyer

Dépôt légal, 1er trimestre 2006
Bibliothèque nationale du Québec
Bibliothèque nationale du Canada

ISBN : 2-89543-331-3

Tous droits réservés. Imprimé au Canada. Aucune section de cet ouvrage ne peut être reproduite, mémorisée dans un système central ou transmise de quelque manière que ce soit ou par quelque procédé, électronique, mécanique, photocopie, enregistrement ou autre, sans la permission écrite de l'éditeur.

Nous reconnaissons le soutien financier du gouvernement du Canada par l'entremise du Programme d'aide au développement de l'industrie de l'édition (PADIÉ) pour nos activités d'édition.

Gouvernement du Québec – Programme de crédit d'impôt pour l'édition de livres – Gestion SODEC

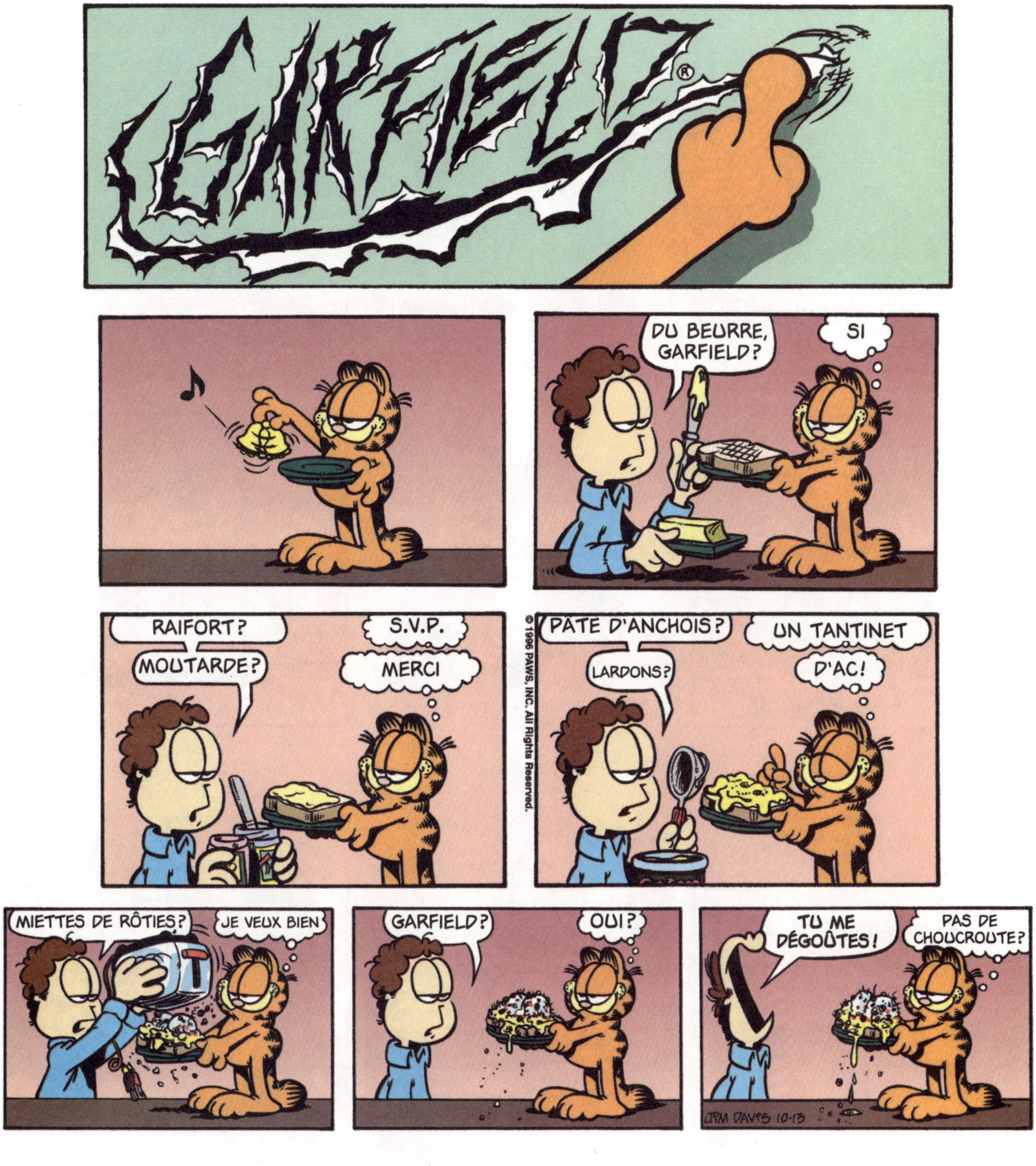
GARFIELD®
DU BEURRE, GARFIELD?
SI
RAIFORT?
S.V.P.
MOUTARDE?
MERCI
© 1996 PAWS, INC. All Rights Reserved.
PATE D'ANCHOIS?
UN TANTINET
LARDONS?
D'AC!
MIETTES DE RÔTIES?
JE VEUX BIEN
GARFIELD?
OUI?
TU ME DÉGOÛTES!
PAS DE CHOUCROUTE?
JPM DAVIS 10-13

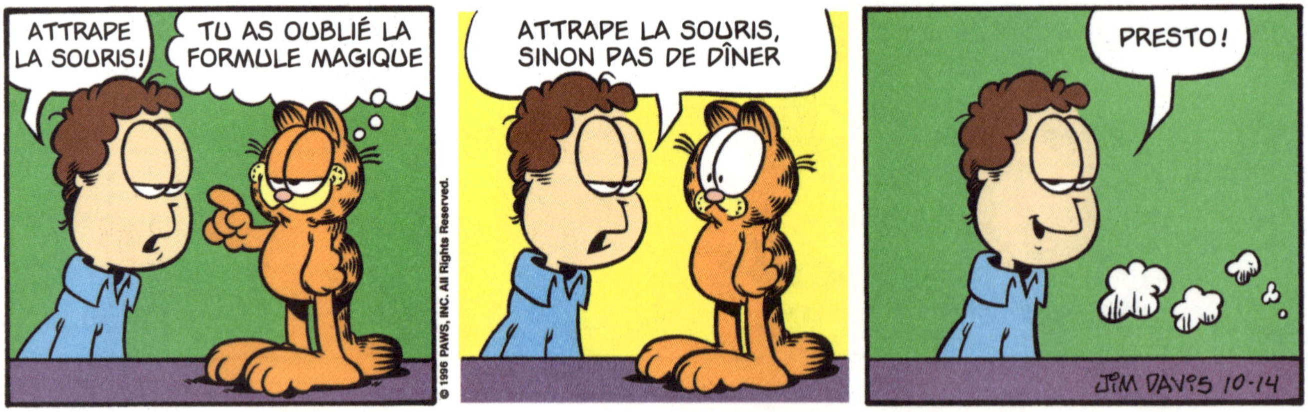
ATTRAPE LA SOURIS!
TU AS OUBLIÉ LA FORMULE MAGIQUE
© 1996 PAWS, INC. All Rights Reserved.
ATTRAPE LA SOURIS, SINON PAS DE DÎNER
PRESTO!
JIM DAVIS 10-14

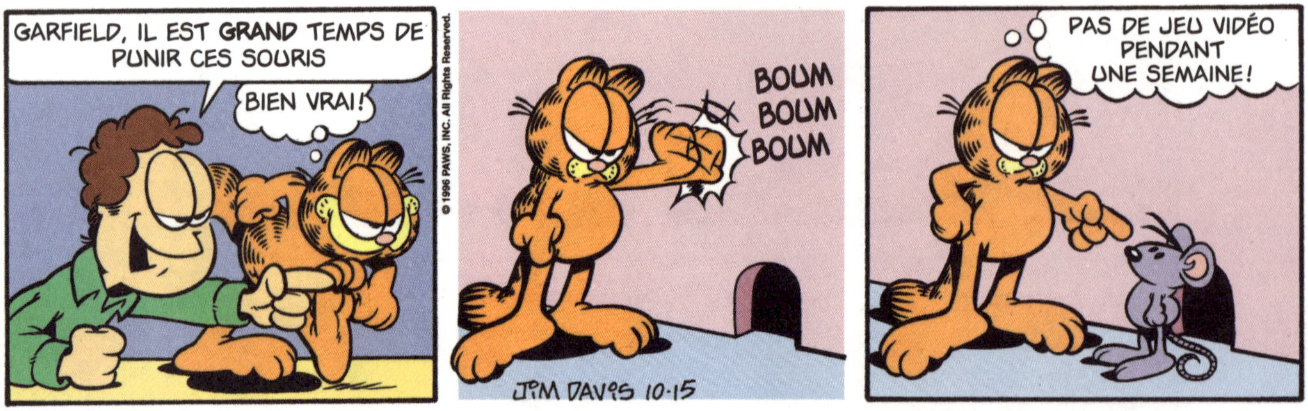
GARFIELD, IL EST GRAND TEMPS DE PUNIR CES SOURIS
BIEN VRAI!
© 1996 PAWS, INC. All Rights Reserved.
BOUM BOUM BOUM
JIM DAVIS 10-15
PAS DE JEU VIDÉO PENDANT UNE SEMAINE!

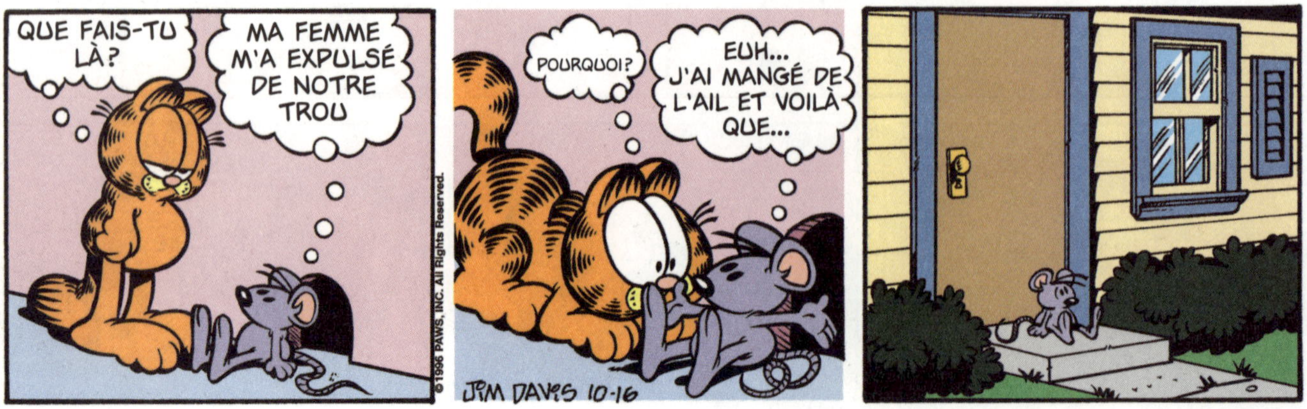
QUE FAIS-TU LÀ?
MA FEMME M'A EXPULSÉ DE NOTRE TROU
© 1996 PAWS, INC. All Rights Reserved.
POURQUOI?
EUH... J'AI MANGÉ DE L'AIL ET VOILÀ QUE...
JIM DAVIS 10-16

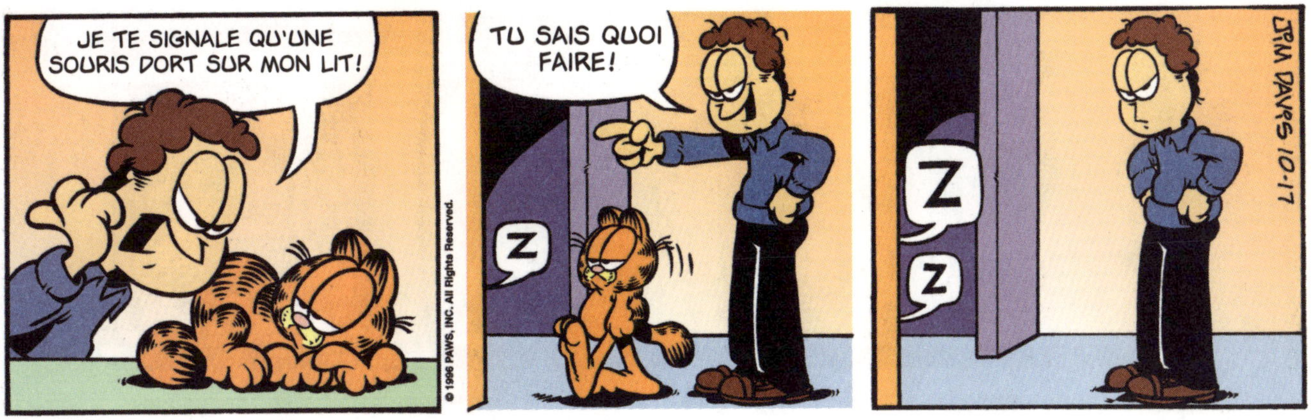
JE TE SIGNALE QU'UNE SOURIS DORT SUR MON LIT!
© 1996 PAWS, INC. All Rights Reserved.
TU SAIS QUOI FAIRE!
Z
Z
Z
Z
JIM DAVIS 10-17

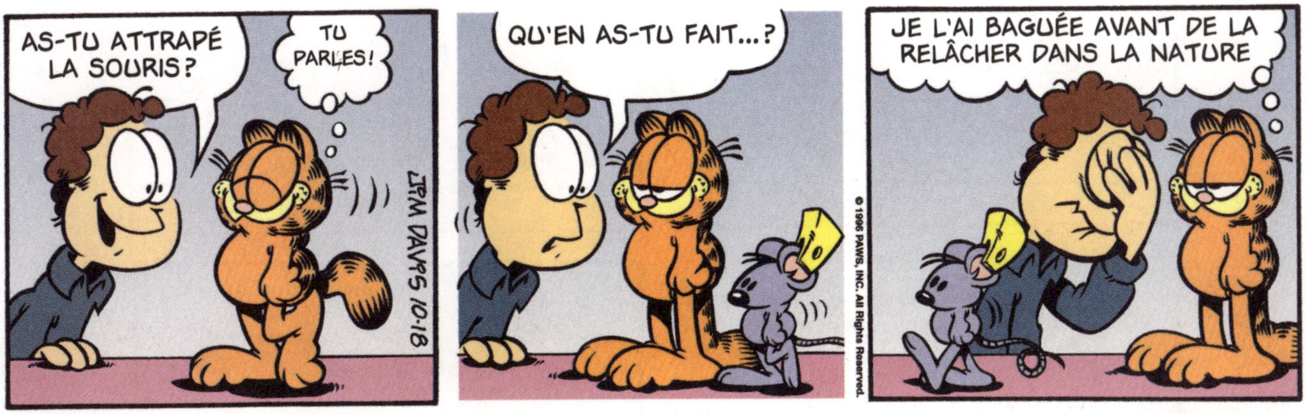
AS-TU ATTRAPÉ LA SOURIS?
TU PARLES!
JIM DAVIS 10-18
QU'EN AS-TU FAIT...?
© 1996 PAWS, INC. All Rights Reserved.
JE L'AI BAGUÉE AVANT DE LA RELÂCHER DANS LA NATURE

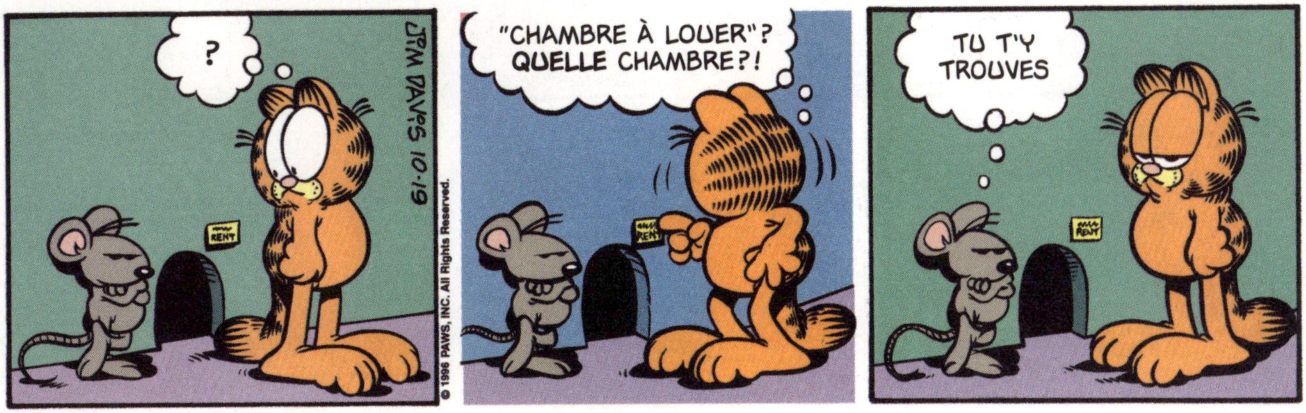
?
RENT
JIM DAVIS 10-19
© 1996 PAWS, INC. All Rights Reserved.
"CHAMBRE À LOUER"? QUELLE CHAMBRE?!
RENT
TU T'Y TROUVES
RENT

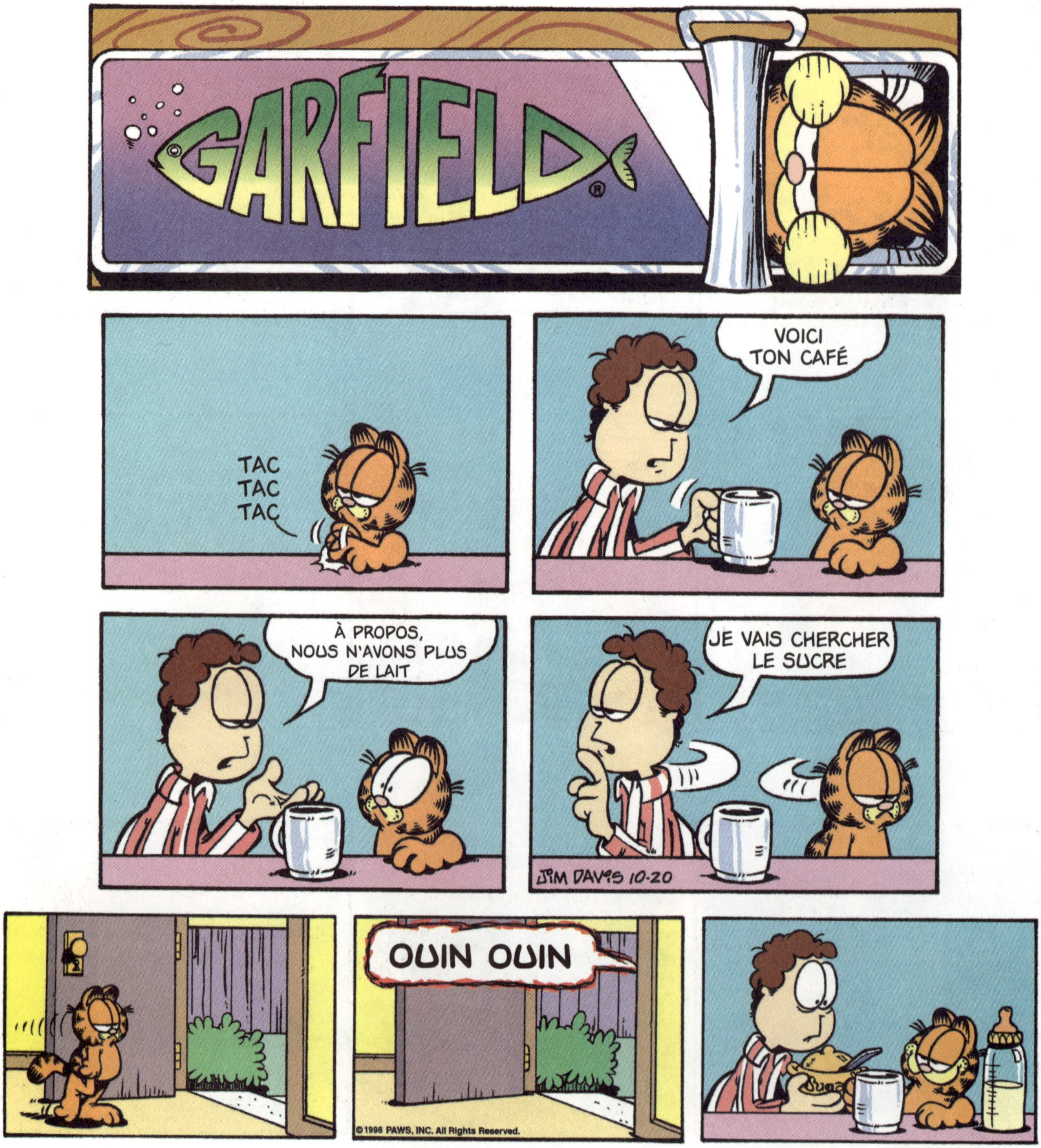
GARFIELD®
TAC TAC TAC
VOICI TON CAFÉ
À PROPOS, NOUS N'AVONS PLUS DE LAIT
JE VAIS CHERCHER LE SUCRE
JIM DAVIS 10-20
OUIN OUIN
©1998 PAWS, INC. All Rights Reserved.

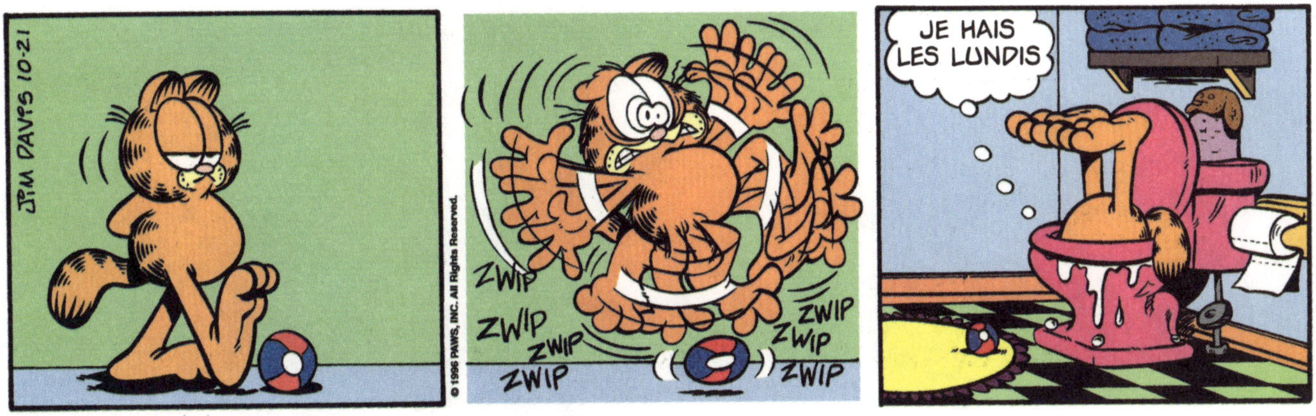
JIM DAVIS 10-21
© 1996 PAWS, INC. All Rights Reserved.
ZWIP
ZWIP
ZWIP
ZWIP
ZWIP
ZWIP
ZWIP
JE HAIS LES LUNDIS

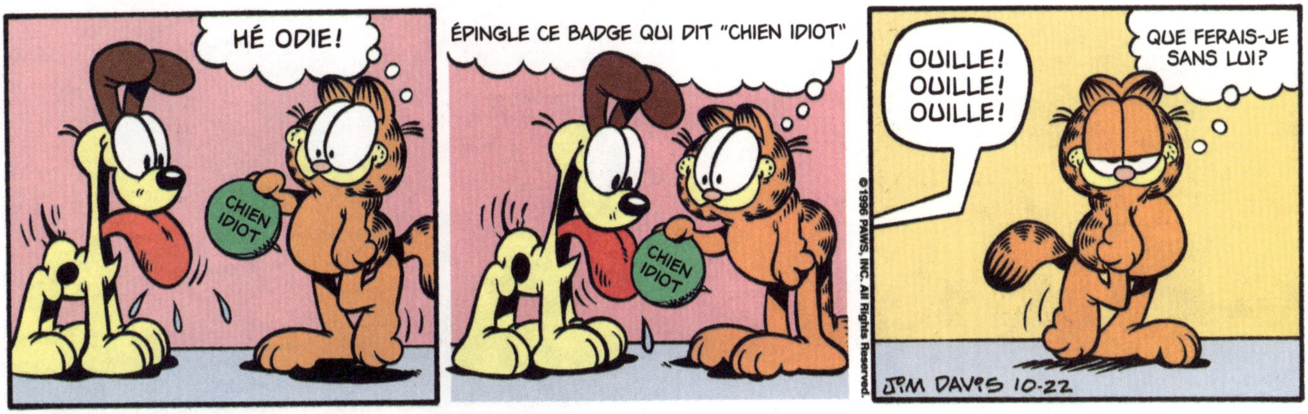
HÉ ODIE!
CHIEN IDIOT
ÉPINGLE CE BADGE QUI DIT "CHIEN IDIOT"
CHIEN IDIOT
© 1996 PAWS, INC. All Rights Reserved.
OUILLE! OUILLE! OUILLE!
QUE FERAIS-JE SANS LUI?
JIM DAVIS 10-22

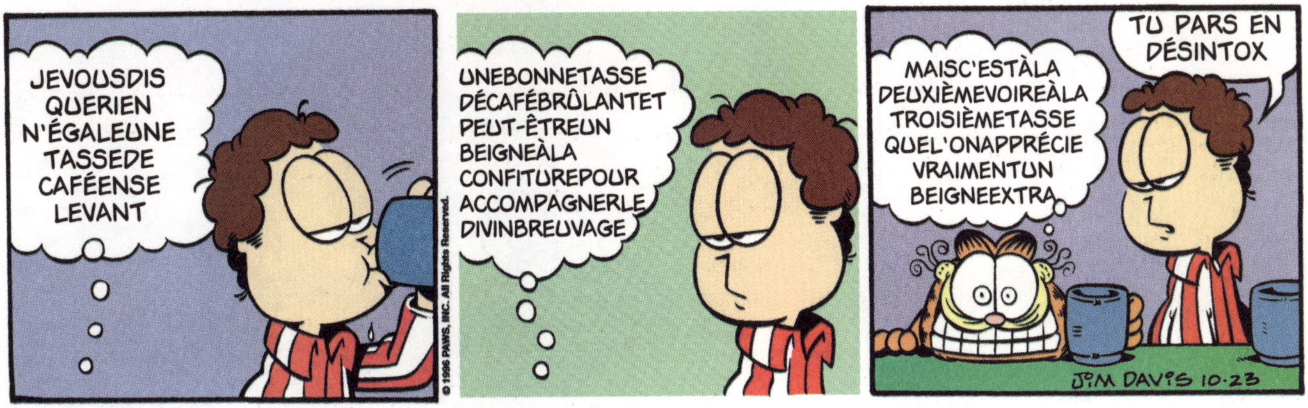
JEVOUSDIS QUERIEN N'ÉGALEUNE TASSEDE CAFÉENSE LEVANT
© 1996 PAWS, INC. All Rights Reserved.
UNEBONNETASSE DÉCAFÉBRÛLANTET PEUT-ÊTREUN BEIGNEÀLA CONFITUREPOUR ACCOMPAGNERLE DIVINBREUVAGE
MAISC'ESTÀLA DEUXIÈMEVOIREÀLA TROISIÈMETASSE QUEL'ONAPPRÉCIE VRAIMENTUN BEIGNEEXTRA
TU PARS EN DÉSINTOX
JIM DAVIS 10-23

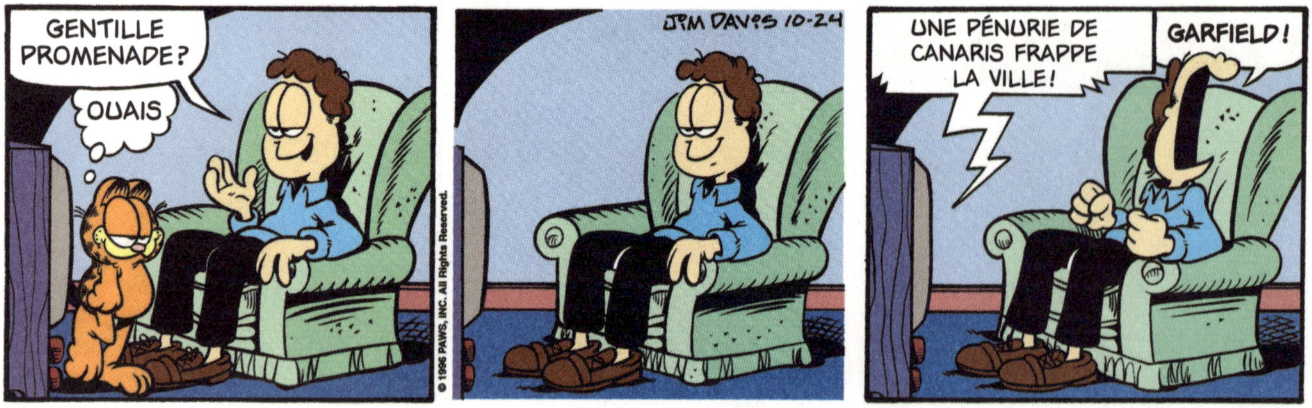
GENTILLE PROMENADE?
OUAIS
JIM DAVIS 10-24
UNE PÉNURIE DE CANARIS FRAPPE LA VILLE!
GARFIELD!
© 1996 PAWS, INC. All Rights Reserved.

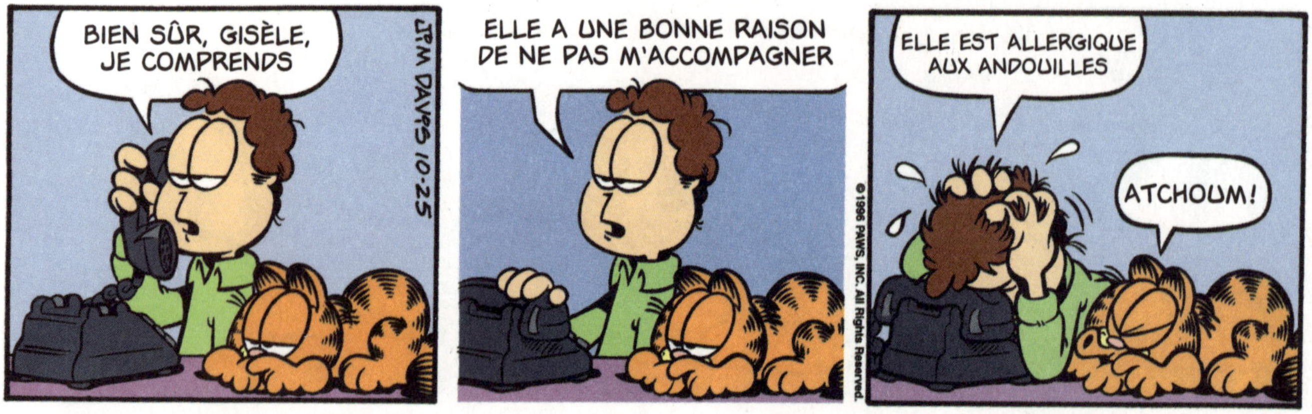
BIEN SÛR, GISÈLE, JE COMPRENDS
JIM DAVIS 10-25
ELLE A UNE BONNE RAISON DE NE PAS M'ACCOMPAGNER
ELLE EST ALLERGIQUE AUX ANDOUILLES
ATCHOUM!
© 1996 PAWS, INC. All Rights Reserved.

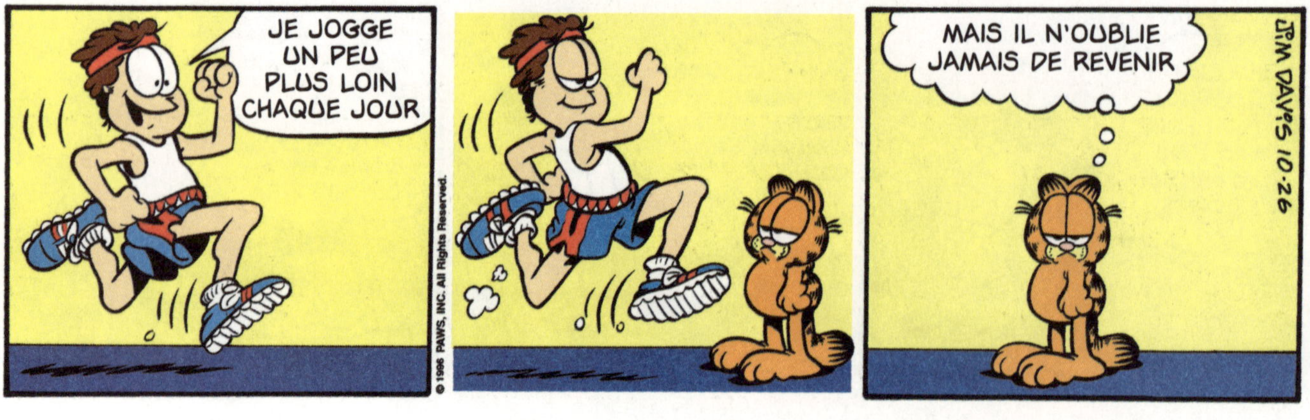
JE JOGGE UN PEU PLUS LOIN CHAQUE JOUR
MAIS IL N'OUBLIE JAMAIS DE REVENIR
JIM DAVIS 10-26
© 1996 PAWS, INC. All Rights Reserved.

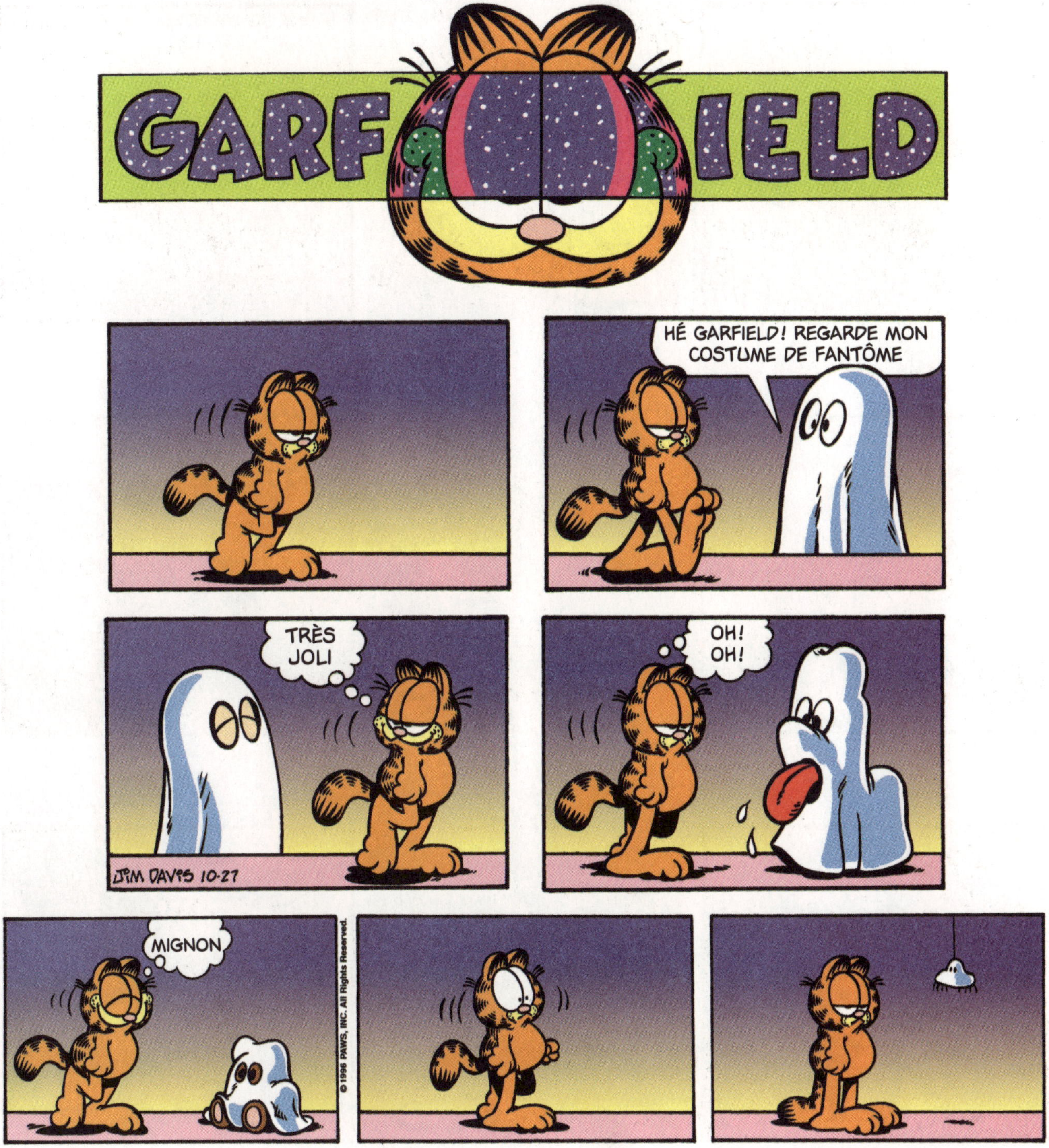
GARFIELD
HÉ GARFIELD! REGARDE MON COSTUME DE FANTÔME
TRÈS JOLI
JIM DAVIS 10-27
OH! OH!
MIGNON
© 1996 PAWS, INC. All Rights Reserved.

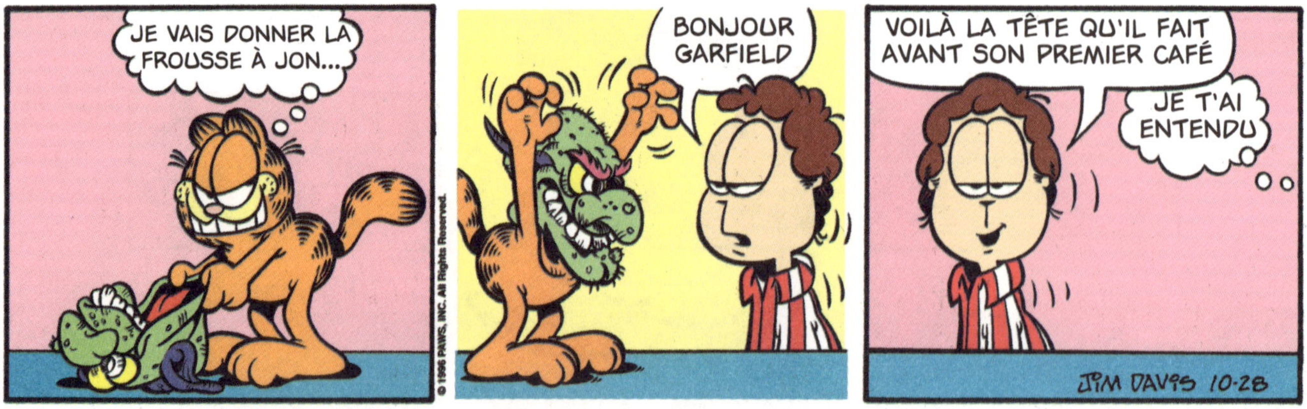
JE VAIS DONNER LA FROUSSE À JON...
BONJOUR GARFIELD
VOILÀ LA TÊTE QU'IL FAIT AVANT SON PREMIER CAFÉ
JE T'AI ENTENDU
JIM DAVIS 10-28
© 1996 PAWS, INC. All Rights Reserved.

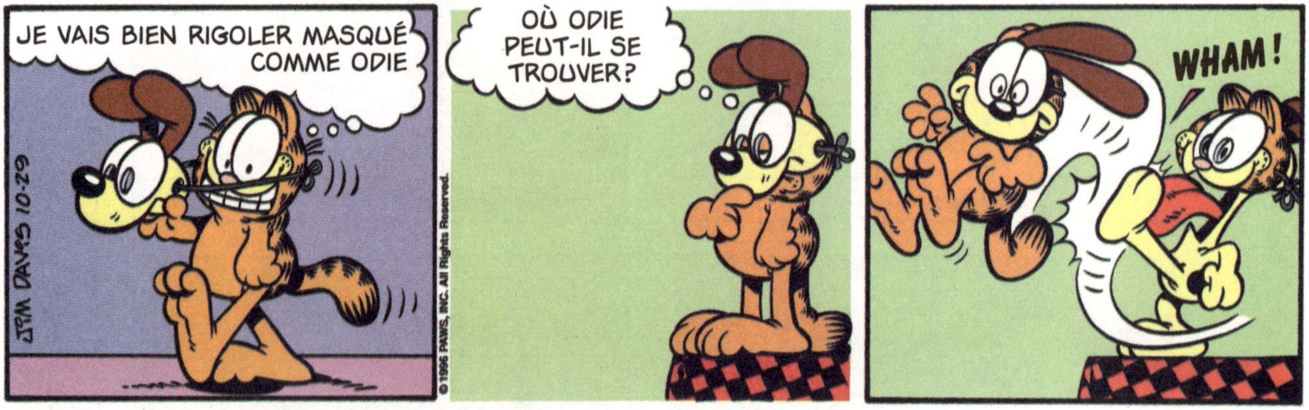
JE VAIS BIEN RIGOLER MASQUÉ COMME ODIE
JIM DAVIS 10-29
OÙ ODIE PEUT-IL SE TROUVER?
WHAM!
© 1996 PAWS, INC. All Rights Reserved.

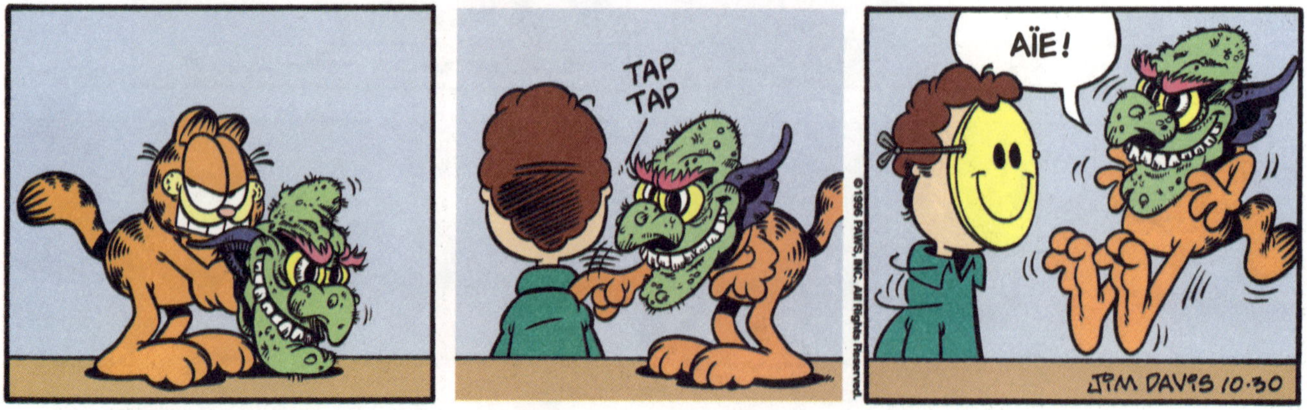
TAP TAP
AÏE!
JIM DAVIS 10-30
© 1996 PAWS, INC. All Rights Reserved.

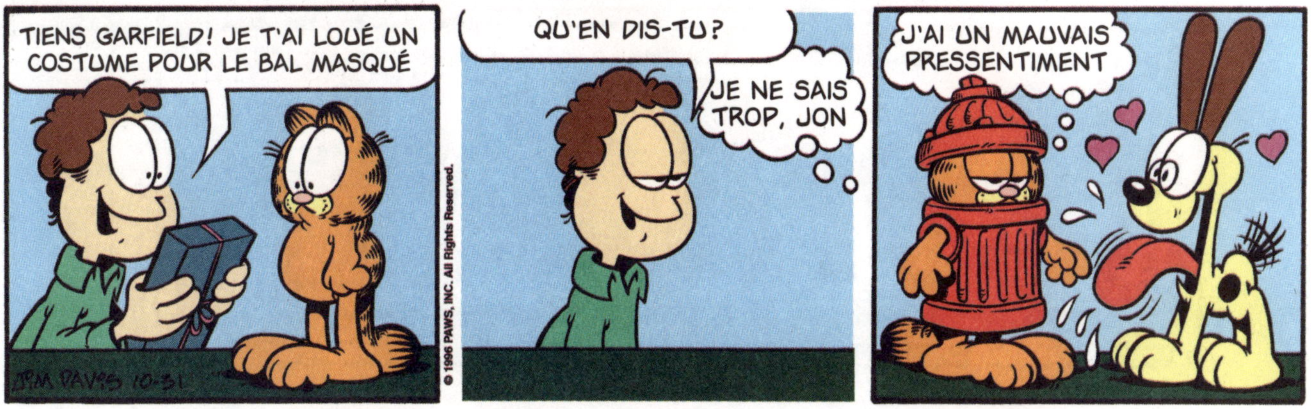
TIENS GARFIELD! JE T'AI LOUÉ UN COSTUME POUR LE BAL MASQUÉ
QU'EN DIS-TU?
JE NE SAIS TROP, JON
J'AI UN MAUVAIS PRESSENTIMENT
JIM DAVIS 10-31
© 1996 PAWS, INC. All Rights Reserved.

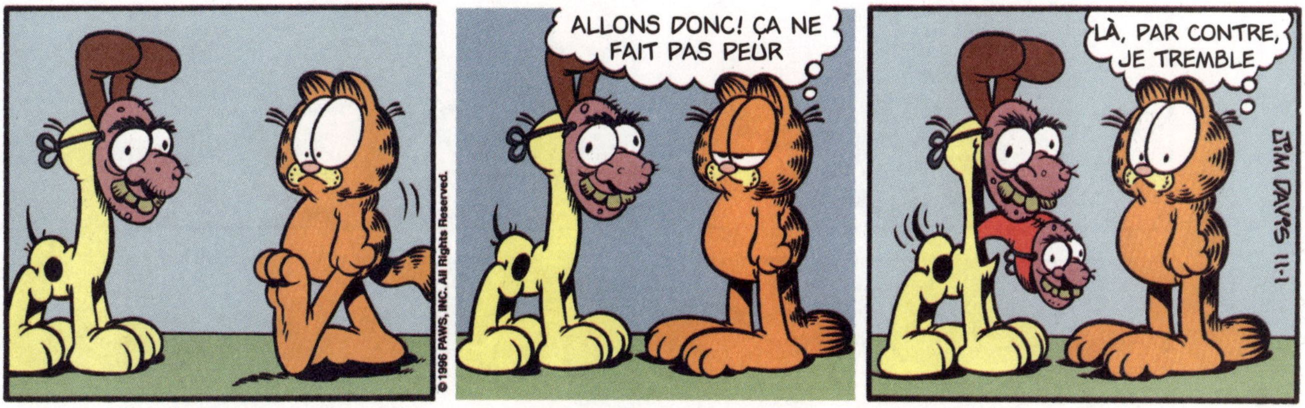
ALLONS DONC! ÇA NE FAIT PAS PEUR
LÀ, PAR CONTRE, JE TREMBLE
JIM DAVIS 11-1
© 1996 PAWS, INC. All Rights Reserved.

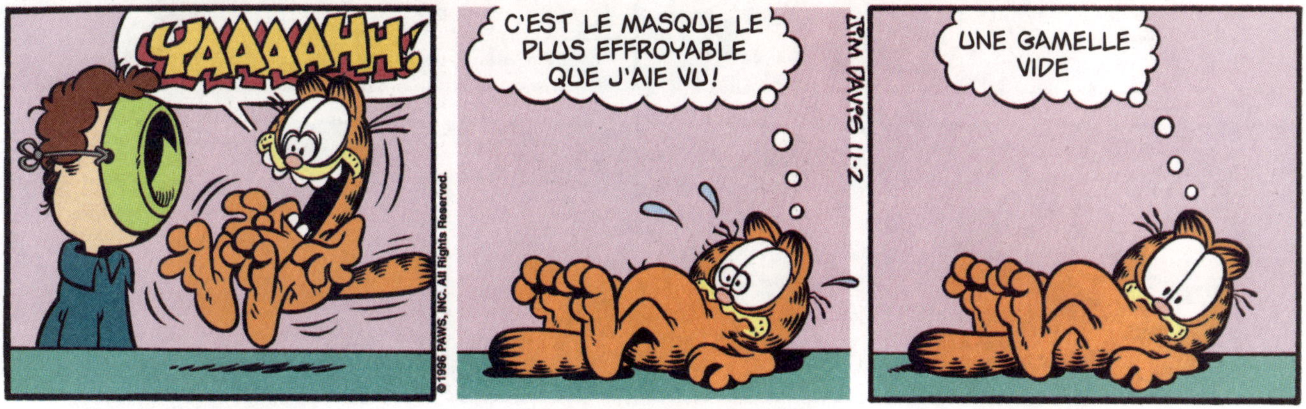
YAAAAHH!
C'EST LE MASQUE LE PLUS EFFROYABLE QUE J'AIE VU!
UNE GAMELLE VIDE
JIM DAVIS 11-2
© 1996 PAWS, INC. All Rights Reserved.

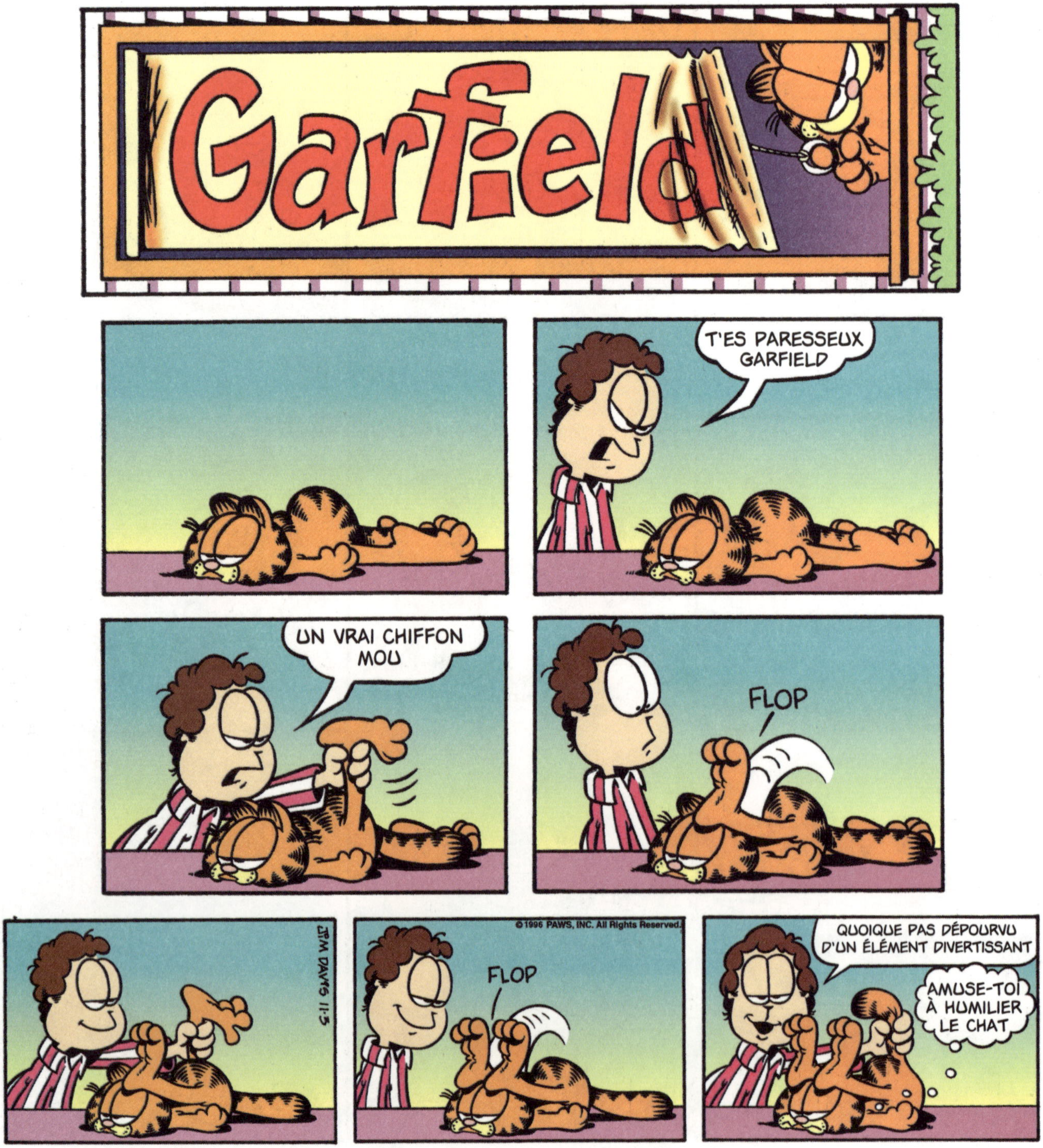
Garfield
T'ES PARESSEUX GARFIELD
UN VRAI CHIFFON MOU
FLOP
JPM DAVIS 11-3
FLOP
QUOIQUE PAS DÉPOURVU D'UN ÉLÉMENT DIVERTISSANT
AMUSE-TOI À HUMILIER LE CHAT

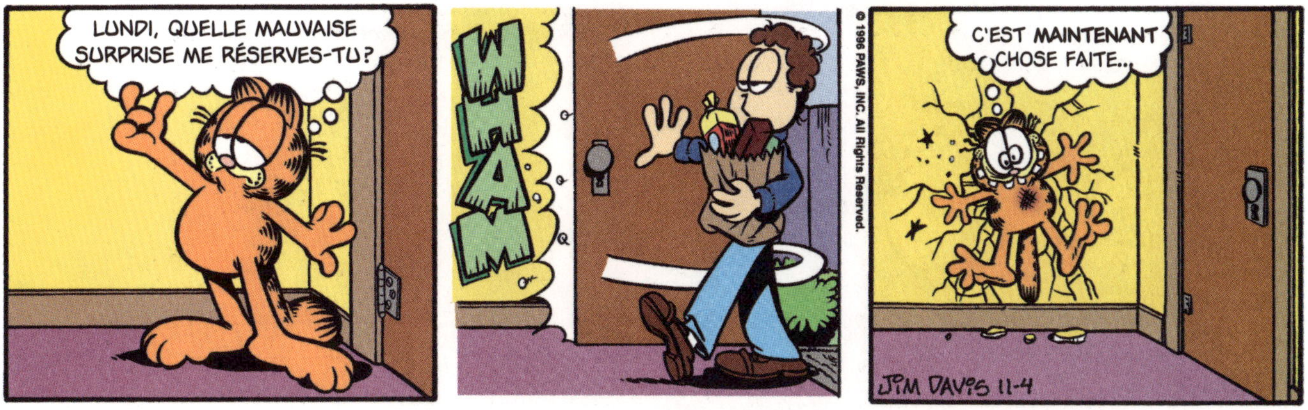
LUNDI, QUELLE MAUVAISE SURPRISE ME RÉSERVES-TU?
WHAM
© 1996 PAWS, INC. All Rights Reserved.
C'EST MAINTENANT CHOSE FAITE...
JIM DAVIS 11-4

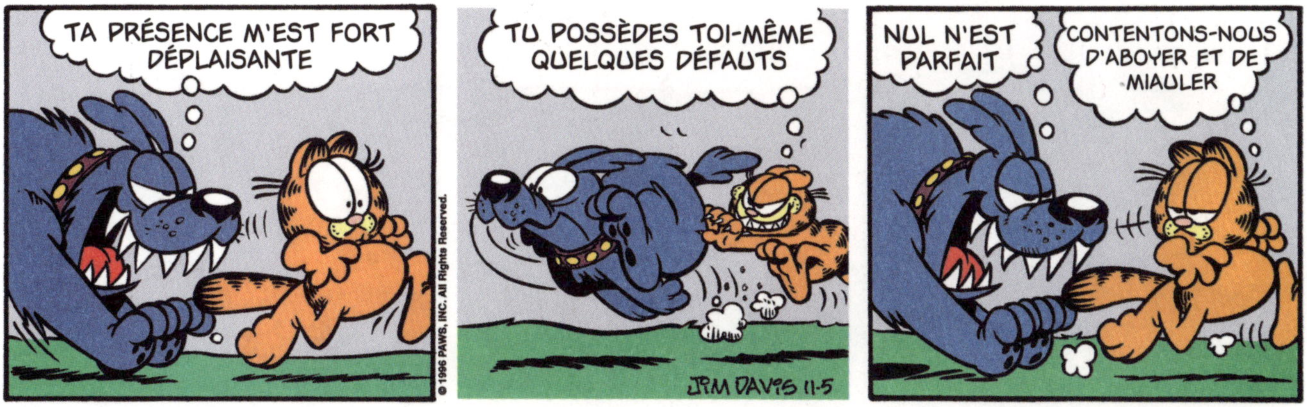
TA PRÉSENCE M'EST FORT DÉPLAISANTE
© 1996 PAWS, INC. All Rights Reserved.
TU POSSÈDES TOI-MÊME QUELQUES DÉFAUTS
JIM DAVIS 11-5
NUL N'EST PARFAIT
CONTENTONS-NOUS D'ABOYER ET DE MIAULER

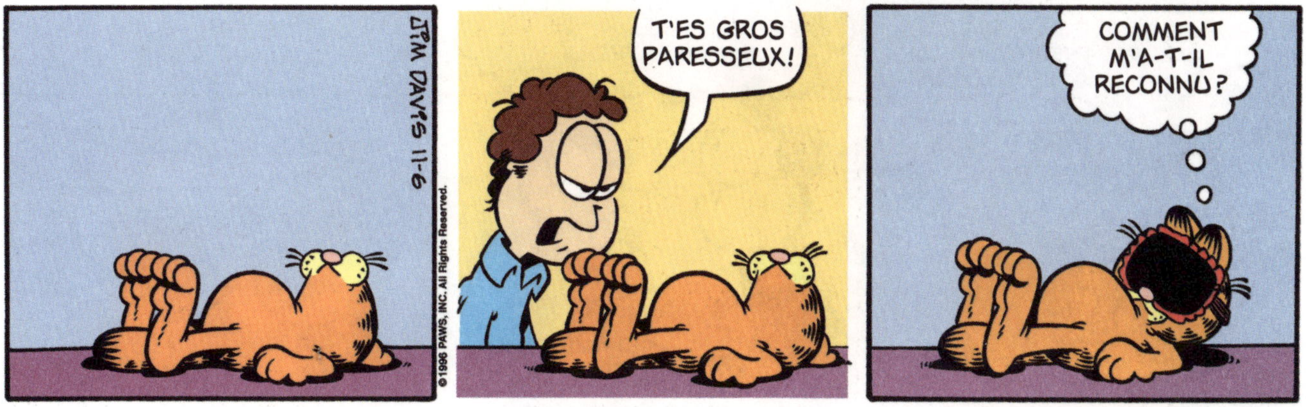
JIM DAVIS 11-6
© 1996 PAWS, INC. All Rights Reserved.
T'ES GROS PARESSEUX!
COMMENT M'A-T-IL RECONNU?

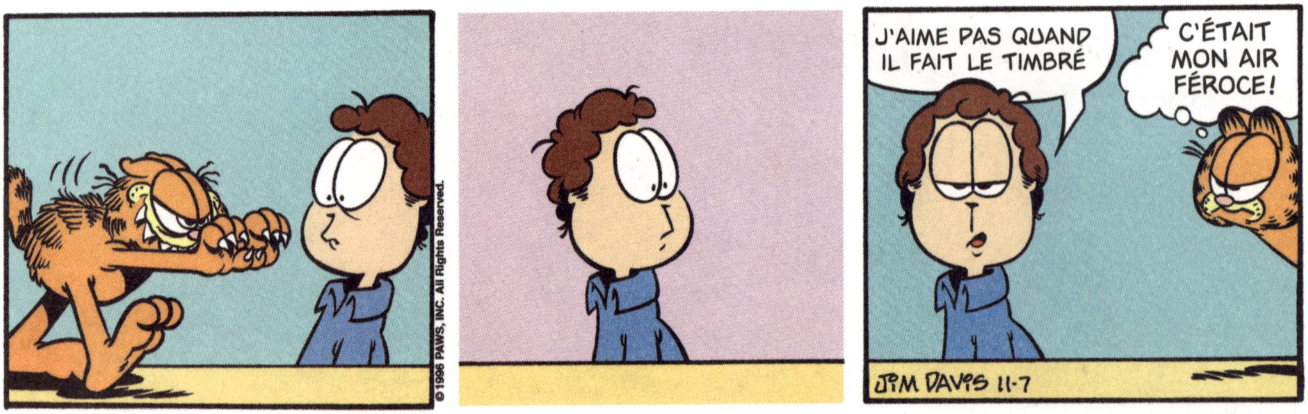
© 1996 PAWS, INC. All Rights Reserved.
J'AIME PAS QUAND IL FAIT LE TIMBRÉ
C'ÉTAIT MON AIR FÉROCE!
JIM DAVIS 11-7

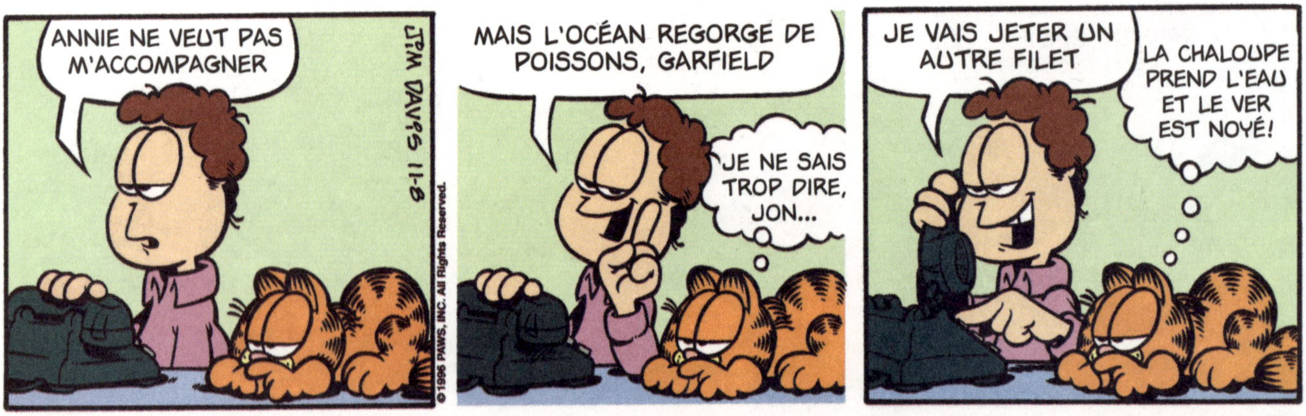
ANNIE NE VEUT PAS M'ACCOMPAGNER
JIM DAVIS 11-8
© 1996 PAWS, INC. All Rights Reserved.
MAIS L'OCÉAN REGORGE DE POISSONS, GARFIELD
JE NE SAIS TROP DIRE, JON...
JE VAIS JETER UN AUTRE FILET
LA CHALOUPE PREND L'EAU ET LE VER EST NOYÉ!

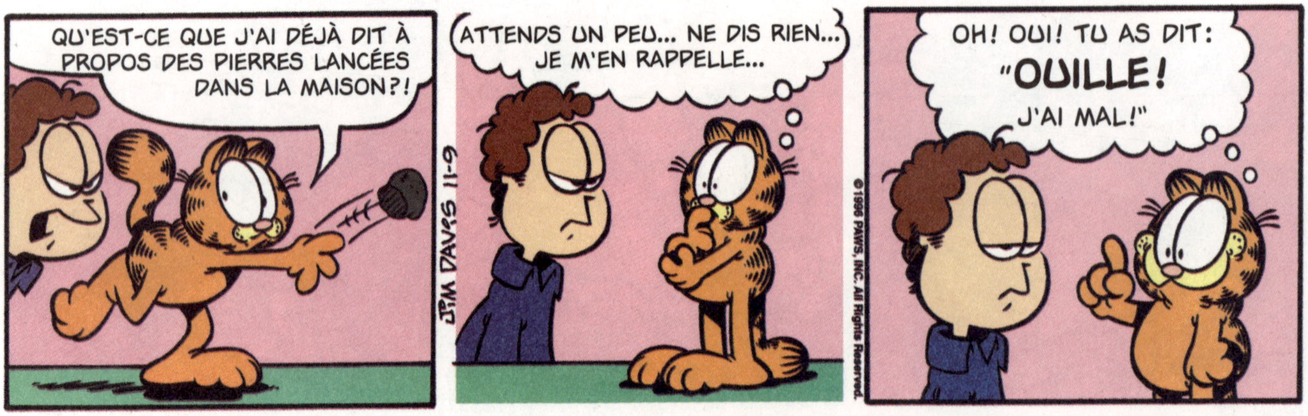
QU'EST-CE QUE J'AI DÉJÀ DIT À PROPOS DES PIERRES LANCÉES DANS LA MAISON?!
JIM DAVIS 11-9
ATTENDS UN PEU... NE DIS RIEN... JE M'EN RAPPELLE...
© 1996 PAWS, INC. All Rights Reserved.
OH! OUI! TU AS DIT: "OUILLE! J'AI MAL!"

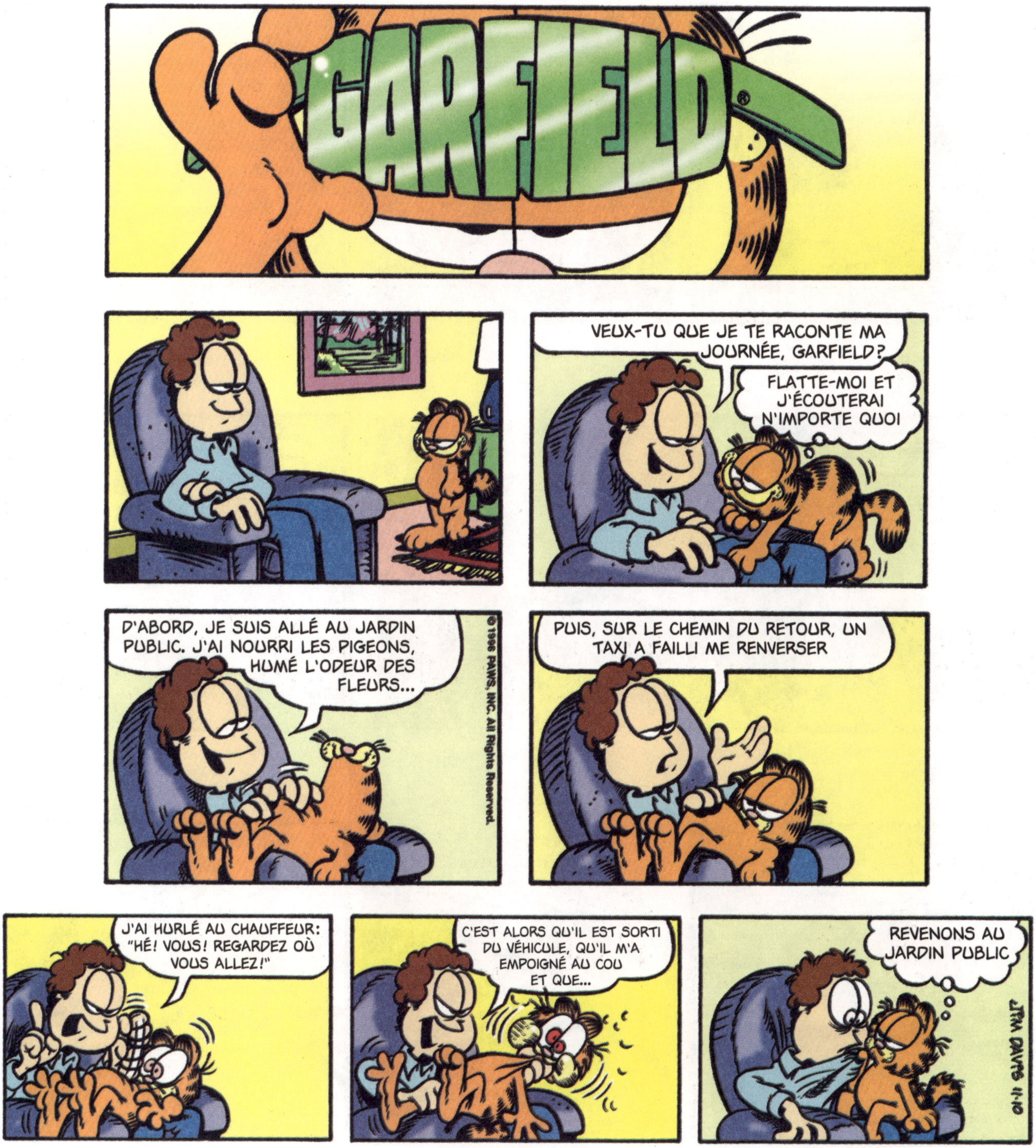
GARFIELD®
VEUX-TU QUE JE TE RACONTE MA JOURNÉE, GARFIELD?
FLATTE-MOI ET J'ÉCOUTERAI N'IMPORTE QUOI
D'ABORD, JE SUIS ALLÉ AU JARDIN PUBLIC. J'AI NOURRI LES PIGEONS, HUMÉ L'ODEUR DES FLEURS...
© 1996 PAWS, INC. All Rights Reserved.
PUIS, SUR LE CHEMIN DU RETOUR, UN TAXI A FAILLI ME RENVERSER
J'AI HURLÉ AU CHAUFFEUR: "HÉ! VOUS! REGARDEZ OÙ VOUS ALLEZ!"
C'EST ALORS QU'IL EST SORTI DU VÉHICULE, QU'IL M'A EMPOIGNÉ AU COU ET QUE...
REVENONS AU JARDIN PUBLIC
JPM DAVIS 11-10

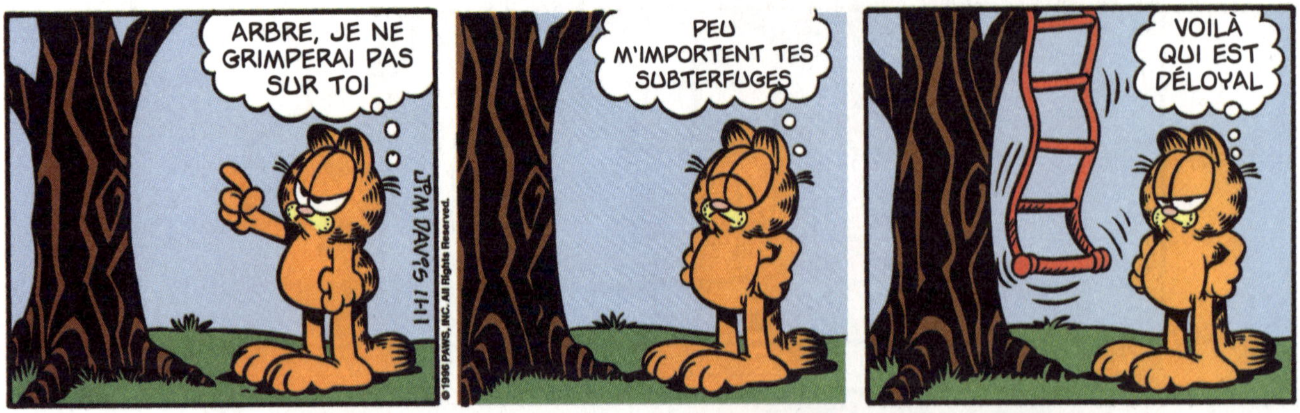
ARBRE, JE NE GRIMPERAI PAS SUR TOI
JIM DAVIS 11-11
© 1996 PAWS, INC. All Rights Reserved.
PEU M'IMPORTENT TES SUBTERFUGES
VOILÀ QUI EST DÉLOYAL

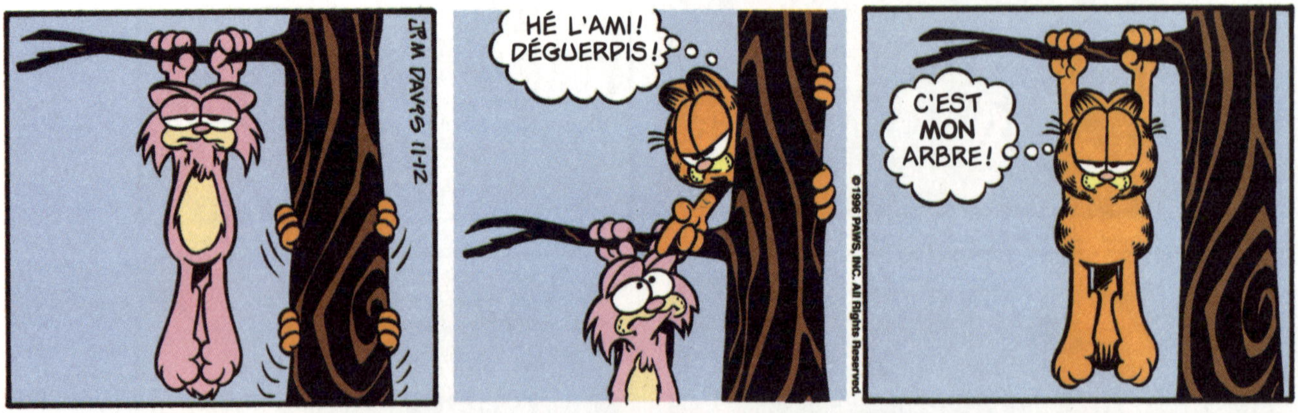
JIM DAVIS 11-12
HÉ L'AMI! DÉGUERPIS!
© 1996 PAWS, INC. All Rights Reserved.
C'EST MON ARBRE!

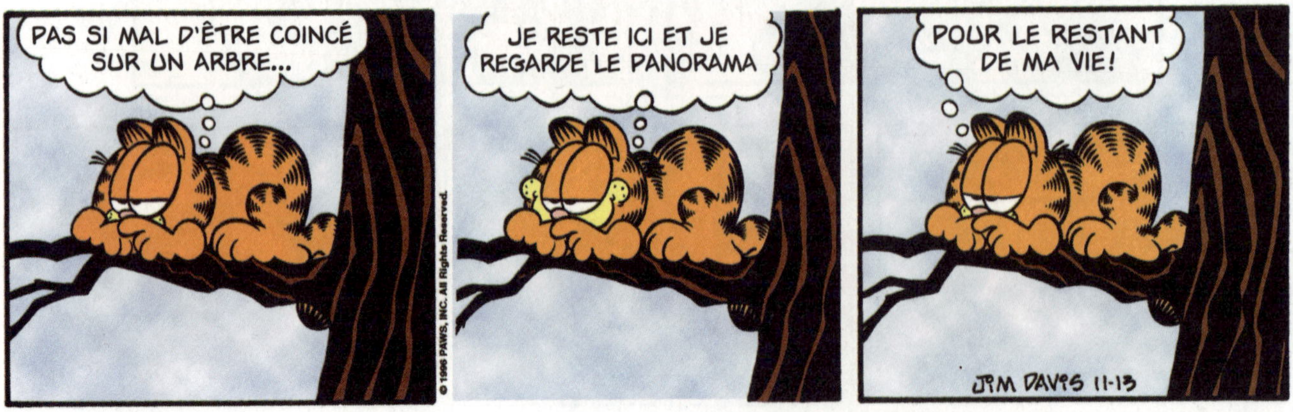
PAS SI MAL D'ÊTRE COINCÉ SUR UN ARBRE...
© 1996 PAWS, INC. All Rights Reserved.
JE RESTE ICI ET JE REGARDE LE PANORAMA
POUR LE RESTANT DE MA VIE!
JIM DAVIS 11-13

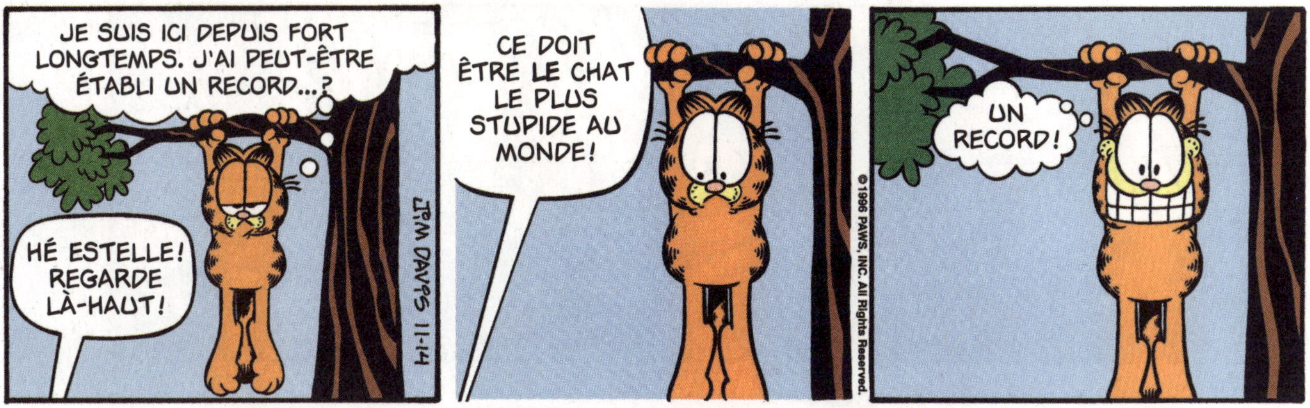
JE SUIS ICI DEPUIS FORT LONGTEMPS. J'AI PEUT-ÊTRE ÉTABLI UN RECORD...?
HÉ ESTELLE! REGARDE LÀ-HAUT!
JIM DAVIS 11-14
CE DOIT ÊTRE LE CHAT LE PLUS STUPIDE AU MONDE!
© 1996 PAWS, INC. All Rights Reserved.
UN RECORD!

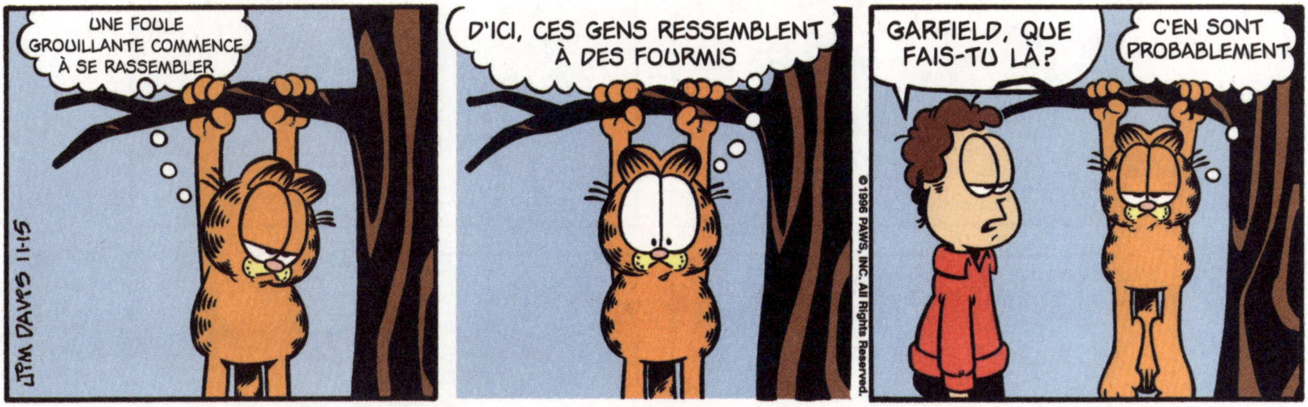
UNE FOULE GROUILLANTE COMMENCE À SE RASSEMBLER
JIM DAVIS 11-15
D'ICI, CES GENS RESSEMBLENT À DES FOURMIS
© 1996 PAWS, INC. All Rights Reserved.
GARFIELD, QUE FAIS-TU LÀ?
C'EN SONT PROBABLEMENT

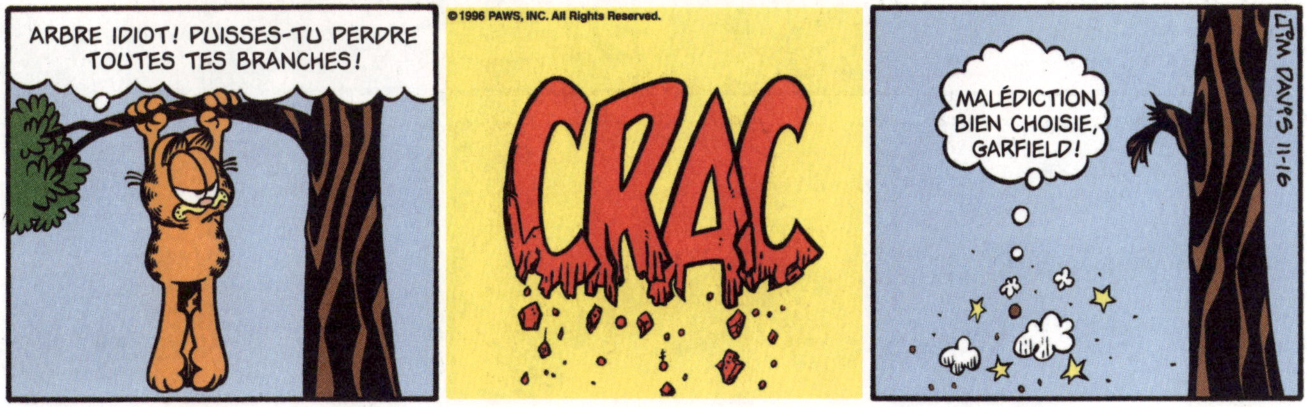
ARBRE IDIOT! PUISSES-TU PERDRE TOUTES TES BRANCHES!
© 1996 PAWS, INC. All Rights Reserved.
CRAC
MALÉDICTION BIEN CHOISIE, GARFIELD!
JIM DAVIS 11-16

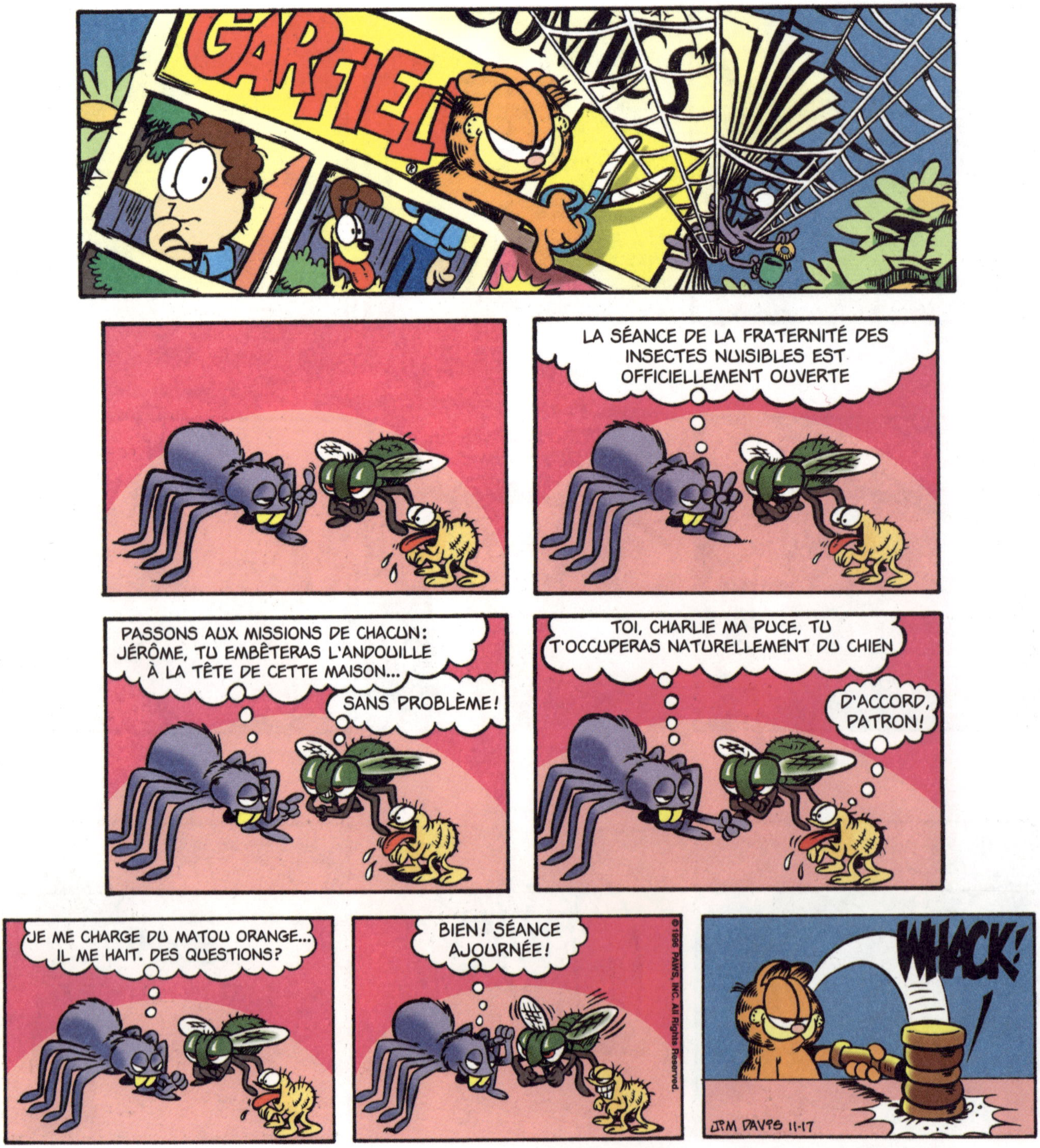
GARFIEL
LA SÉANCE DE LA FRATERNITÉ DES INSECTES NUISIBLES EST OFFICIELLEMENT OUVERTE
PASSONS AUX MISSIONS DE CHACUN: JÉRÔME, TU EMBÊTERAS L'ANDOUILLE À LA TÊTE DE CETTE MAISON...
SANS PROBLÈME!
TOI, CHARLIE MA PUCE, TU T'OCCUPERAS NATURELLEMENT DU CHIEN
D'ACCORD, PATRON!
JE ME CHARGE DU MATOU ORANGE... IL ME HAIT. DES QUESTIONS?
BIEN! SÉANCE AJOURNÉE!
© 1996 PAWS, INC. All Rights Reserved.
WHACK!
JIM DAVIS 11-17

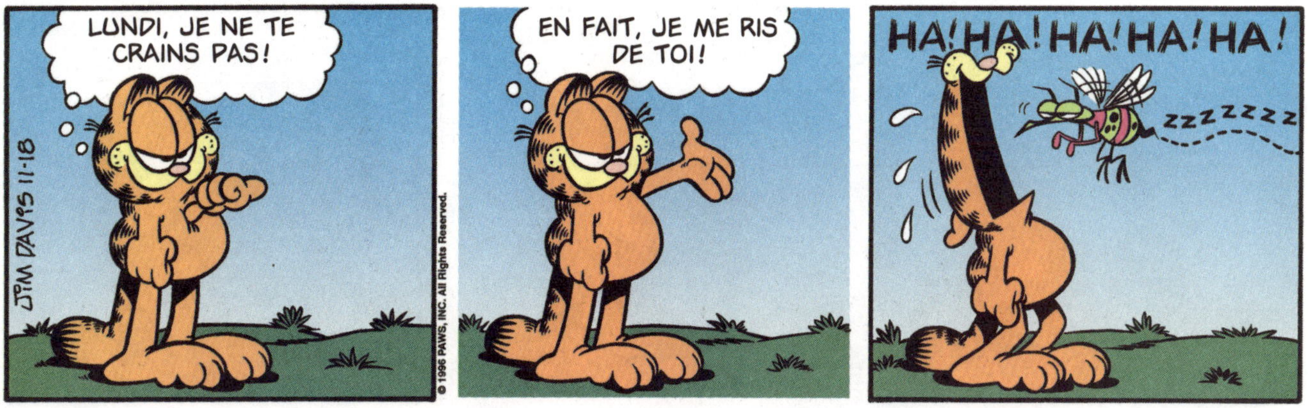
LUNDI, JE NE TE CRAINS PAS!
JIM DAVIS 11-18
© 1996 PAWS, INC. All Rights Reserved.
EN FAIT, JE ME RIS DE TOI!
HA! HA! HA! HA! HA!
ZZZZZZZ

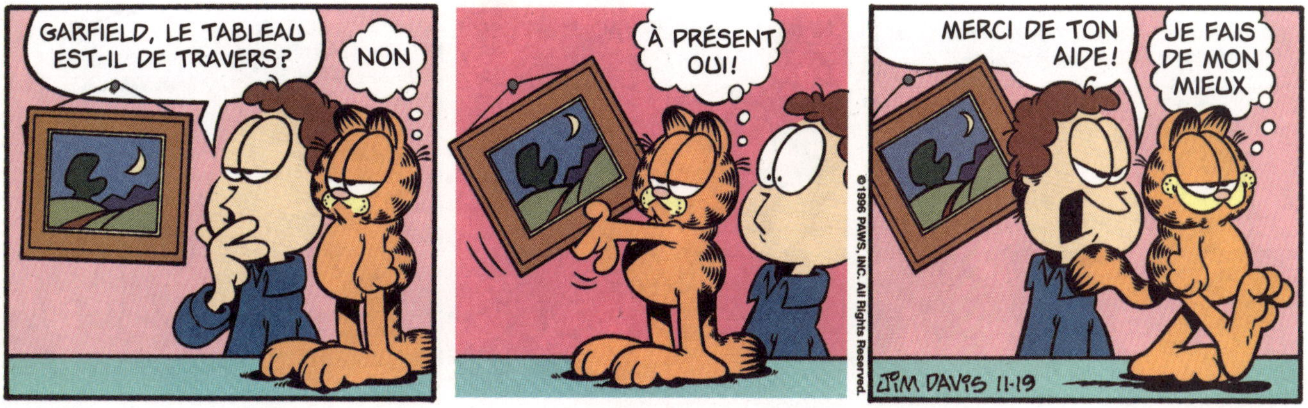
GARFIELD, LE TABLEAU EST-IL DE TRAVERS?
NON
À PRÉSENT OUI!
© 1996 PAWS, INC. All Rights Reserved.
MERCI DE TON AIDE!
JE FAIS DE MON MIEUX
JIM DAVIS 11-19

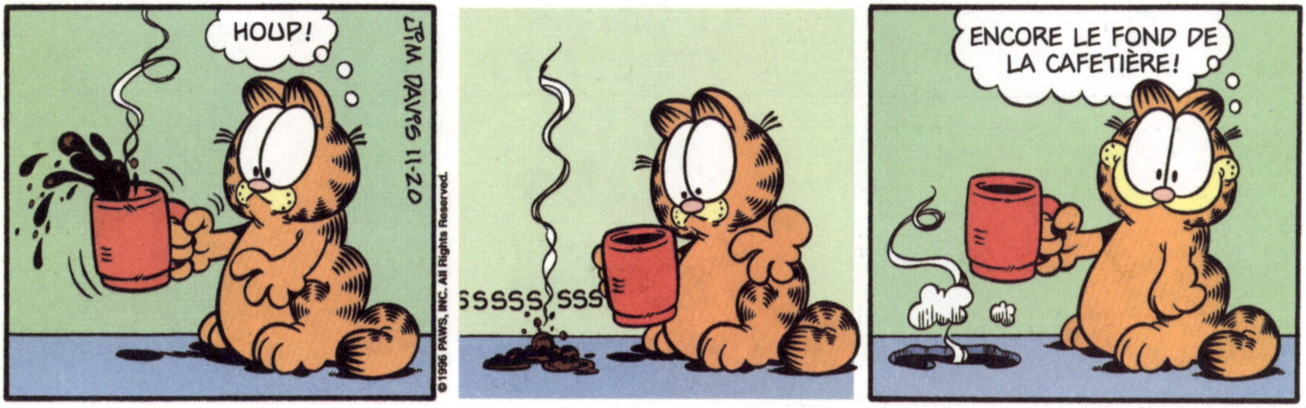
HOUP!
JIM DAVIS 11-20
© 1996 PAWS, INC. All Rights Reserved.
SSSSS SSS
ENCORE LE FOND DE LA CAFETIÈRE!

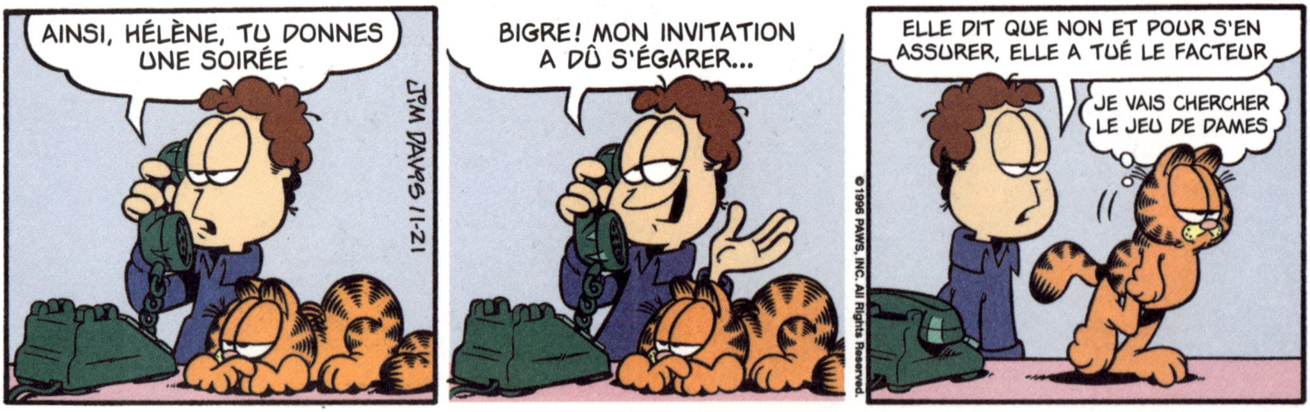
AINSI, HÉLÈNE, TU DONNES UNE SOIRÉE
JIM DAVIS 11-21
BIGRE! MON INVITATION A DÛ S'ÉGARER...
©1996 PAWS, INC. All Rights Reserved.
ELLE DIT QUE NON ET POUR S'EN ASSURER, ELLE A TUÉ LE FACTEUR
JE VAIS CHERCHER LE JEU DE DAMES

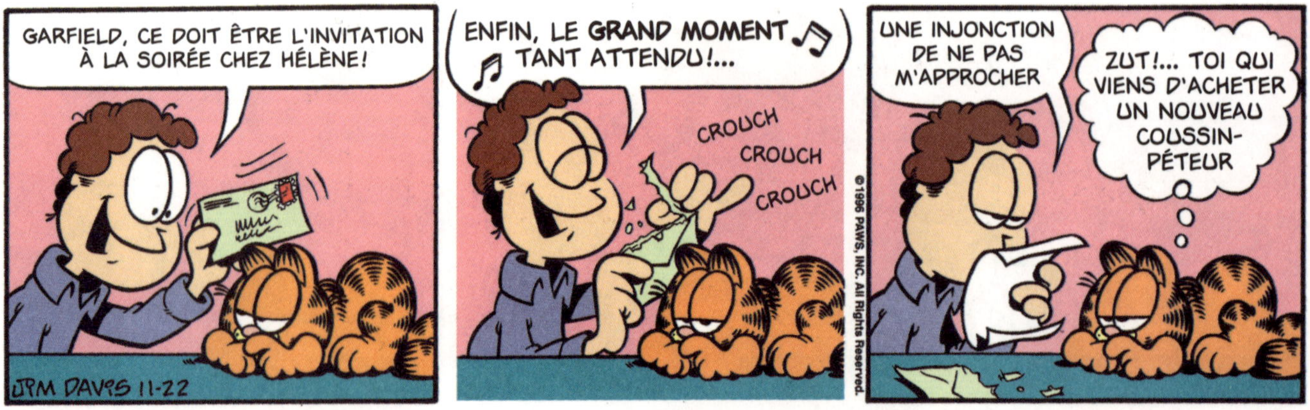
GARFIELD, CE DOIT ÊTRE L'INVITATION À LA SOIRÉE CHEZ HÉLÈNE!
JIM DAVIS 11-22
ENFIN, LE **GRAND MOMENT** TANT ATTENDU!...
CROUCH
CROUCH
CROUCH
©1996 PAWS, INC. All Rights Reserved.
UNE INJONCTION DE NE PAS M'APPROCHER
ZUT!... TOI QUI VIENS D'ACHETER UN NOUVEAU COUSSIN-PÉTEUR

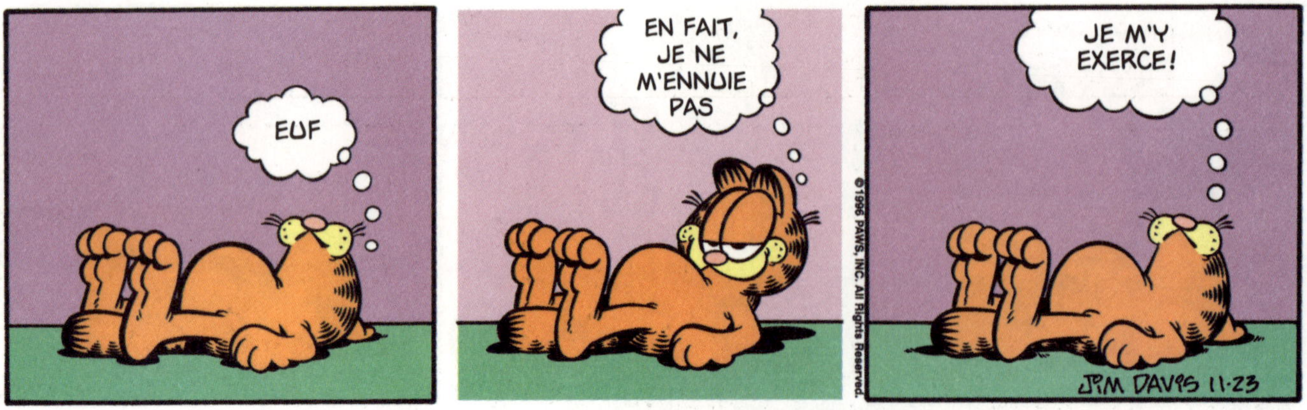
EUF
EN FAIT, JE NE M'ENNUIE PAS
©1996 PAWS, INC. All Rights Reserved.
JE M'Y EXERCE!
JIM DAVIS 11-23

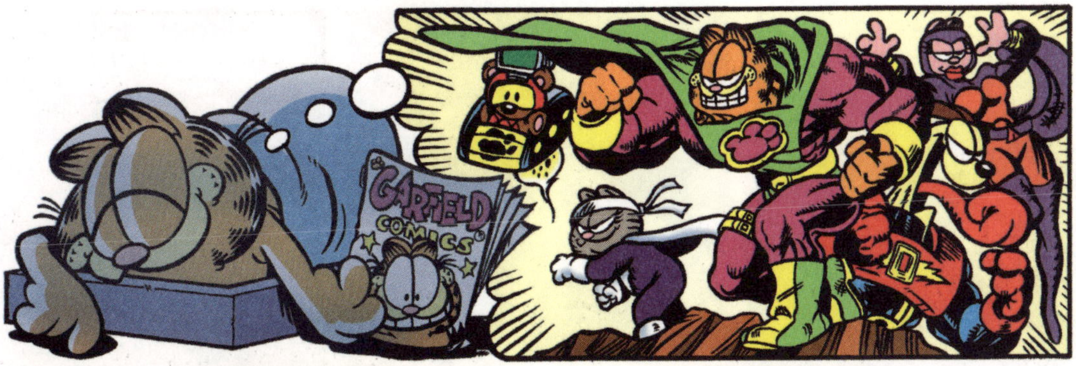
GARFIELD
COMICS

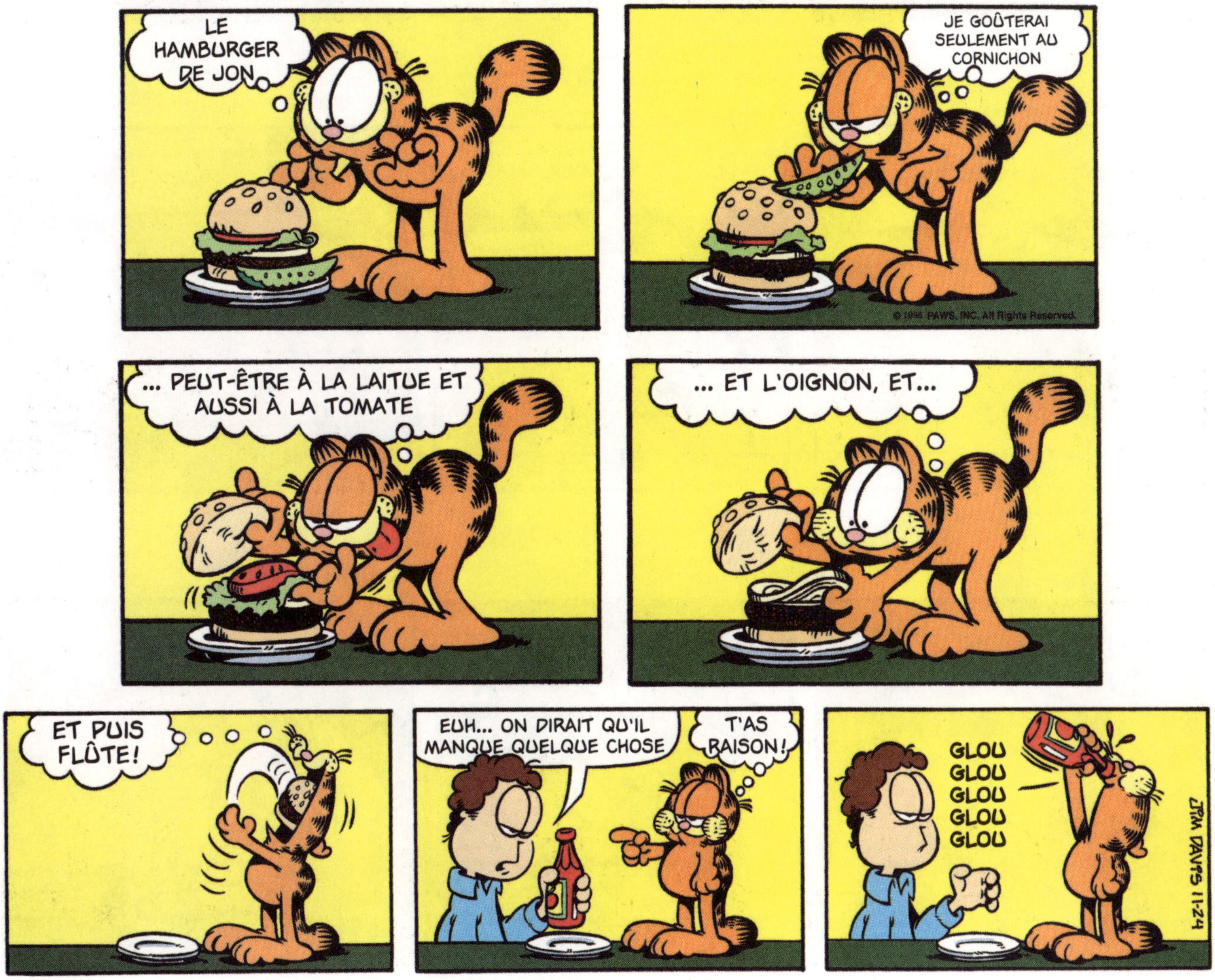
LE HAMBURGER DE JON
JE GOÛTERAI SEULEMENT AU CORNICHON
© 1996 PAWS, INC. All Rights Reserved.
... PEUT-ÊTRE À LA LAITUE ET AUSSI À LA TOMATE
... ET L'OIGNON, ET...
ET PUIS FLÛTE!
EUH... ON DIRAIT QU'IL MANQUE QUELQUE CHOSE
T'AS RAISON!
GLOU
GLOU
GLOU
GLOU
GLOU
JIM DAVIS 11-24

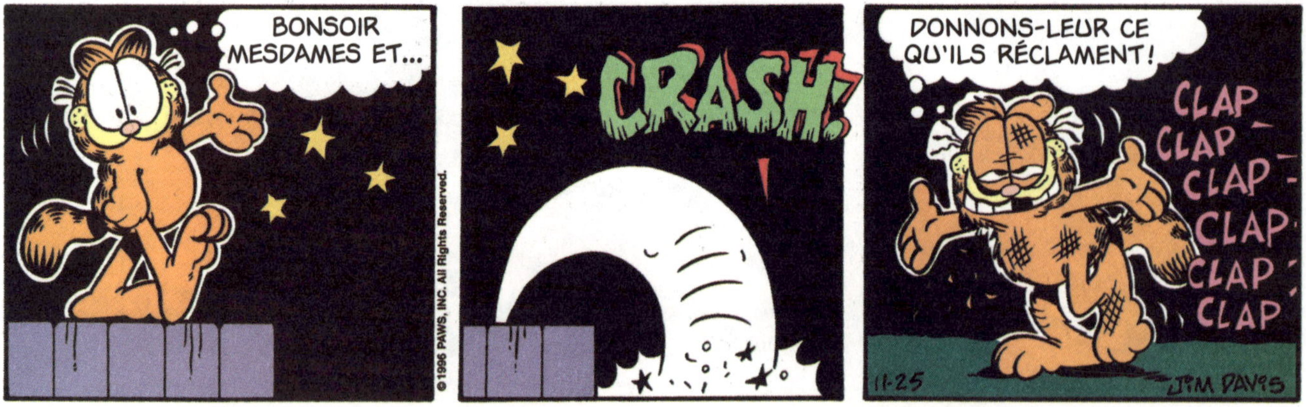
BONSOIR MESDAMES ET...
© 1996 PAWS, INC. All Rights Reserved.
CRASH!
DONNONS-LEUR CE QU'ILS RÉCLAMENT!
CLAP CLAP CLAP CLAP CLAP CLAP
11-25
JIM DAVIS

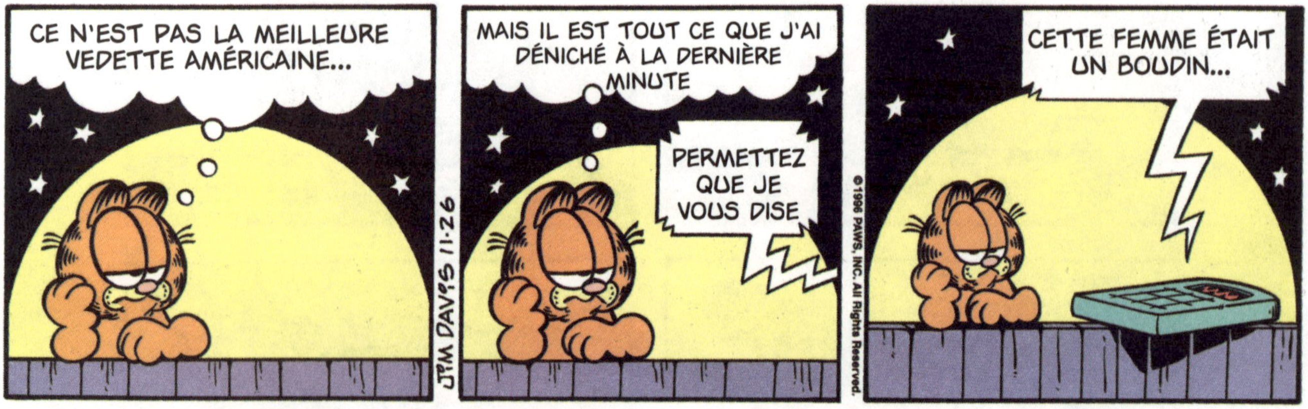
CE N'EST PAS LA MEILLEURE VEDETTE AMÉRICAINE...
JIM DAVIS 11-26
MAIS IL EST TOUT CE QUE J'AI DÉNICHÉ À LA DERNIÈRE MINUTE
PERMETTEZ QUE JE VOUS DISE
© 1996 PAWS, INC. All Rights Reserved.
CETTE FEMME ÉTAIT UN BOUDIN...

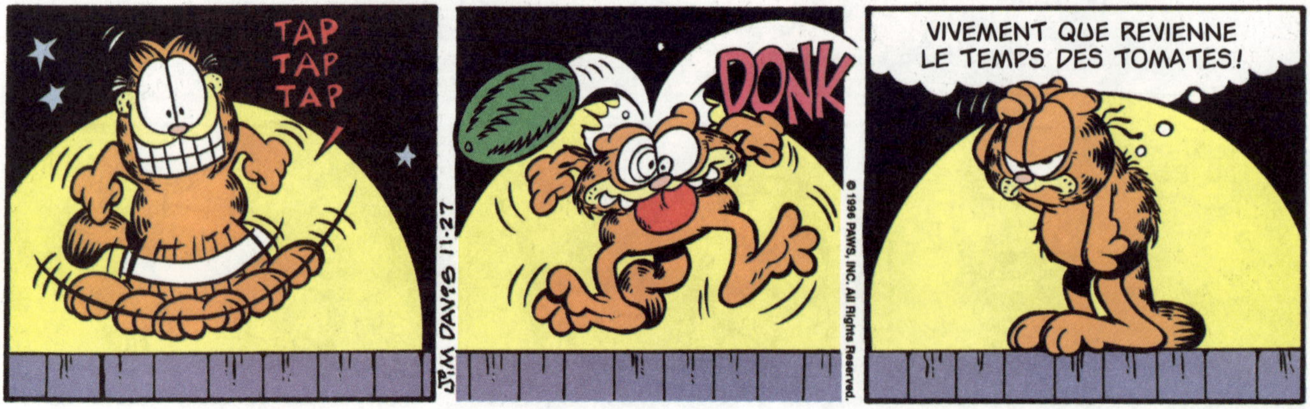
TAP TAP TAP
JIM DAVIS 11-27
DONK
© 1996 PAWS, INC. All Rights Reserved.
VIVEMENT QUE REVIENNE LE TEMPS DES TOMATES!

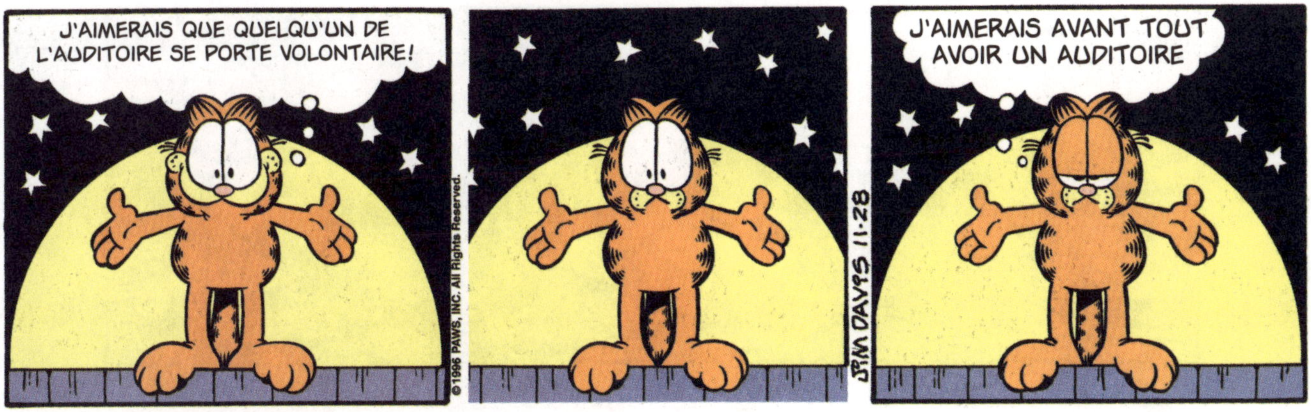
J'AIMERAIS QUE QUELQU'UN DE L'AUDITOIRE SE PORTE VOLONTAIRE!
J'AIMERAIS AVANT TOUT AVOIR UN AUDITOIRE
© 1996 PAWS, INC. All Rights Reserved.
JIM DAVIS 11-28

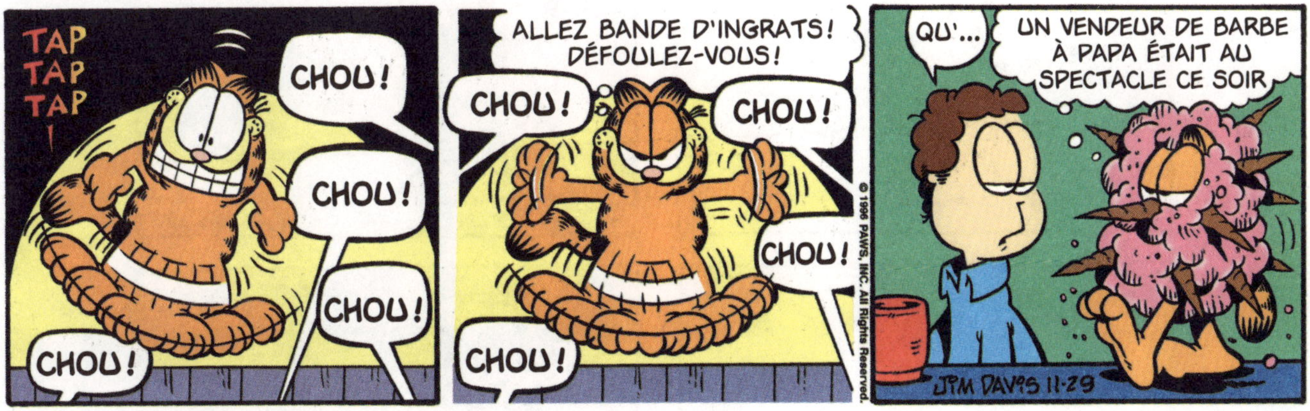
TAP TAP TAP !
CHOU!
CHOU!
CHOU!
CHOU!
ALLEZ BANDE D'INGRATS! DÉFOULEZ-VOUS!
CHOU!
CHOU!
CHOU!
CHOU!
QU'...
UN VENDEUR DE BARBE À PAPA ÉTAIT AU SPECTACLE CE SOIR
© 1996 PAWS, INC. All Rights Reserved.
JIM DAVIS 11-29

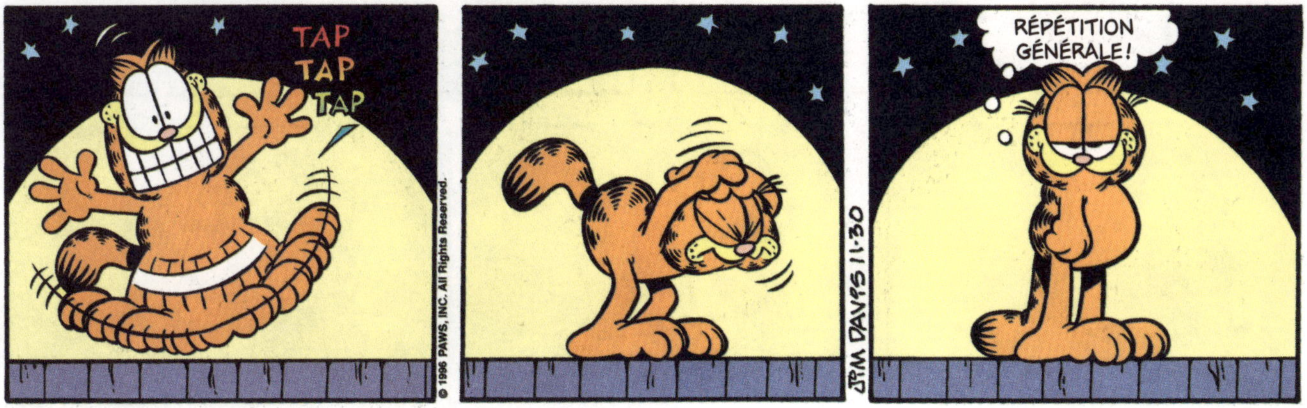
TAP TAP TAP
RÉPÉTITION GÉNÉRALE!
© 1996 PAWS, INC. All Rights Reserved.
JIM DAVIS 11-30

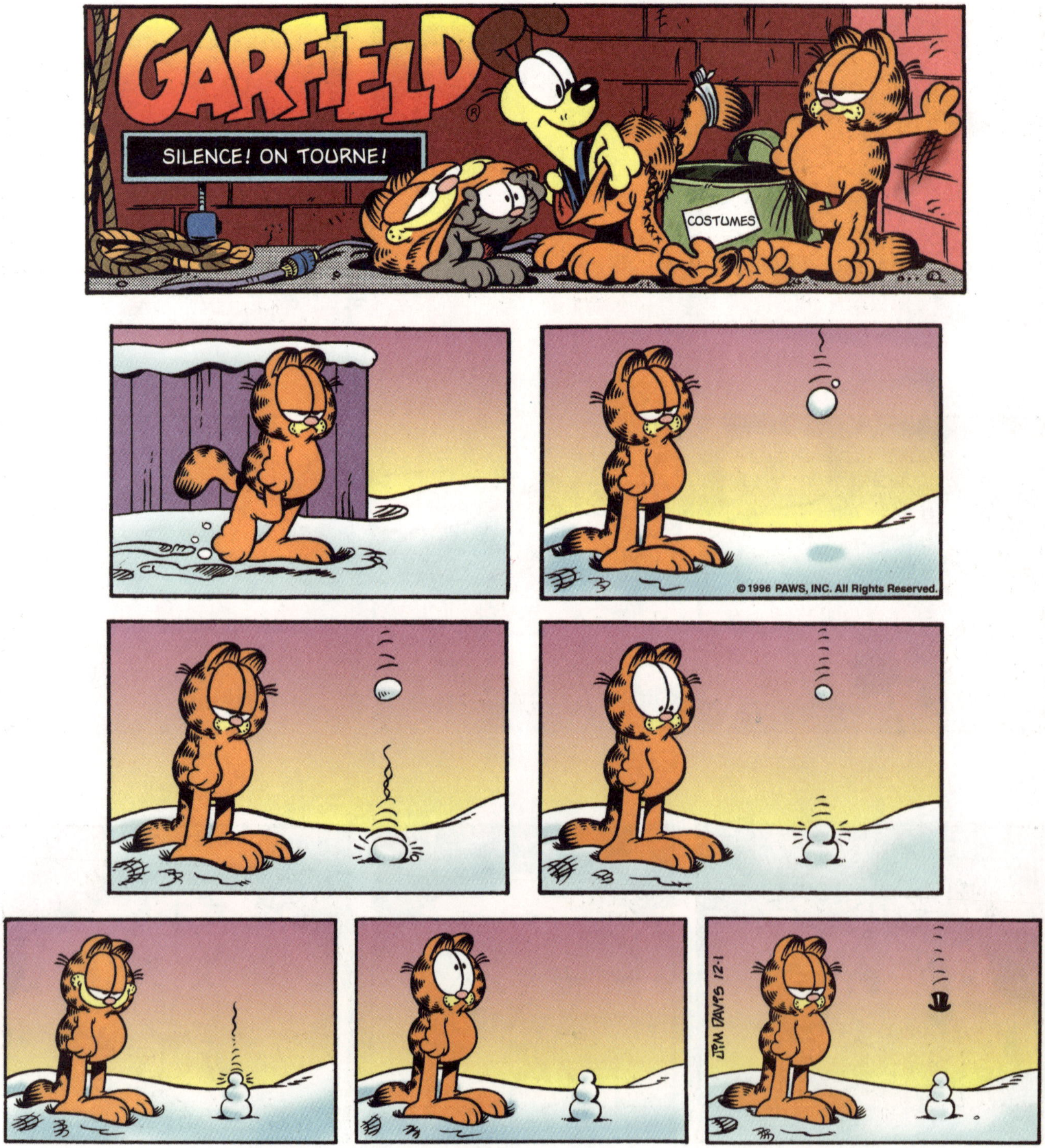
GARFIELD
SILENCE! ON TOURNE!
COSTUMES
© 1996 PAWS, INC. All Rights Reserved.
JIM DAVIS 12-1

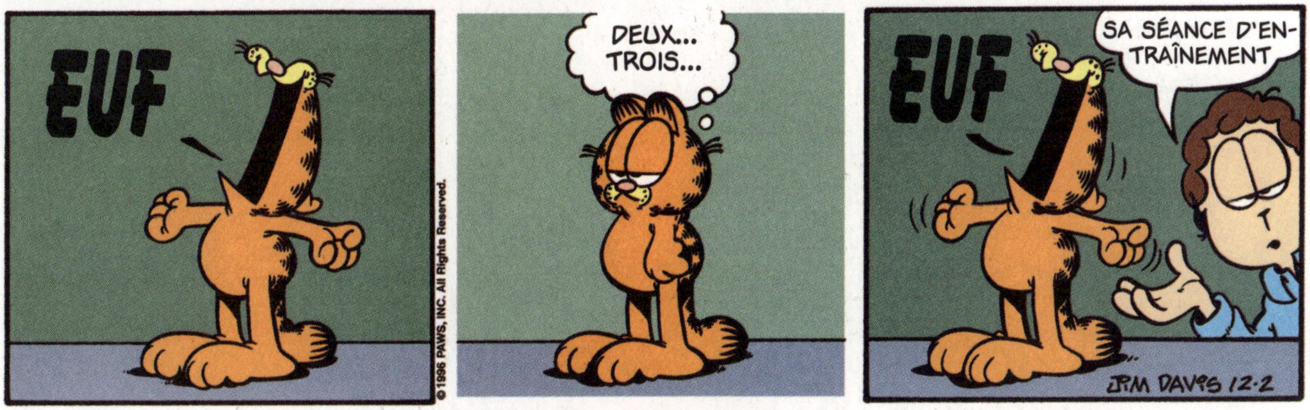
EUF
© 1996 PAWS, INC. All Rights Reserved.
DEUX... TROIS...
EUF
SA SÉANCE D'EN-TRAÎNEMENT
JIM DAVIS 12-2

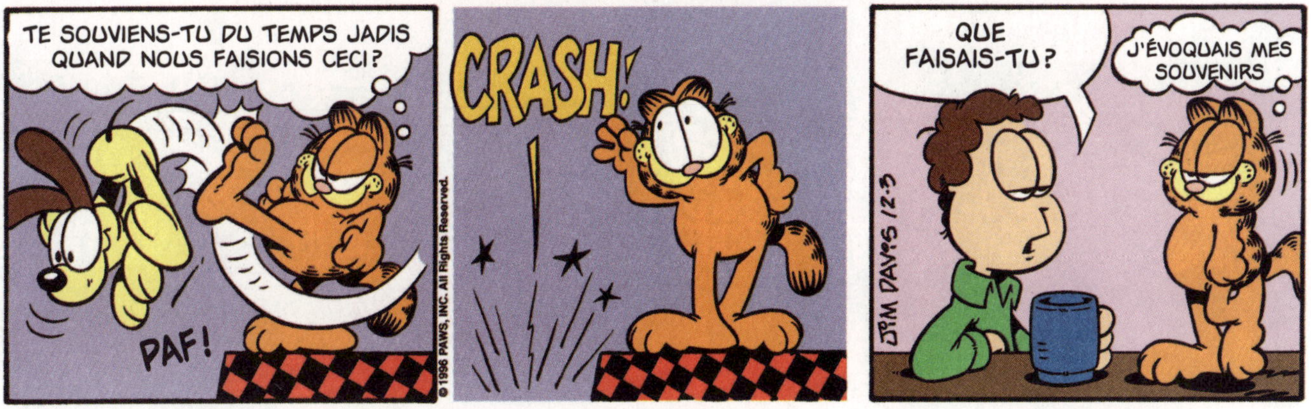
TE SOUVIENS-TU DU TEMPS JADIS QUAND NOUS FAISIONS CECI?
PAF!
© 1996 PAWS, INC. All Rights Reserved.
CRASH!
QUE FAISAIS-TU?
J'ÉVOQUAIS MES SOUVENIRS
JIM DAVIS 12-3

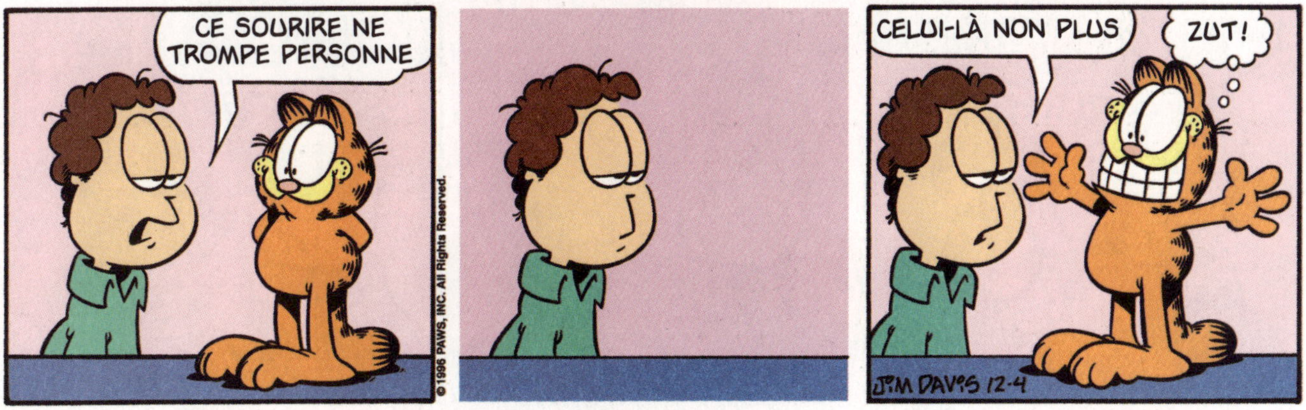
CE SOURIRE NE TROMPE PERSONNE
© 1996 PAWS, INC. All Rights Reserved.
CELUI-LÀ NON PLUS
ZUT!
JIM DAVIS 12-4

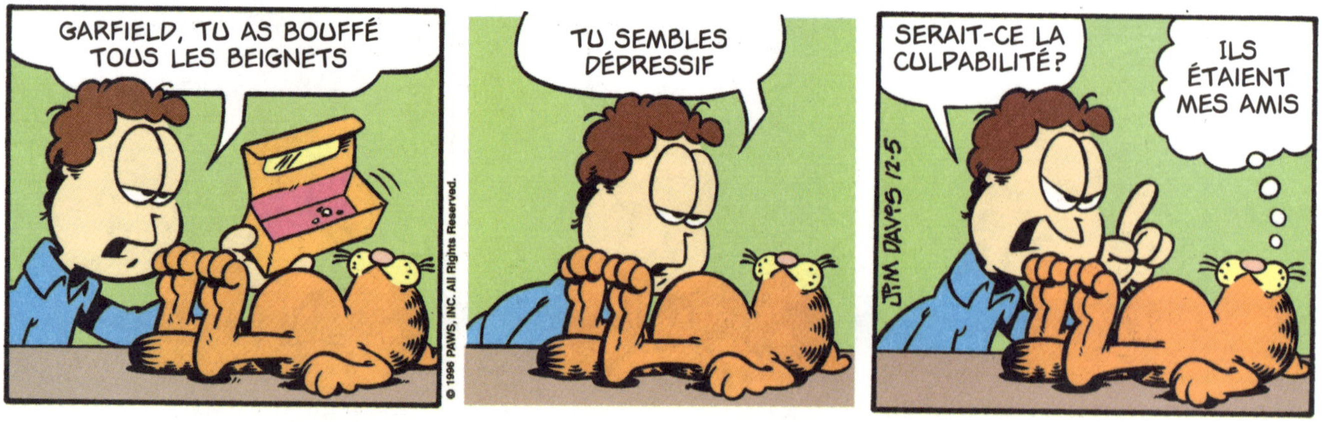
GARFIELD, TU AS BOUFFÉ TOUS LES BEIGNETS
© 1996 PAWS, INC. All Rights Reserved.
TU SEMBLES DÉPRESSIF
JIM DAVIS 12-5
SERAIT-CE LA CULPABILITÉ?
ILS ÉTAIENT MES AMIS

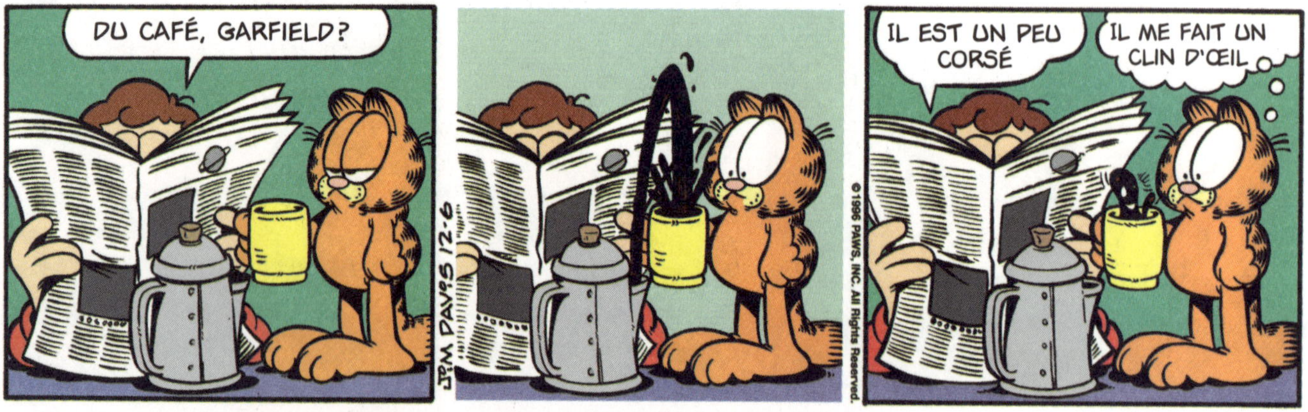
DU CAFÉ, GARFIELD?
JIM DAVIS 12-6
© 1996 PAWS, INC. All Rights Reserved.
IL EST UN PEU CORSÉ
IL ME FAIT UN CLIN D'ŒIL

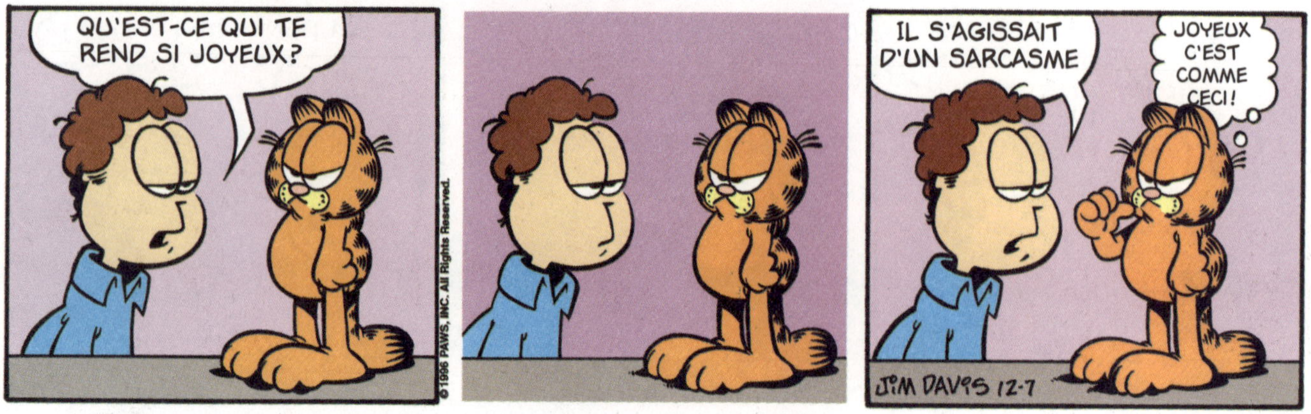
QU'EST-CE QUI TE REND SI JOYEUX?
© 1996 PAWS, INC. All Rights Reserved.
IL S'AGISSAIT D'UN SARCASME
JOYEUX C'EST COMME CECI!
JIM DAVIS 12-7

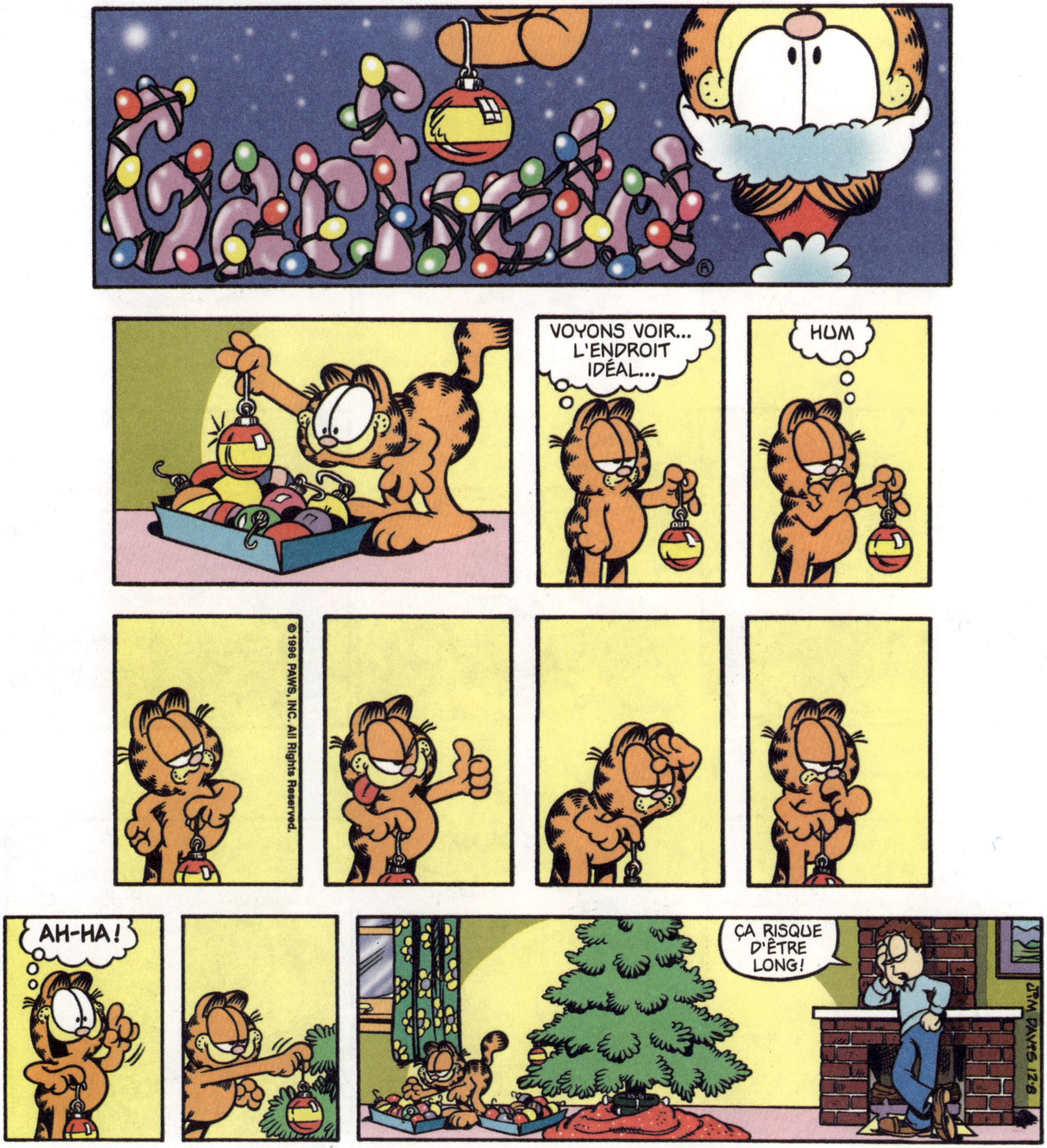
Garfield®
VOYONS VOIR... L'ENDROIT IDÉAL...
HUM
© 1996 PAWS, INC. All Rights Reserved.
AH-HA!
ÇA RISQUE D'ÊTRE LONG!
JIM DAVIS 12-8

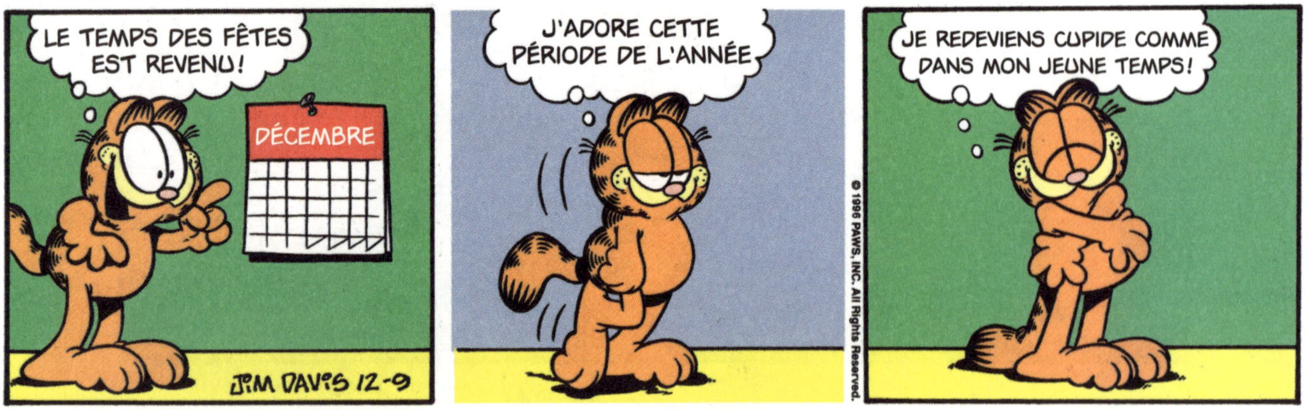
LE TEMPS DES FÊTES EST REVENU!
DÉCEMBRE
JIM DAVIS 12-9
J'ADORE CETTE PÉRIODE DE L'ANNÉE
© 1996 PAWS, INC. All Rights Reserved.
JE REDEVIENS CUPIDE COMME DANS MON JEUNE TEMPS!

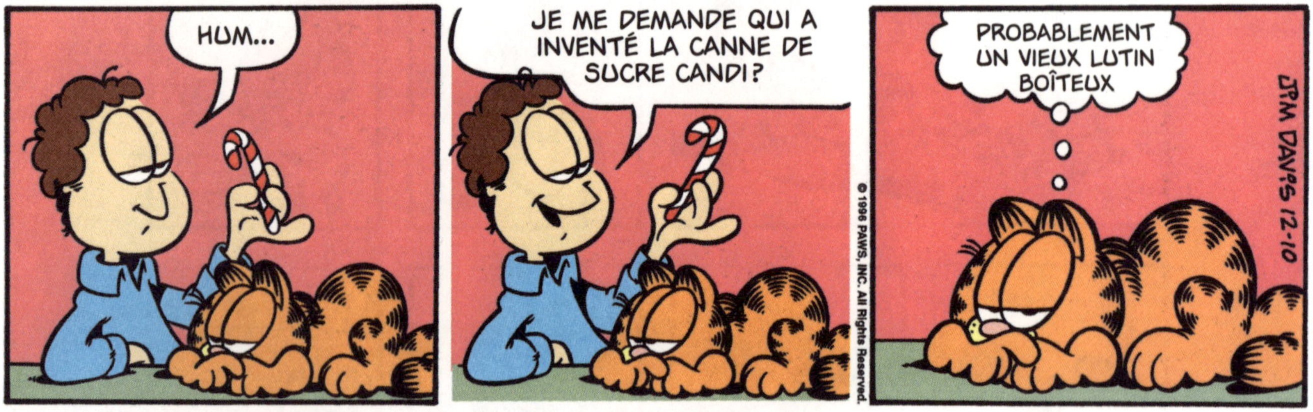
HUM...
JE ME DEMANDE QUI A INVENTÉ LA CANNE DE SUCRE CANDI?
© 1996 PAWS, INC. All Rights Reserved.
PROBABLEMENT UN VIEUX LUTIN BOÎTEUX
JIM DAVIS 12-10

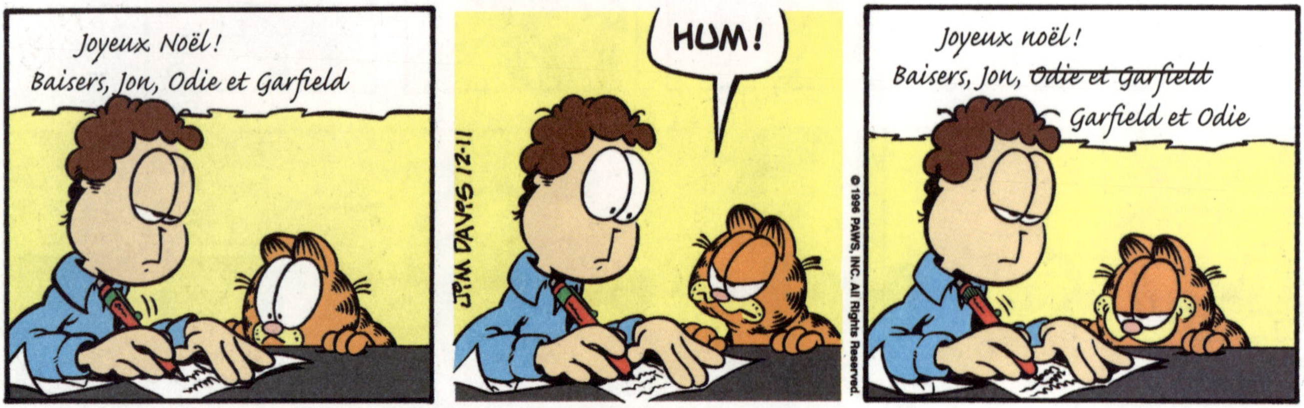
Joyeux Noël!
Baisers, Jon, Odie et Garfield
JIM DAVIS 12-11
HUM!
© 1996 PAWS, INC. All Rights Reserved.
Joyeux noël!
Baisers, Jon, ~~Odie et Garfield~~
Garfield et Odie

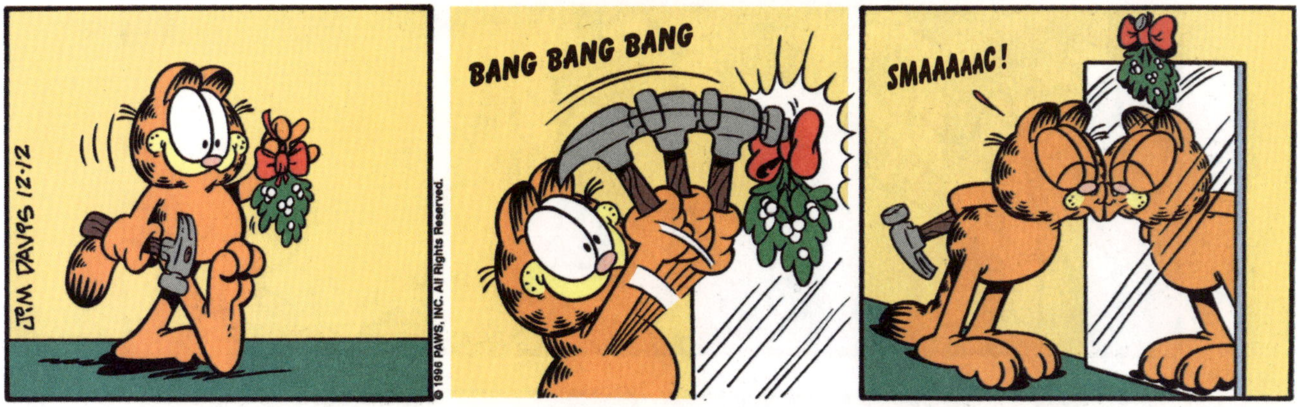
JIM DAVIS 12-12
BANG BANG BANG
© 1996 PAWS, INC. All Rights Reserved.
SMAAAAAC!

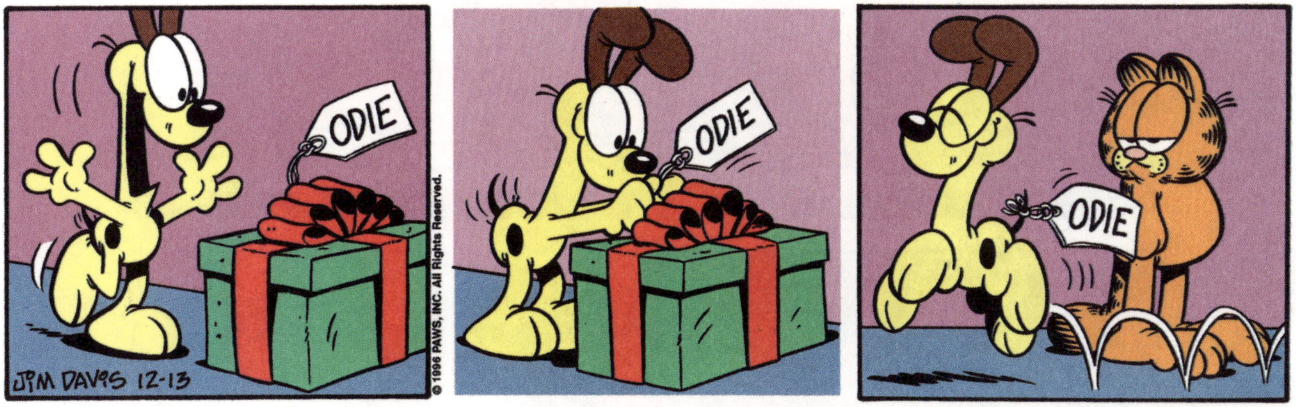
ODIE
JIM DAVIS 12-13
© 1996 PAWS, INC. All Rights Reserved.
ODIE
ODIE

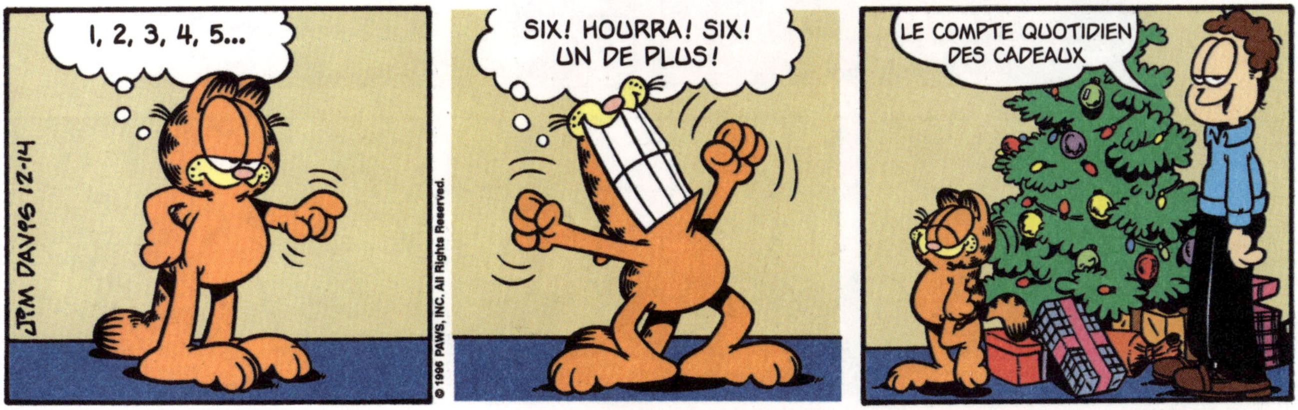
1, 2, 3, 4, 5...
JIM DAVIS 12-14
© 1996 PAWS, INC. All Rights Reserved.
SIX! HOURRA! SIX! UN DE PLUS!
LE COMPTE QUOTIDIEN DES CADEAUX

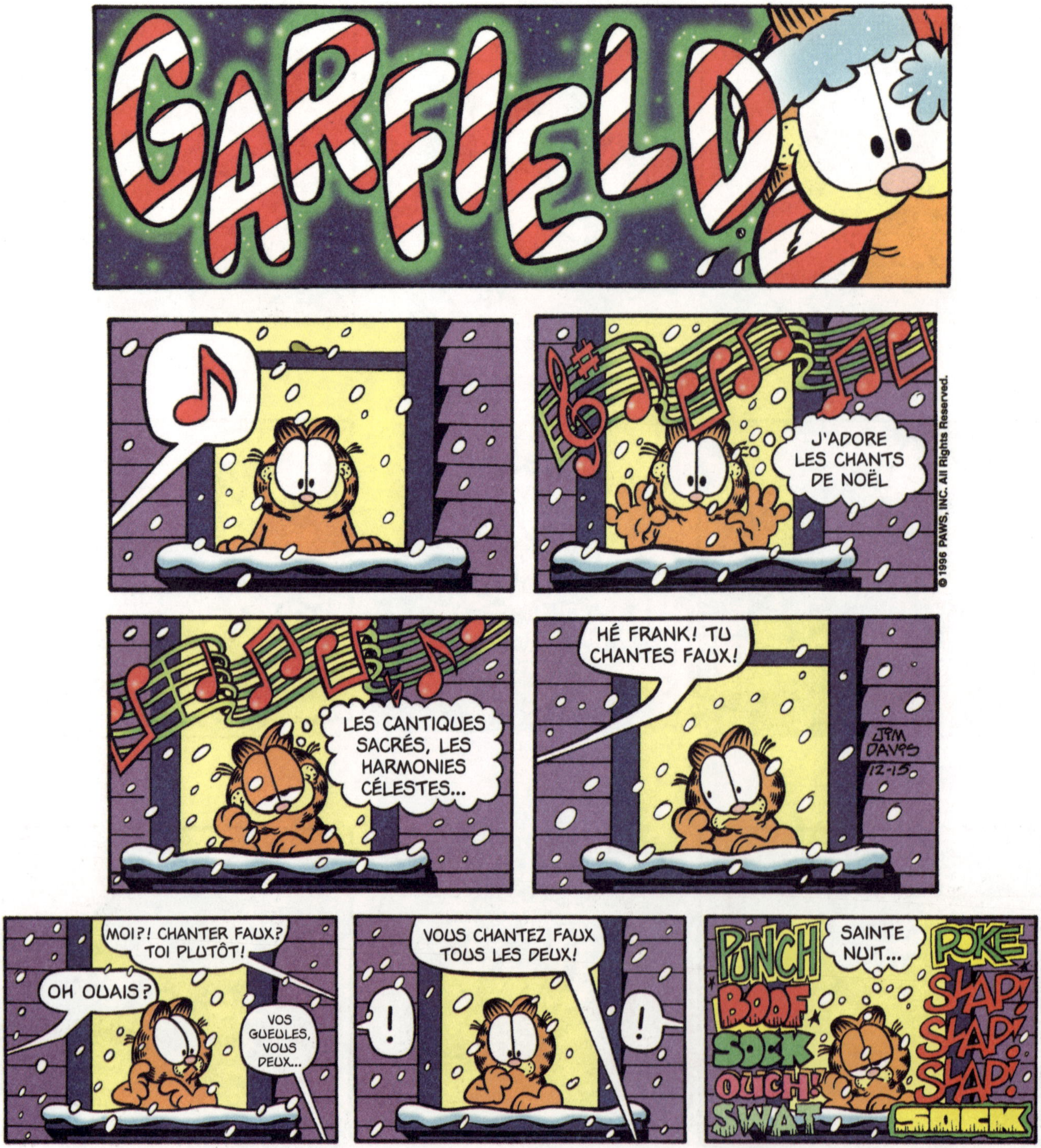
GARFIELD
J'ADORE LES CHANTS DE NOËL
© 1996 PAWS, INC. All Rights Reserved.
LES CANTIQUES SACRÉS, LES HARMONIES CÉLESTES...
HÉ FRANK! TU CHANTES FAUX!
JIM DAVIS 12-15
MOI?! CHANTER FAUX? TOI PLUTÔT!
OH OUAIS?
VOS GUEULES, VOUS DEUX...
!
VOUS CHANTEZ FAUX TOUS LES DEUX!
!
PUNCH
SAINTE NUIT...
POKE
BOOF
SLAP!
SLAP!
SLAP!
SOCK
OUCH!
SWAT
SOCK

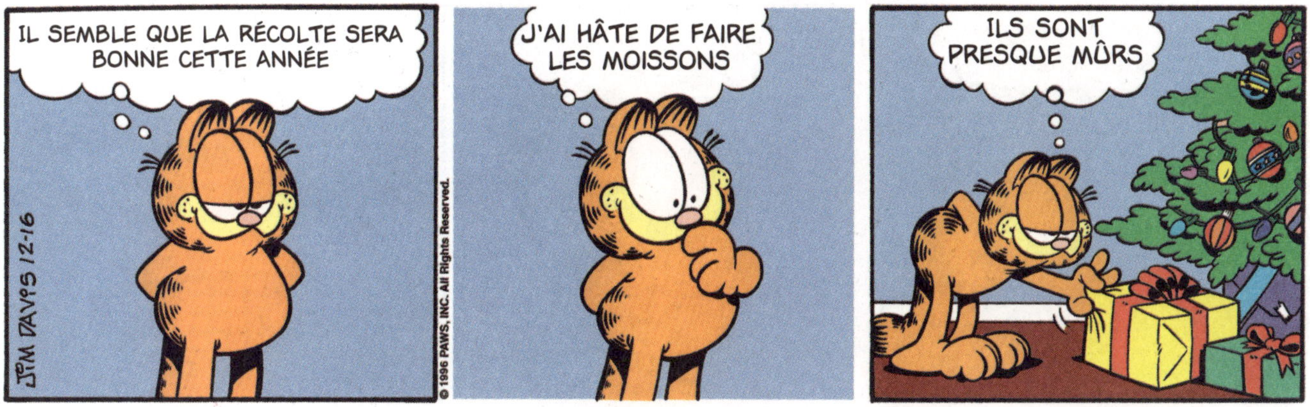
IL SEMBLE QUE LA RÉCOLTE SERA BONNE CETTE ANNÉE
J'AI HÂTE DE FAIRE LES MOISSONS
ILS SONT PRESQUE MÛRS
JIM DAVIS 12-16
© 1996 PAWS, INC. All Rights Reserved.

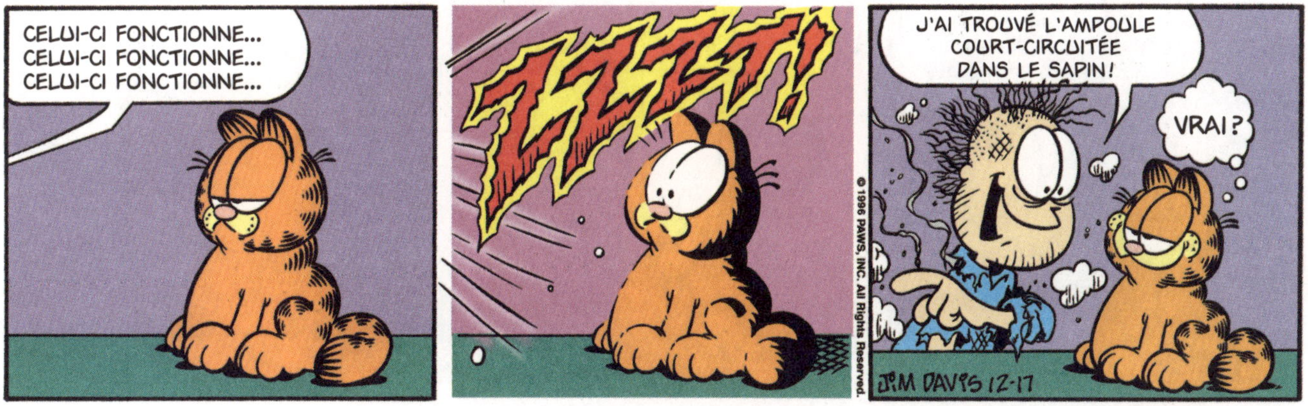
CELUI-CI FONCTIONNE... CELUI-CI FONCTIONNE... CELUI-CI FONCTIONNE...
ZZZZT!
J'AI TROUVÉ L'AMPOULE COURT-CIRCUITÉE DANS LE SAPIN!
VRAI ?
JIM DAVIS 12-17
© 1996 PAWS, INC. All Rights Reserved.

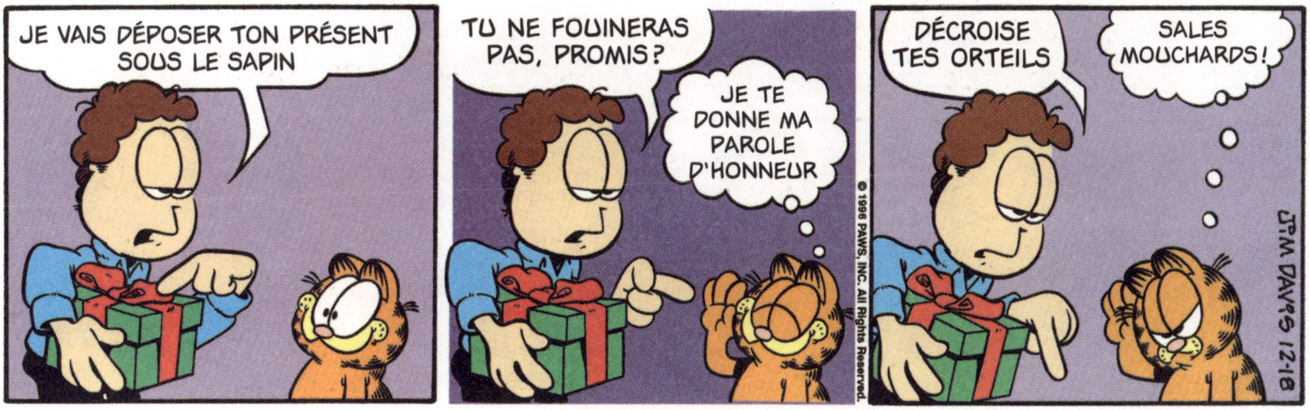
JE VAIS DÉPOSER TON PRÉSENT SOUS LE SAPIN
TU NE FOUINERAS PAS, PROMIS ?
JE TE DONNE MA PAROLE D'HONNEUR
DÉCROISE TES ORTEILS
SALES MOUCHARDS !
JIM DAVIS 12-18
© 1996 PAWS, INC. All Rights Reserved.

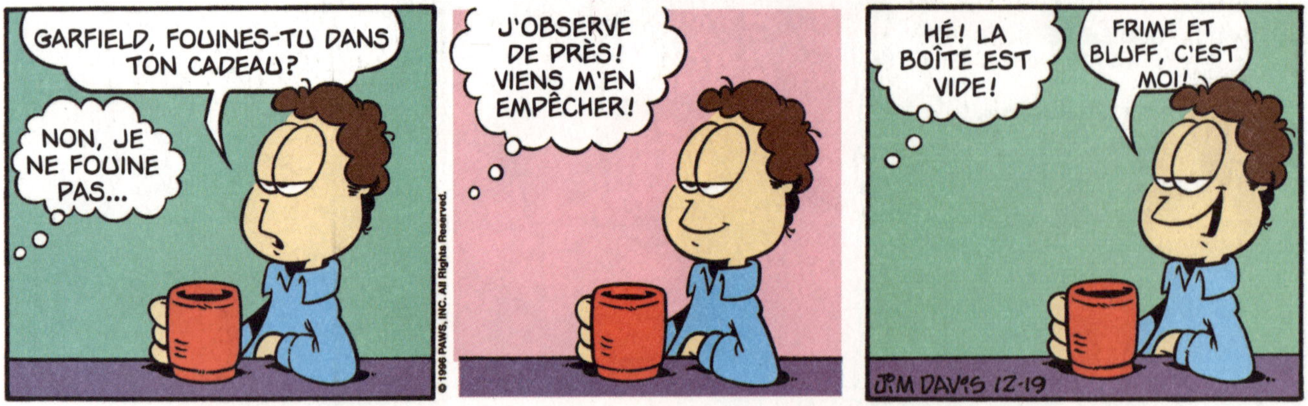
GARFIELD, FOUINES-TU DANS TON CADEAU?
NON, JE NE FOUINE PAS...
© 1996 PAWS, INC. All Rights Reserved.
J'OBSERVE DE PRÈS! VIENS M'EN EMPÊCHER!
HÉ! LA BOÎTE EST VIDE!
FRIME ET BLUFF, C'EST MOI!
JIM DAVIS 12-19

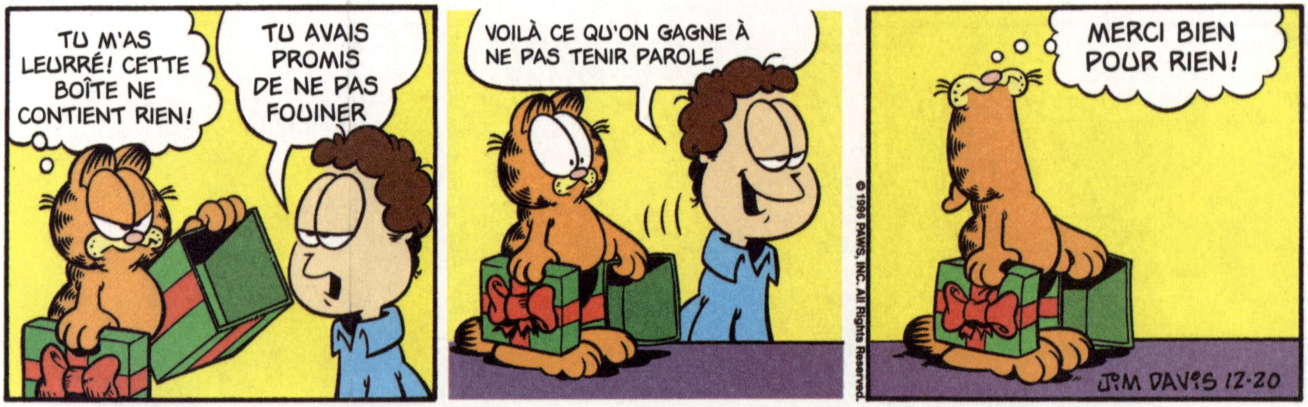
TU M'AS LEURRÉ! CETTE BOÎTE NE CONTIENT RIEN!
TU AVAIS PROMIS DE NE PAS FOUINER
VOILÀ CE QU'ON GAGNE À NE PAS TENIR PAROLE
© 1996 PAWS, INC. All Rights Reserved.
MERCI BIEN POUR RIEN!
JIM DAVIS 12-20

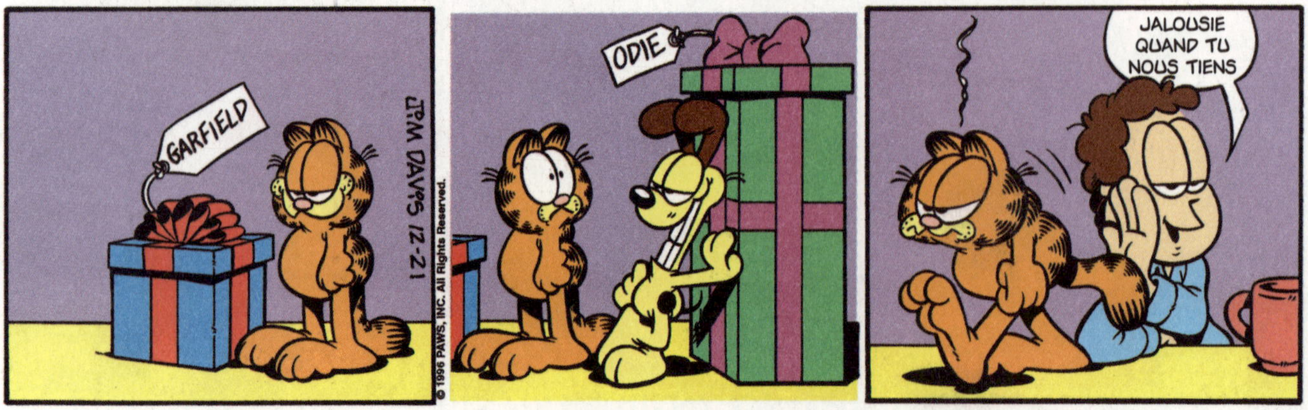
GARFIELD
JIM DAVIS 12-21
© 1996 PAWS, INC. All Rights Reserved.
ODIE
JALOUSIE QUAND TU NOUS TIENS

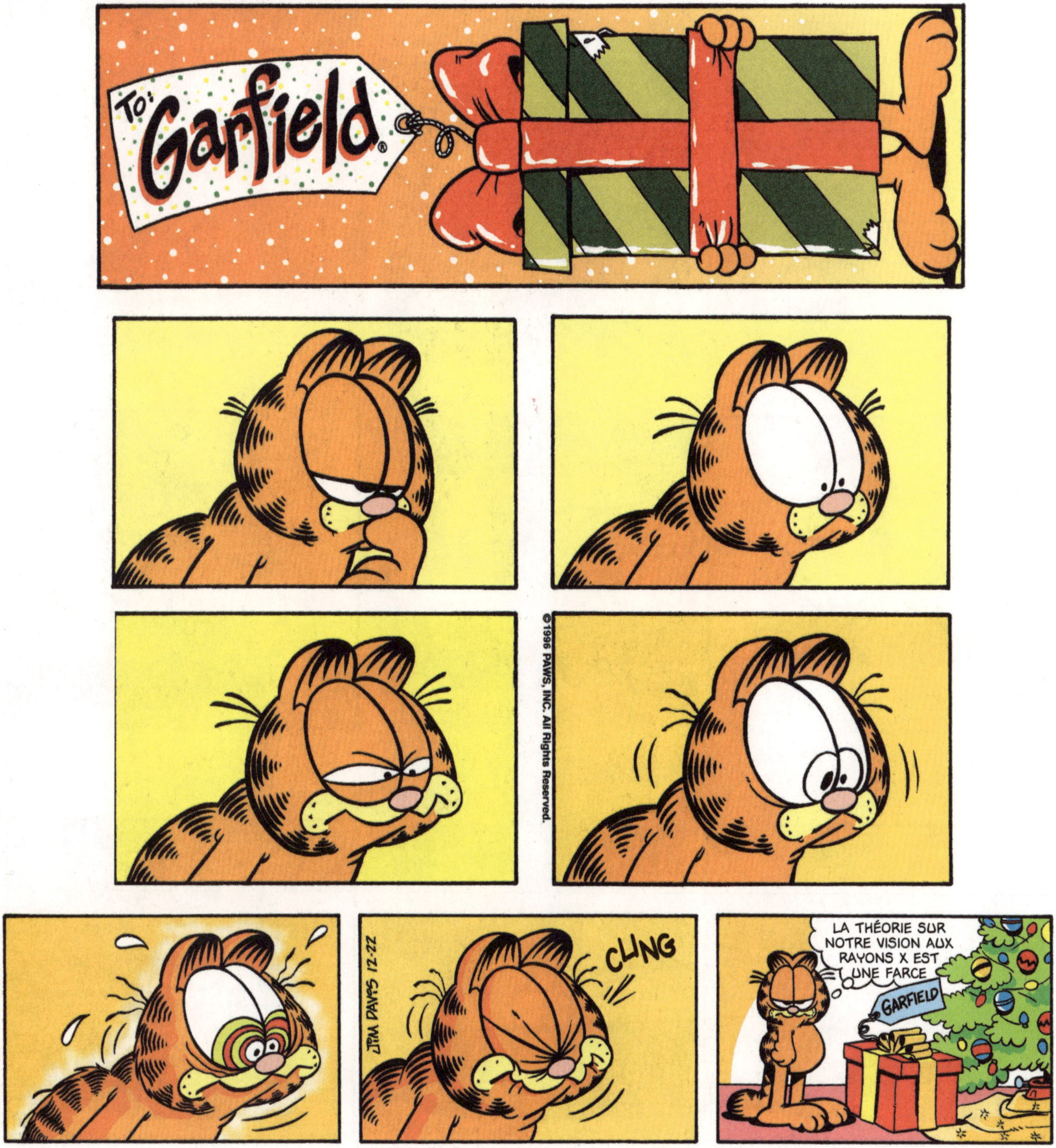
To: Garfield
©1996 PAWS, INC. All Rights Reserved.
JIM DAVIS 12-22
CLING
LA THÉORIE SUR NOTRE VISION AUX RAYONS X EST UNE FARCE
GARFIELD

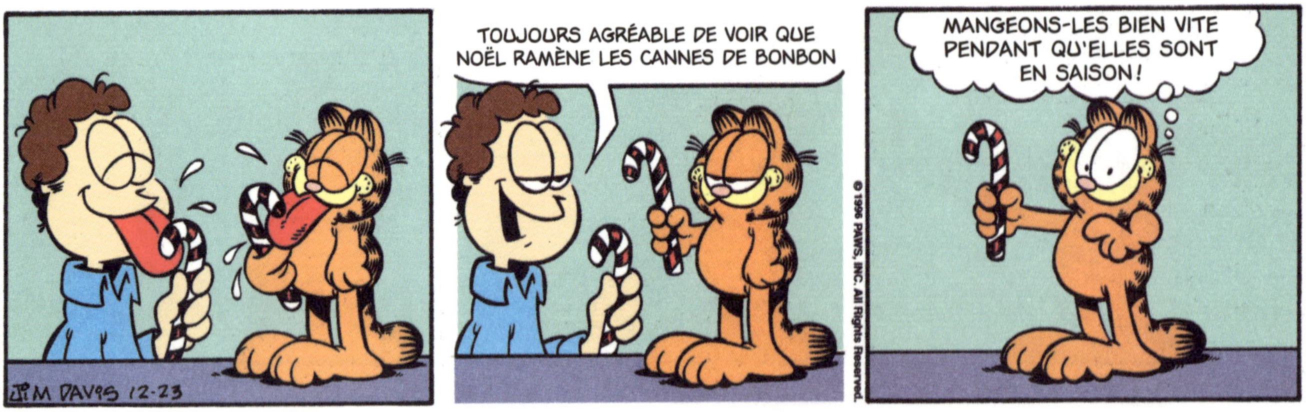
JIM DAVIS 12-23
TOUJOURS AGRÉABLE DE VOIR QUE NOËL RAMÈNE LES CANNES DE BONBON
© 1996 PAWS, INC. All Rights Reserved.
MANGEONS-LES BIEN VITE PENDANT QU'ELLES SONT EN SAISON !

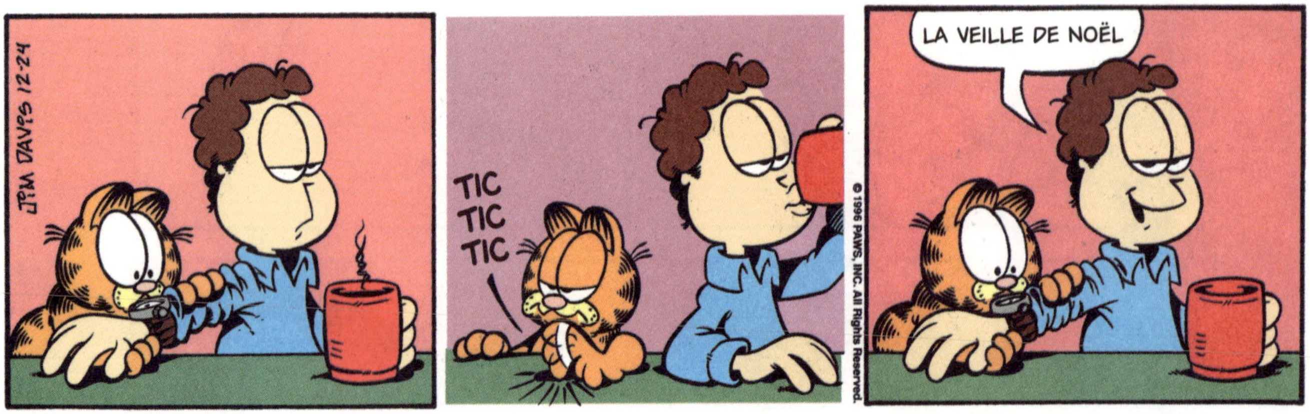
JIM DAVIS 12-24
TIC TIC TIC
© 1996 PAWS, INC. All Rights Reserved.
LA VEILLE DE NOËL

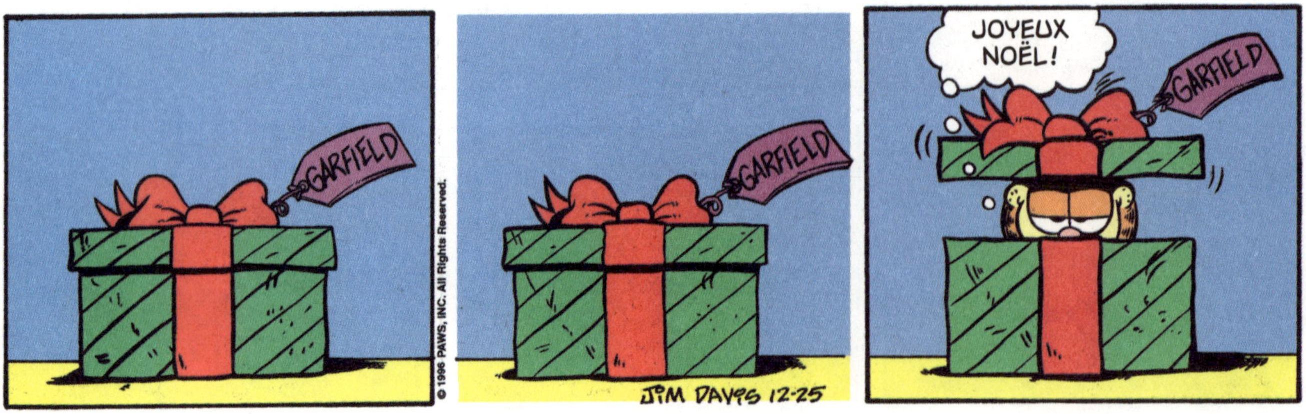
GARFIELD
© 1996 PAWS, INC. All Rights Reserved.
GARFIELD
JIM DAVIS 12-25
JOYEUX NOËL !
GARFIELD

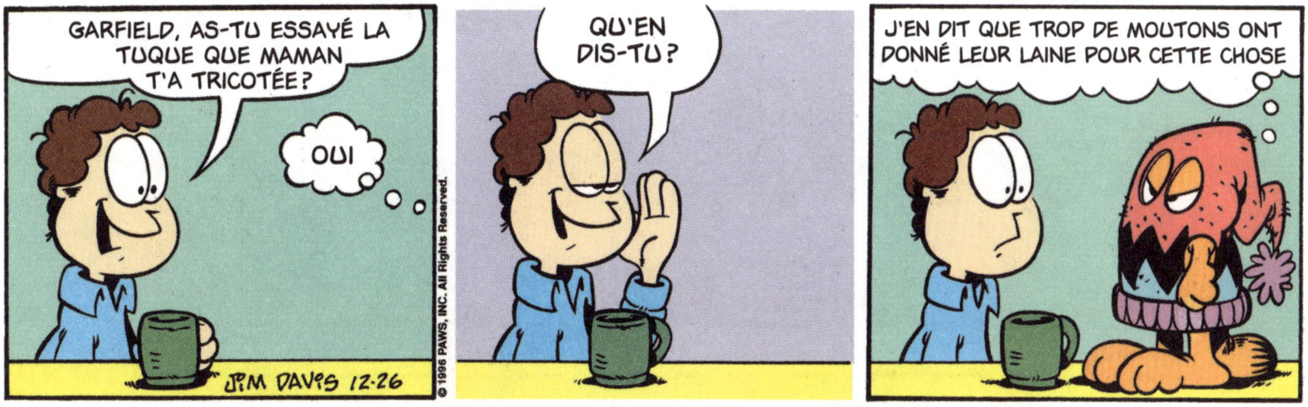
GARFIELD, AS-TU ESSAYÉ LA TUQUE QUE MAMAN T'A TRICOTÉE?
OUI
JIM DAVIS 12-26
© 1996 PAWS, INC. All Rights Reserved.
QU'EN DIS-TU?
J'EN DIT QUE TROP DE MOUTONS ONT DONNÉ LEUR LAINE POUR CETTE CHOSE

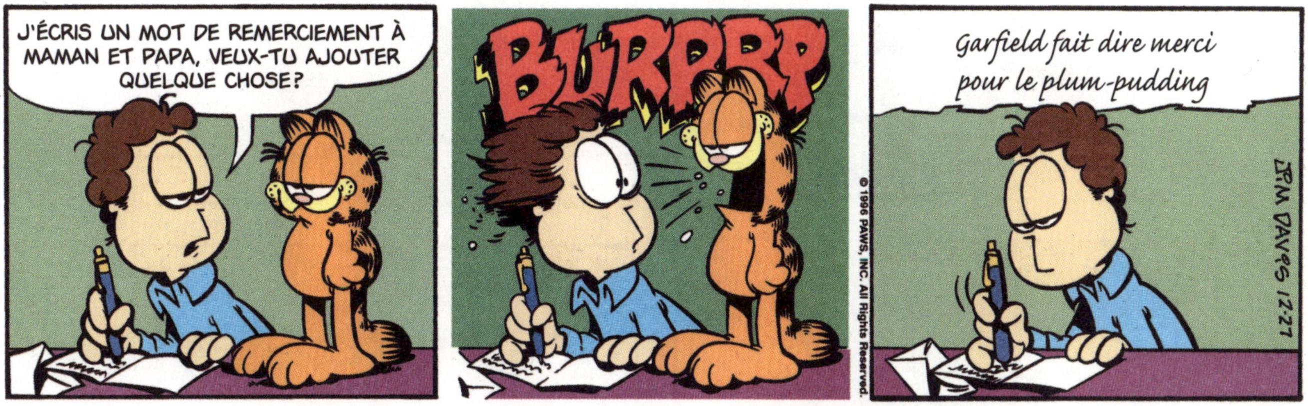
J'ÉCRIS UN MOT DE REMERCIEMENT À MAMAN ET PAPA, VEUX-TU AJOUTER QUELQUE CHOSE?
BURPRP
© 1996 PAWS, INC. All Rights Reserved.
Garfield fait dire merci pour le plum-pudding
JIM DAVIS 12-27

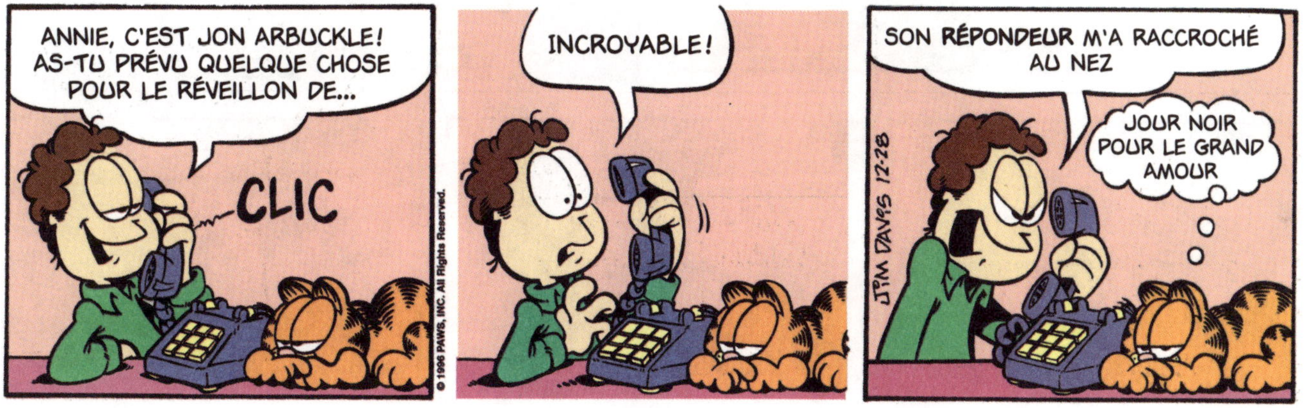
ANNIE, C'EST JON ARBUCKLE! AS-TU PRÉVU QUELQUE CHOSE POUR LE RÉVEILLON DE...
CLIC
© 1996 PAWS, INC. All Rights Reserved.
INCROYABLE!
JIM DAVIS 12-28
SON **RÉPONDEUR** M'A RACCROCHÉ AU NEZ
JOUR NOIR POUR LE GRAND AMOUR

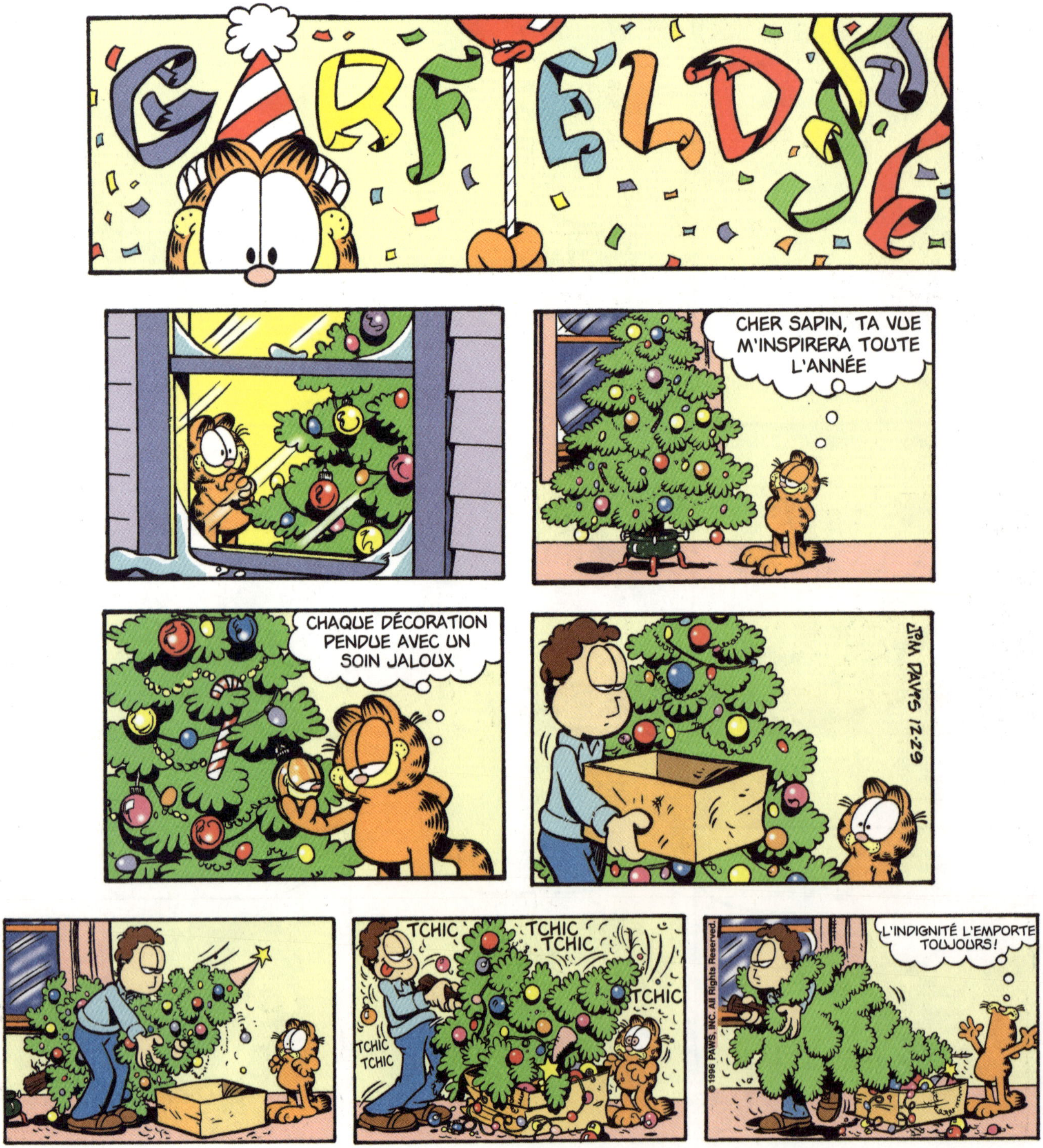
GARFIELD
CHER SAPIN, TA VUE M'INSPIRERA TOUTE L'ANNÉE
CHAQUE DÉCORATION PENDUE AVEC UN SOIN JALOUX
JIM DAVIS 12-29
TCHIC
TCHIC
TCHIC
TCHIC
TCHIC
TCHIC
© 1996 PAWS, INC. All Rights Reserved.
L'INDIGNITÉ L'EMPORTE TOUJOURS!

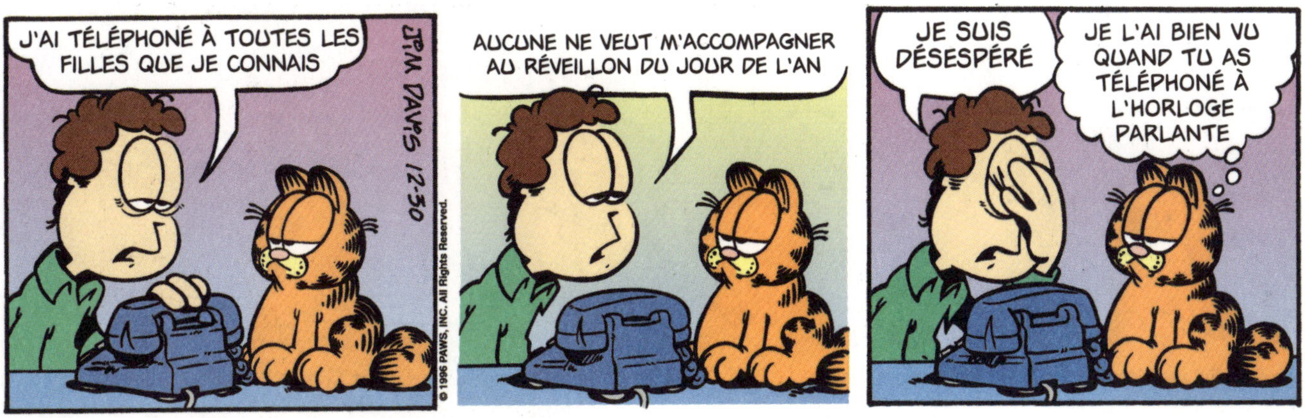
J'AI TÉLÉPHONÉ À TOUTES LES FILLES QUE JE CONNAIS
JIM DAVIS 12-30
© 1996 PAWS, INC. All Rights Reserved.
AUCUNE NE VEUT M'ACCOMPAGNER AU RÉVEILLON DU JOUR DE L'AN
JE SUIS DÉSESPÉRÉ
JE L'AI BIEN VU QUAND TU AS TÉLÉPHONÉ À L'HORLOGE PARLANTE

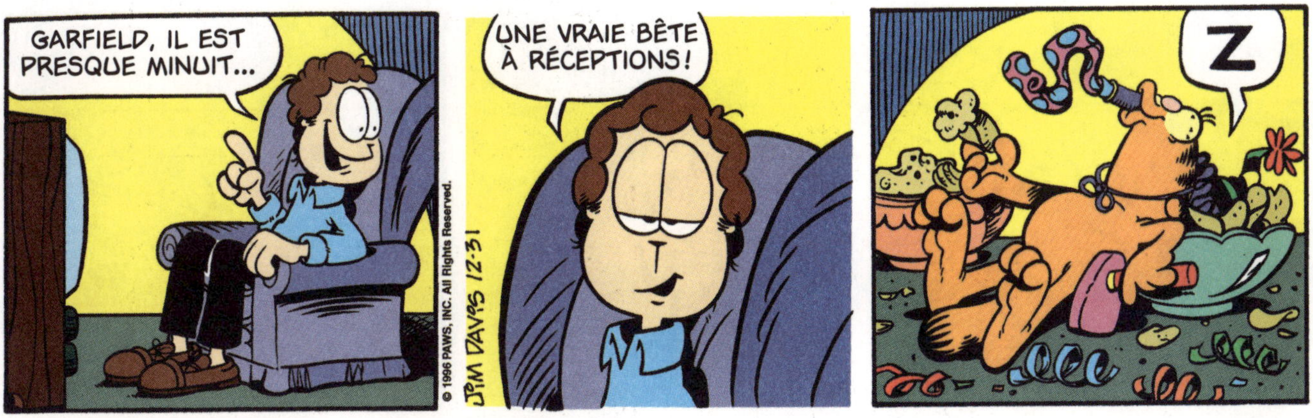
GARFIELD, IL EST PRESQUE MINUIT...
© 1996 PAWS, INC. All Rights Reserved.
JIM DAVIS 12-31
UNE VRAIE BÊTE À RÉCEPTIONS!
Z

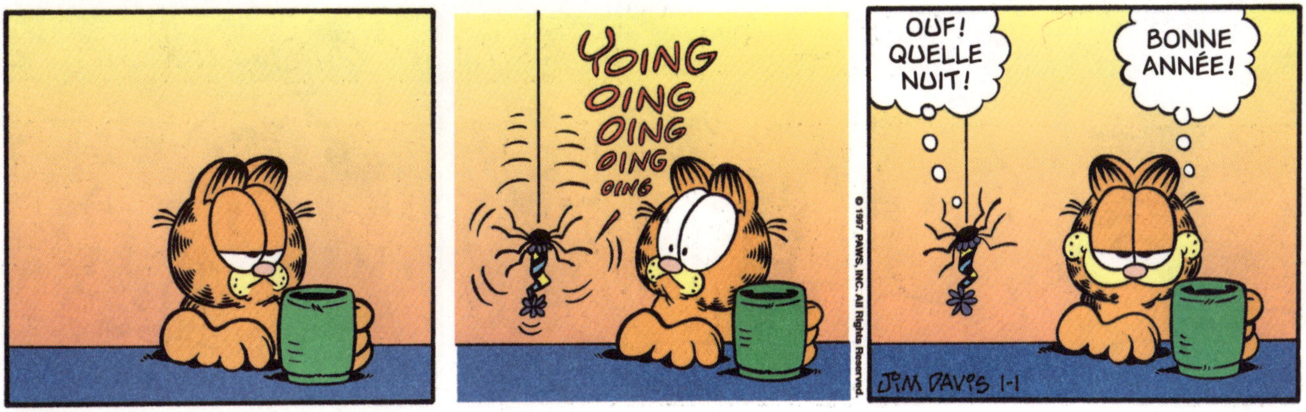
YOING
OING
OING
OING
OING
© 1997 PAWS, INC. All Rights Reserved.
OUF! QUELLE NUIT!
BONNE ANNÉE!
JIM DAVIS 1-1

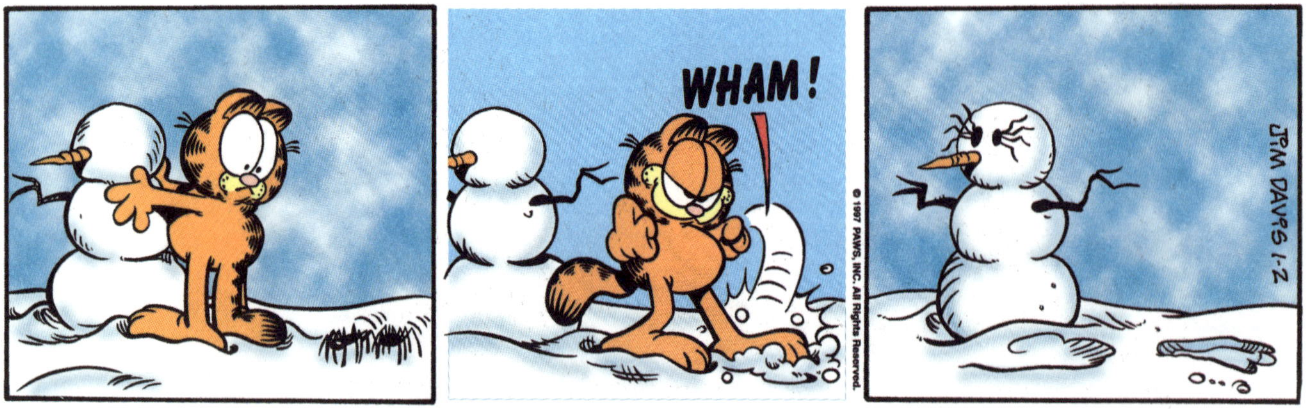
WHAM!
© 1997 PAWS, INC. All Rights Reserved.
JIM DAVIS 1-2

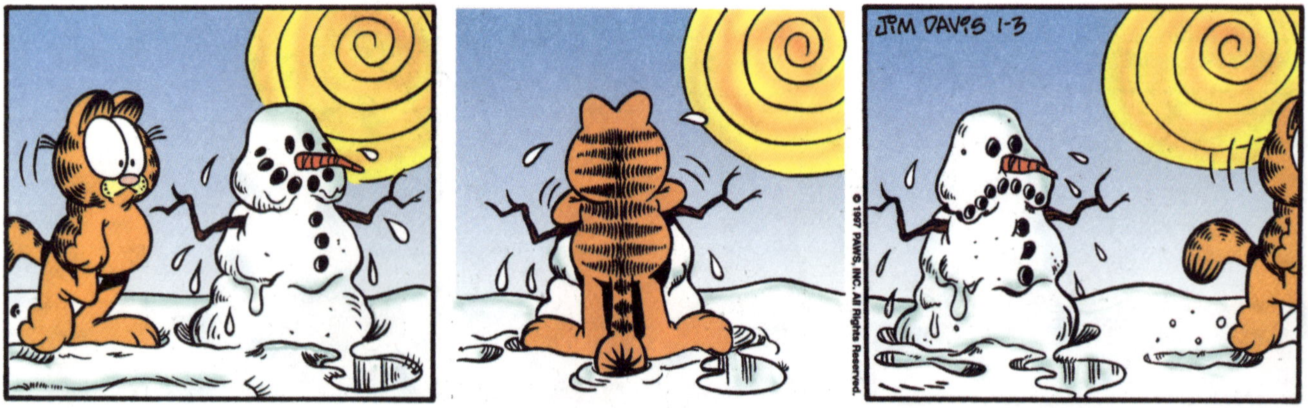
JIM DAVIS 1-3
© 1997 PAWS, INC. All Rights Reserved.

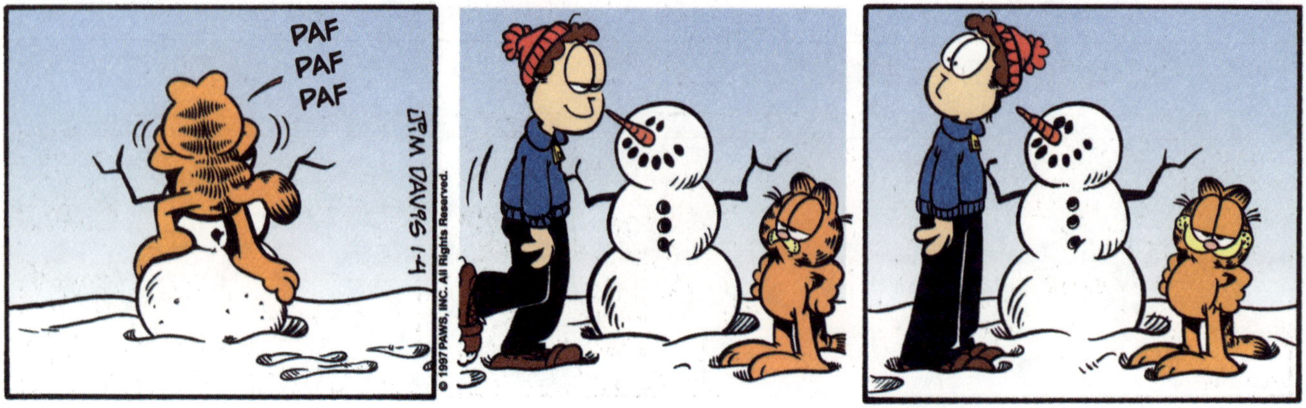
PAF
PAF
PAF
JIM DAVIS 1-4
© 1997 PAWS, INC. All Rights Reserved.

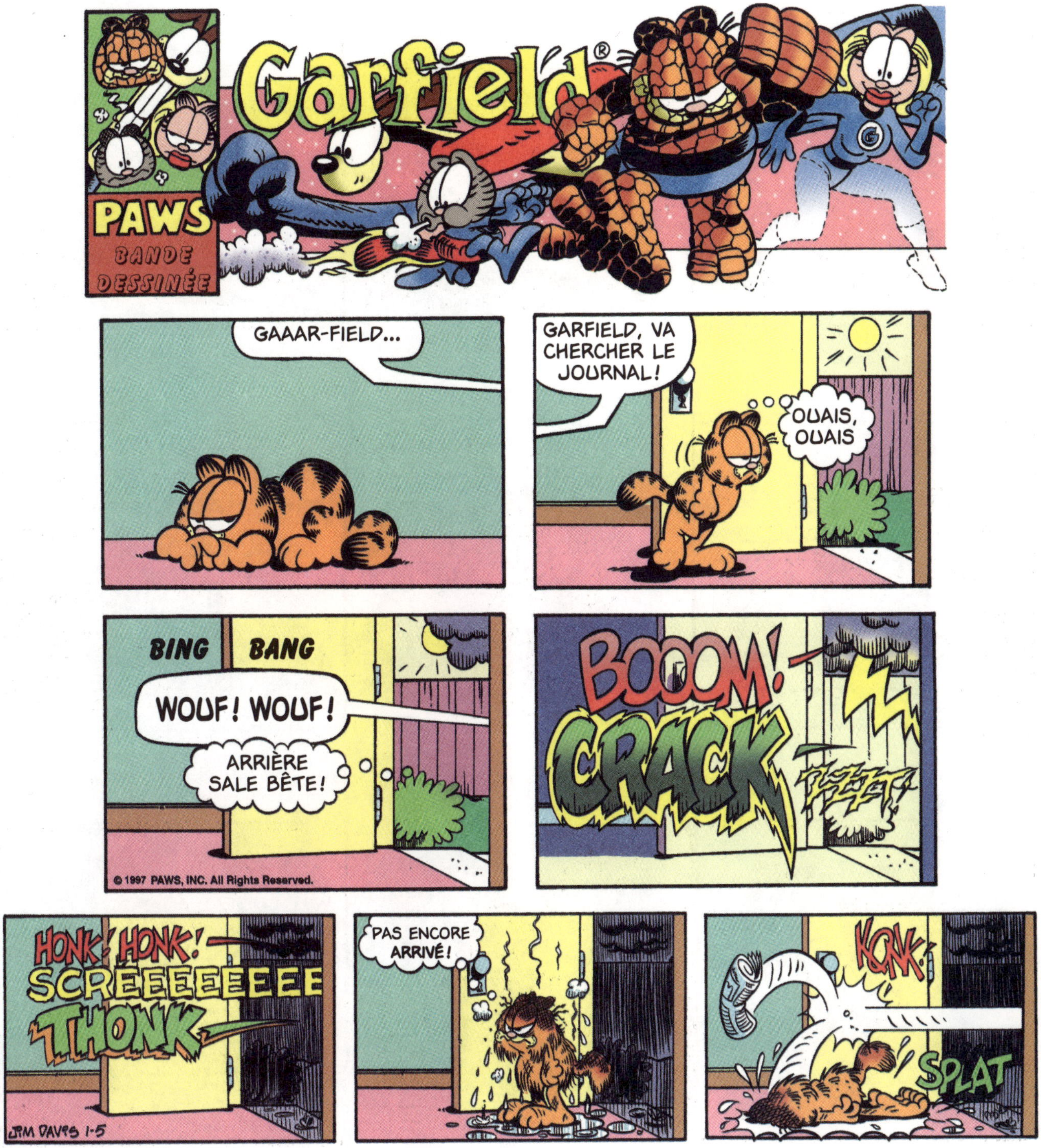
Garfield®
PAWS
BANDE DESSINÉE
GAAAR-FIELD...
GARFIELD, VA CHERCHER LE JOURNAL!
OUAIS, OUAIS
BING
BANG
WOUF! WOUF!
ARRIÈRE SALE BÊTE!
© 1997 PAWS, INC. All Rights Reserved.
BOOOM!
CRACK
HONK! HONK!
SCREEEEEEEEEE
THONK
JIM DAVIS 1-5
PAS ENCORE ARRIVÉ!
KONK
SPLAT

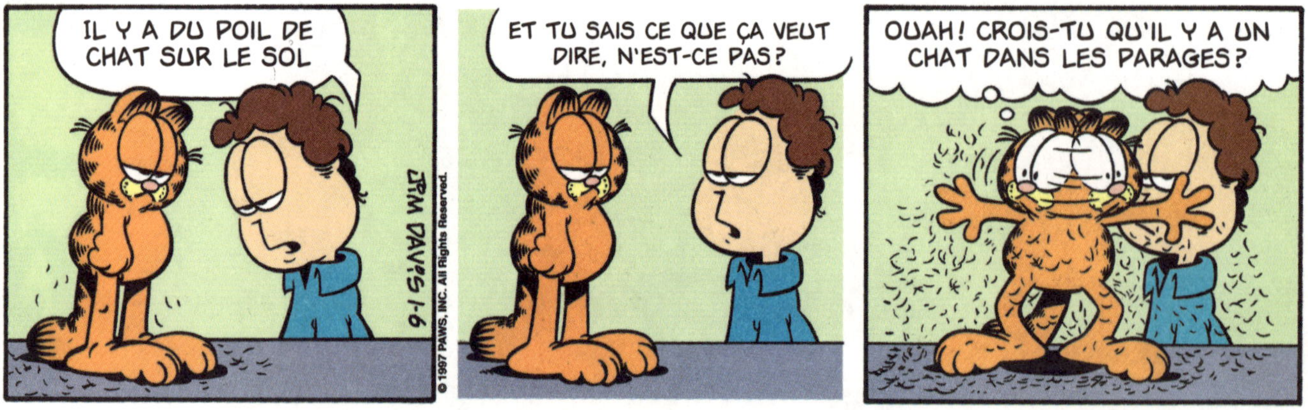
IL Y A DU POIL DE CHAT SUR LE SOL
JIM DAVIS 1-6
© 1997 PAWS, INC. All Rights Reserved.
ET TU SAIS CE QUE ÇA VEUT DIRE, N'EST-CE PAS?
OUAH! CROIS-TU QU'IL Y A UN CHAT DANS LES PARAGES?

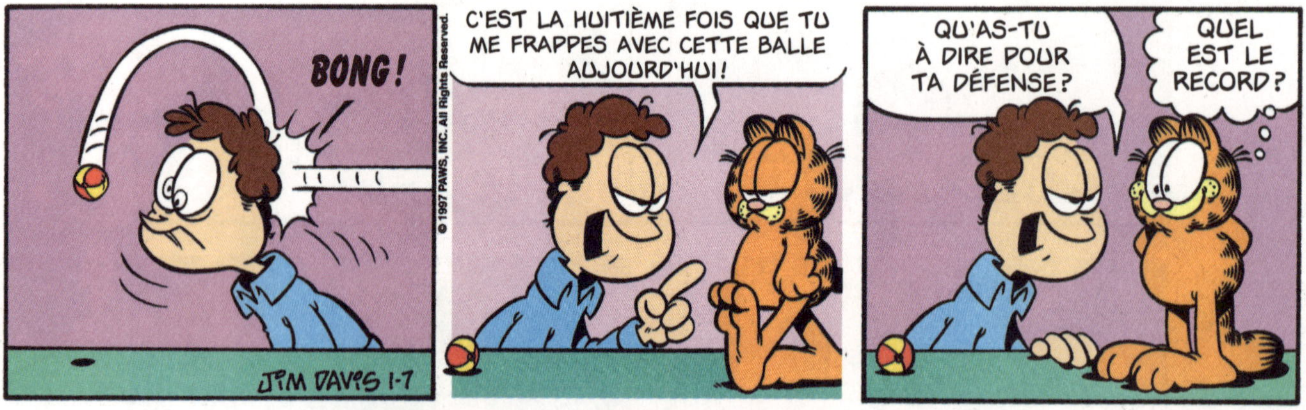
BONG!
JIM DAVIS 1-7
© 1997 PAWS, INC. All Rights Reserved.
C'EST LA HUITIÈME FOIS QUE TU ME FRAPPES AVEC CETTE BALLE AUJOURD'HUI!
QU'AS-TU À DIRE POUR TA DÉFENSE?
QUEL EST LE RECORD?

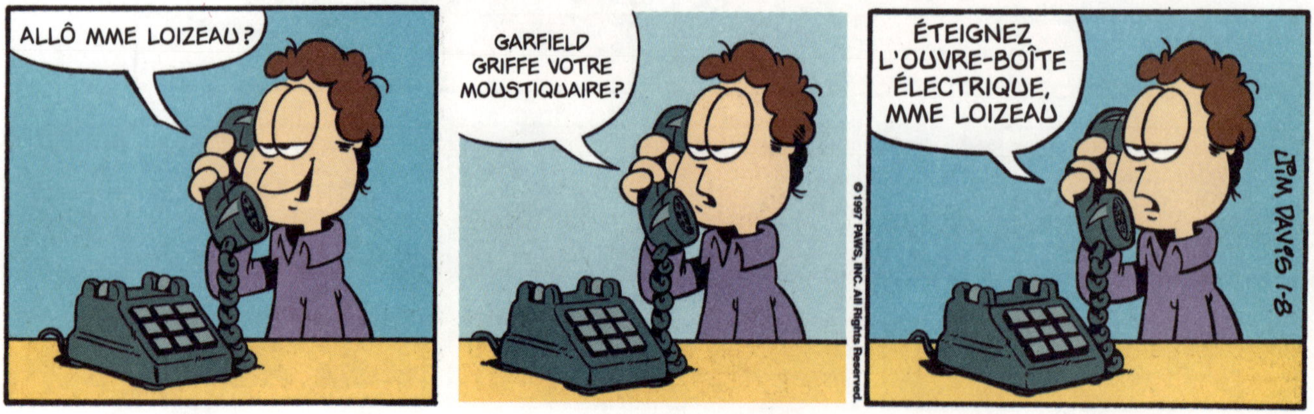
ALLÔ MME LOIZEAU?
GARFIELD GRIFFE VOTRE MOUSTIQUAIRE?
© 1997 PAWS, INC. All Rights Reserved.
ÉTEIGNEZ L'OUVRE-BOÎTE ÉLECTRIQUE, MME LOIZEAU
JIM DAVIS 1-8

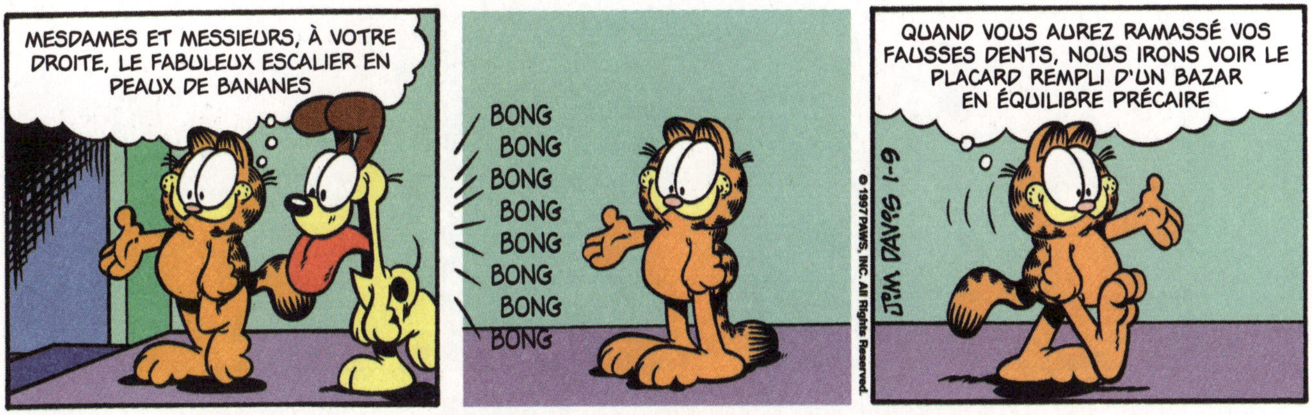
MESDAMES ET MESSIEURS, À VOTRE DROITE, LE FABULEUX ESCALIER EN PEAUX DE BANANES
BONG BONG BONG BONG BONG BONG BONG BONG
QUAND VOUS AUREZ RAMASSÉ VOS FAUSSES DENTS, NOUS IRONS VOIR LE PLACARD REMPLI D'UN BAZAR EN ÉQUILIBRE PRÉCAIRE
JPM DAVPS 1-9
© 1997 PAWS, INC. All Rights Reserved.

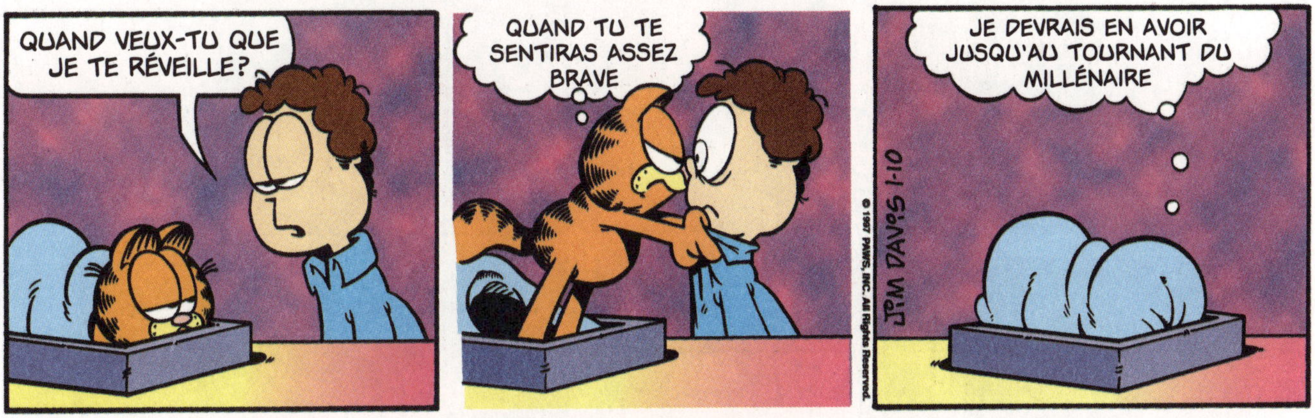
QUAND VEUX-TU QUE JE TE RÉVEILLE?
QUAND TU TE SENTIRAS ASSEZ BRAVE
JE DEVRAIS EN AVOIR JUSQU'AU TOURNANT DU MILLÉNAIRE
JPM DAVPS 1-10
© 1997 PAWS, INC. All Rights Reserved.

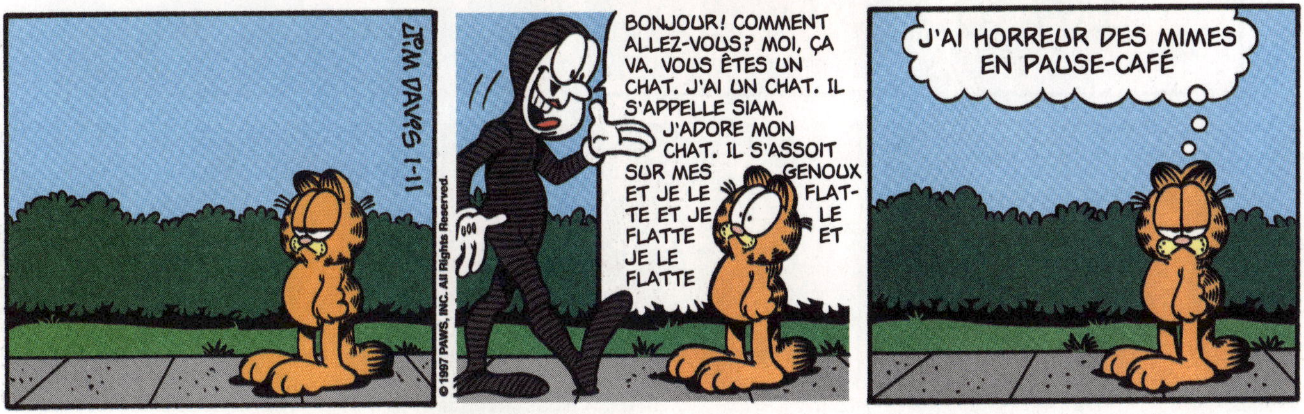
JPM DAVPS 1-11
© 1997 PAWS, INC. All Rights Reserved.
BONJOUR! COMMENT ALLEZ-VOUS? MOI, ÇA VA. VOUS ÊTES UN CHAT. J'AI UN CHAT. IL S'APPELLE SIAM. J'ADORE MON CHAT. IL S'ASSOIT SUR MES GENOUX ET JE LE FLATTE ET JE LE FLATTE ET JE LE FLATTE
J'AI HORREUR DES MIMES EN PAUSE-CAFÉ

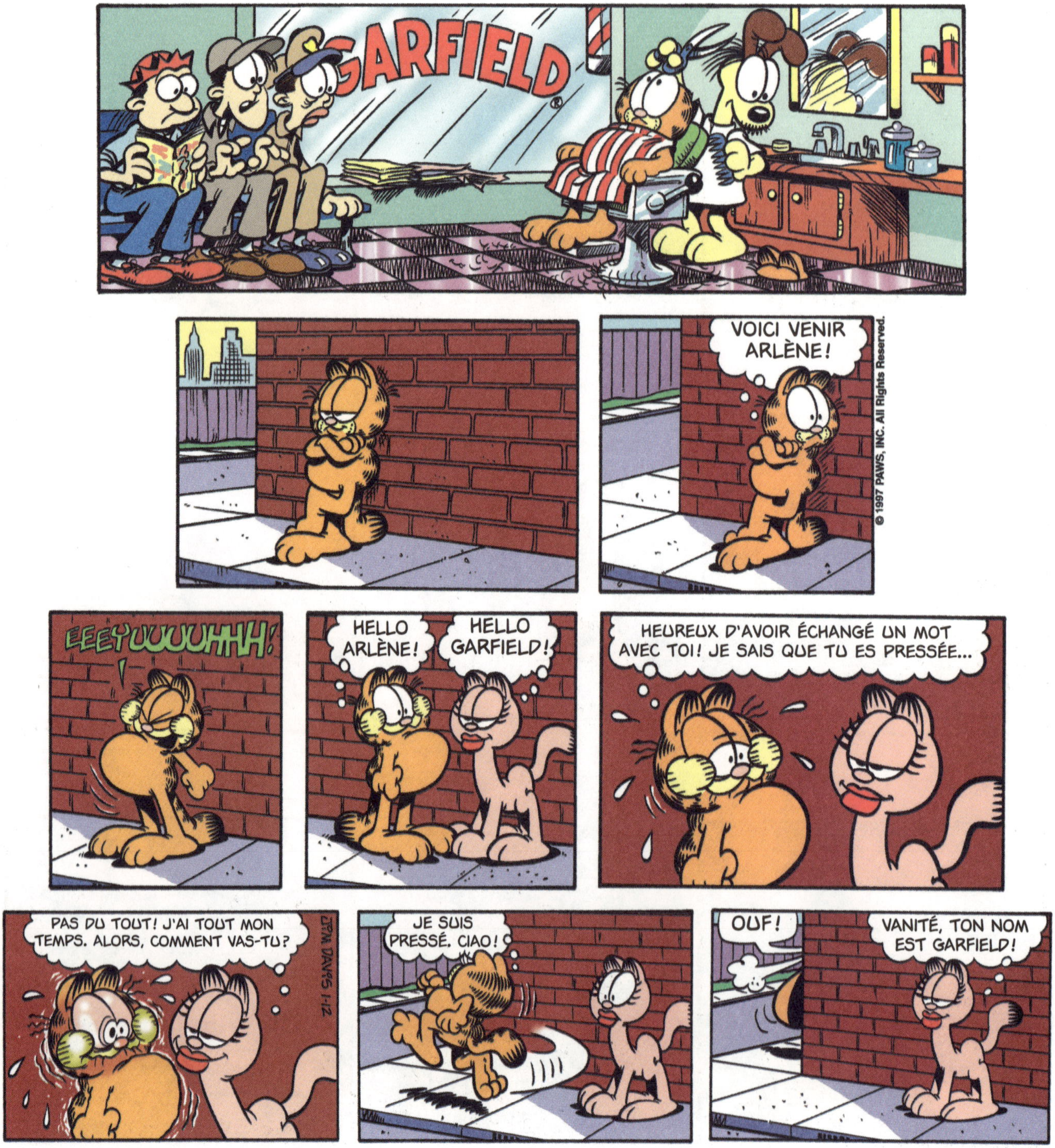
GARFIELD®
VOICI VENIR ARLÈNE!
© 1997 PAWS, INC. All Rights Reserved.
EEEYUUUUHHH!
HELLO ARLÈNE!
HELLO GARFIELD!
HEUREUX D'AVOIR ÉCHANGÉ UN MOT AVEC TOI! JE SAIS QUE TU ES PRESSÉE...
PAS DU TOUT! J'AI TOUT MON TEMPS. ALORS, COMMENT VAS-TU?
JE SUIS PRESSÉ. CIAO!
OUF!
VANITÉ, TON NOM EST GARFIELD!

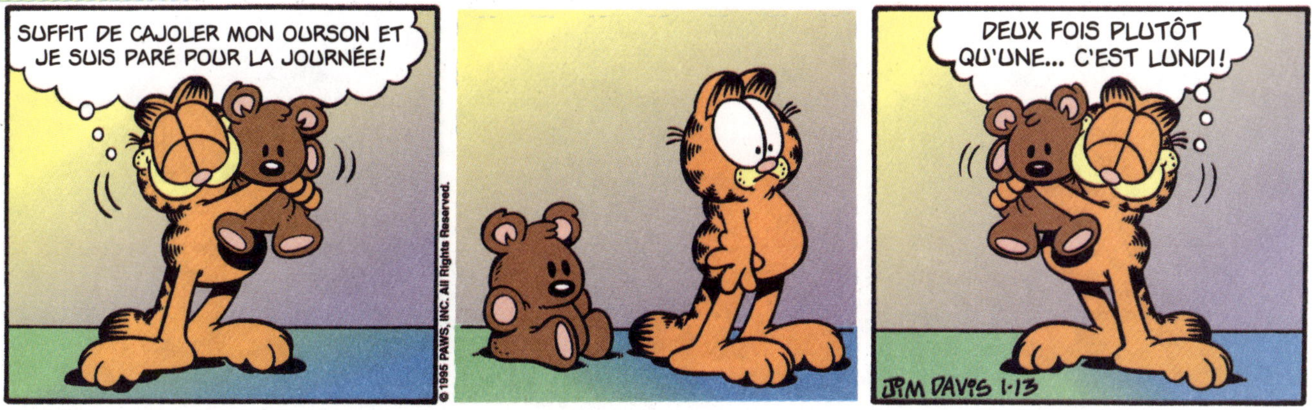
SUFFIT DE CAJOLER MON OURSON ET JE SUIS PARÉ POUR LA JOURNÉE!
© 1995 PAWS, INC. All Rights Reserved.
DEUX FOIS PLUTÔT QU'UNE... C'EST LUNDI!
JIM DAVIS 1-13

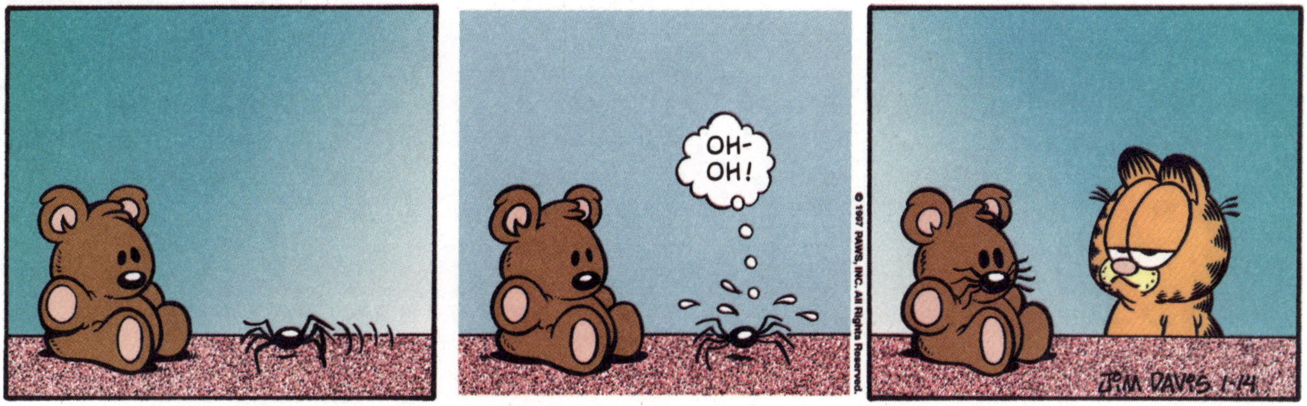
OH-OH!
© 1997 PAWS, INC. All Rights Reserved.
JIM DAVIS 1-14

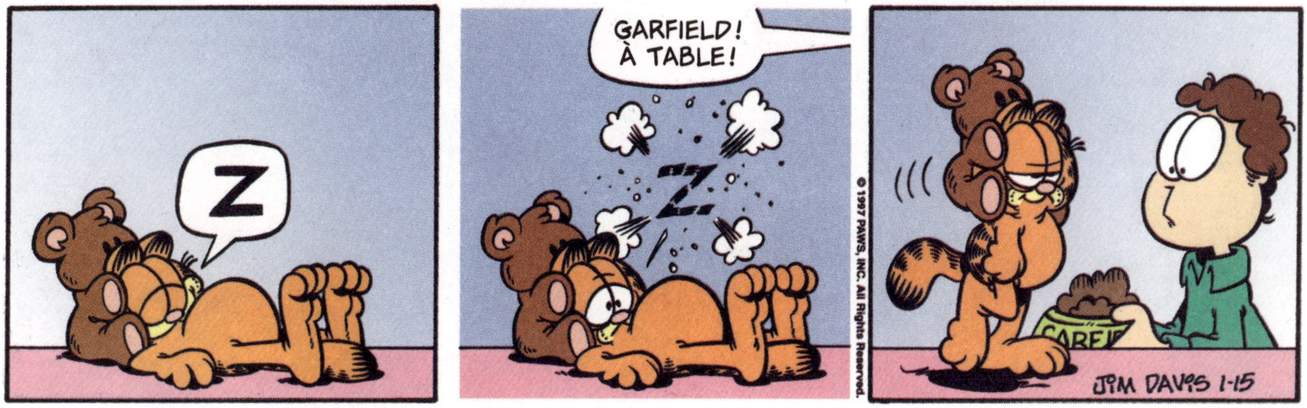
Z
GARFIELD! À TABLE!
Z
© 1997 PAWS, INC. All Rights Reserved.
JIM DAVIS 1-15

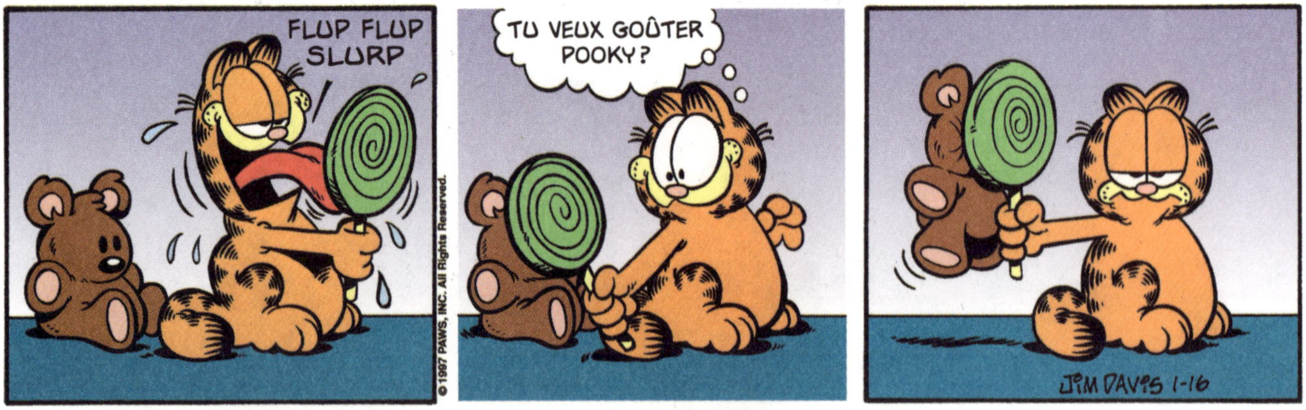
FLUP FLUP
SLURP
© 1997 PAWS, INC. All Rights Reserved.
TU VEUX GOÛTER POOKY?
JIM DAVIS 1-16

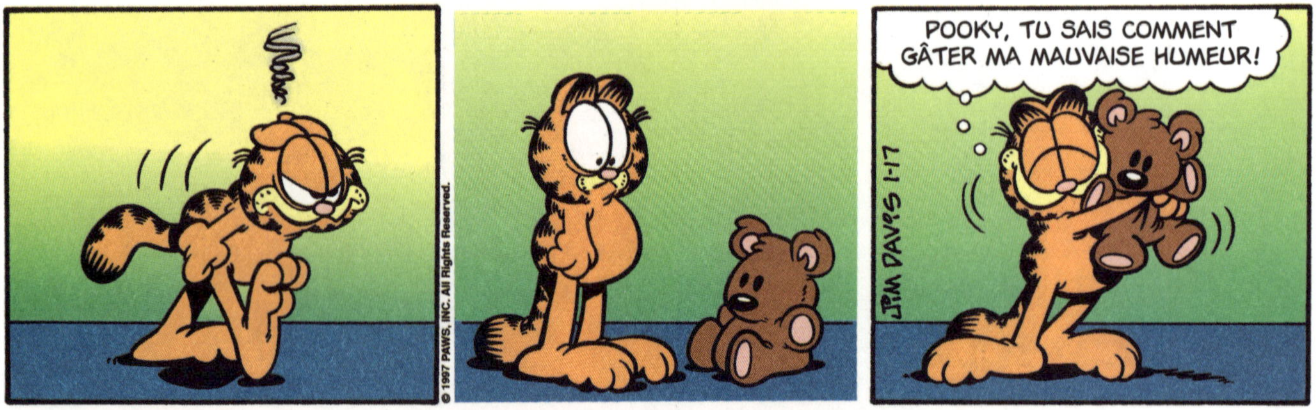
© 1997 PAWS, INC. All Rights Reserved.
JIM DAVIS 1-17
POOKY, TU SAIS COMMENT GÂTER MA MAUVAISE HUMEUR!

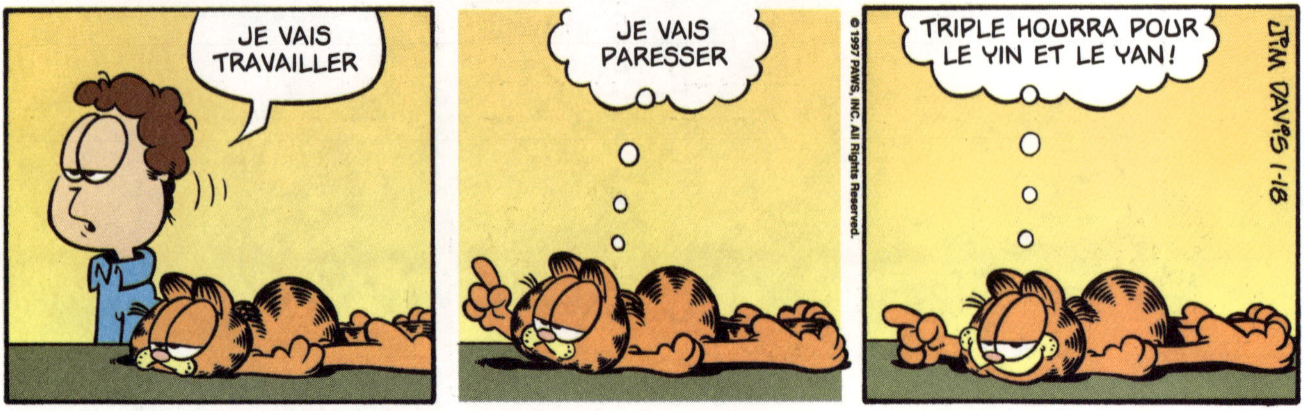
JE VAIS TRAVAILLER
JE VAIS PARESSER
© 1997 PAWS, INC. All Rights Reserved.
TRIPLE HOURRA POUR LE YIN ET LE YAN!
JIM DAVIS 1-18

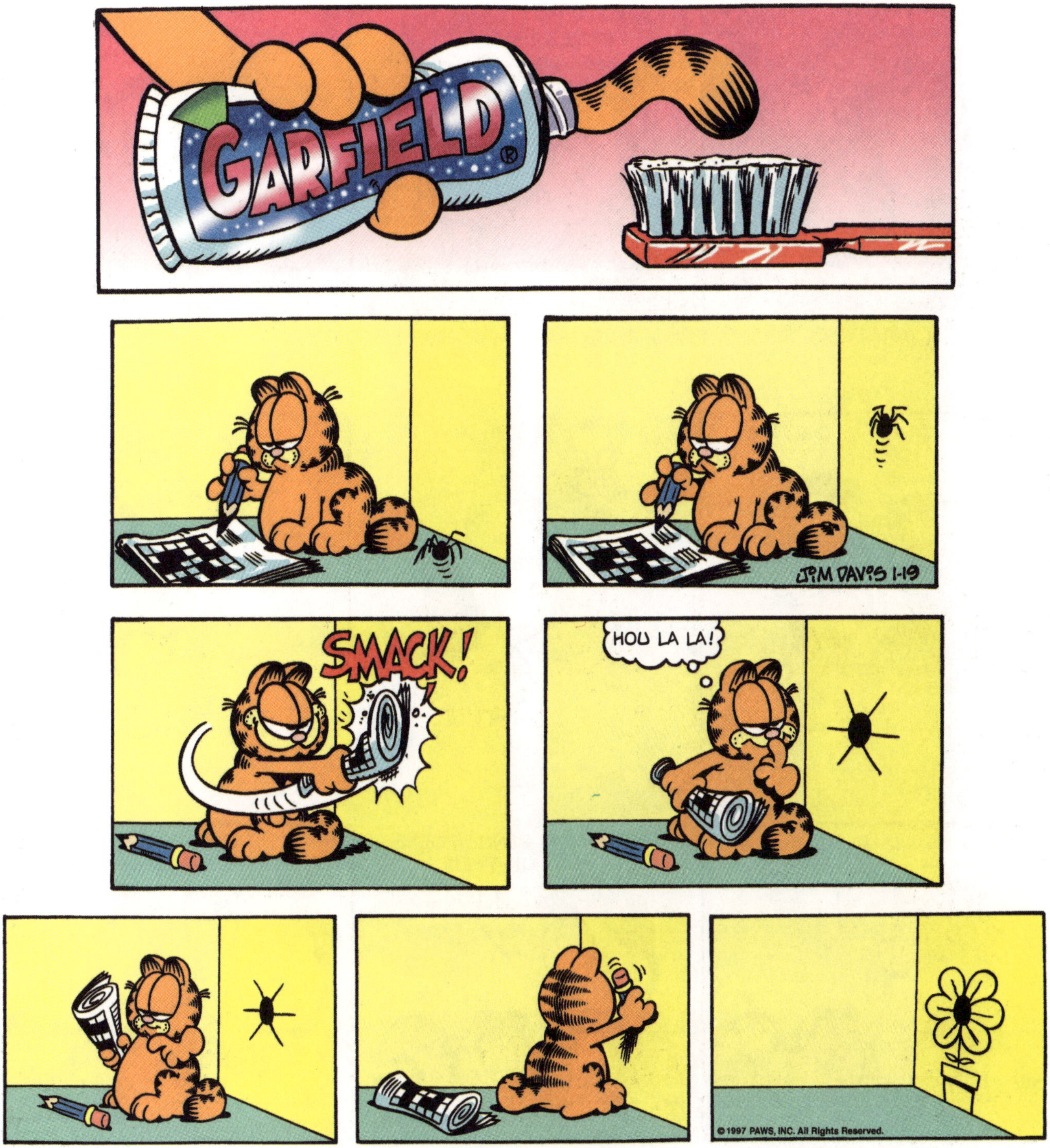
GARFIELD®
JIM DAVIS 1-19
SMACK!
HOU LA LA!
© 1997 PAWS, INC. All Rights Reserved.

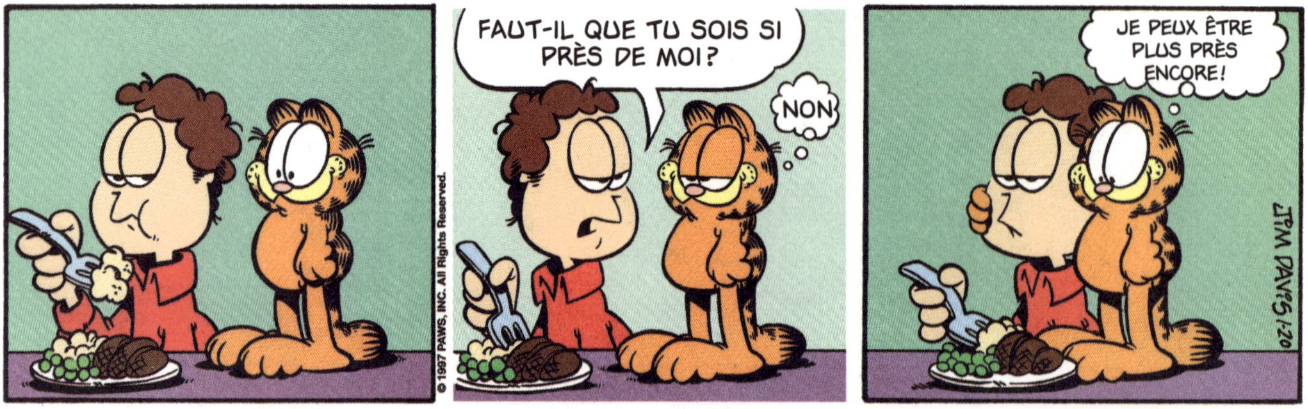
© 1997 PAWS, INC. All Rights Reserved.
FAUT-IL QUE TU SOIS SI PRÈS DE MOI?
NON
JE PEUX ÊTRE PLUS PRÈS ENCORE!
JIM DAVIS 1-20

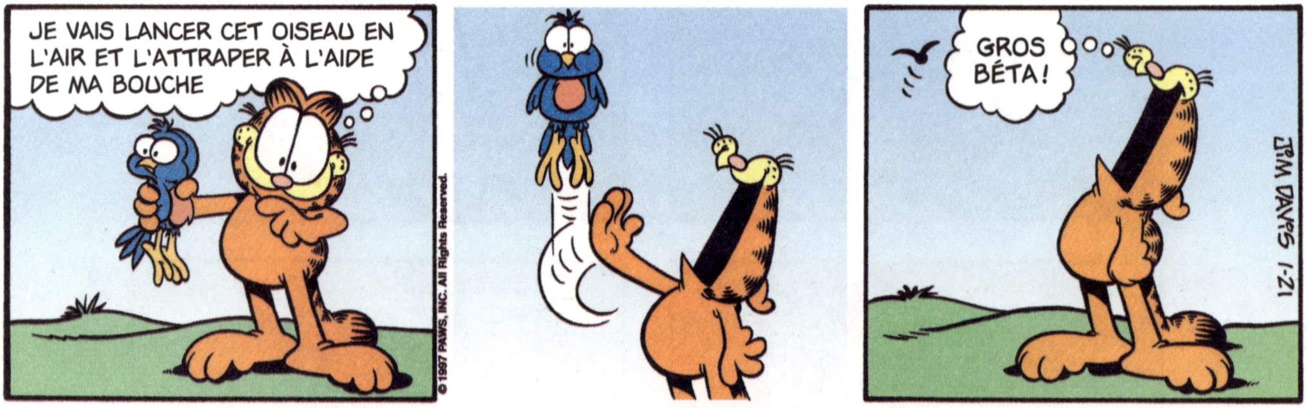
JE VAIS LANCER CET OISEAU EN L'AIR ET L'ATTRAPER À L'AIDE DE MA BOUCHE
© 1997 PAWS, INC. All Rights Reserved.
GROS BÉTA!
JIM DAVIS 1-21

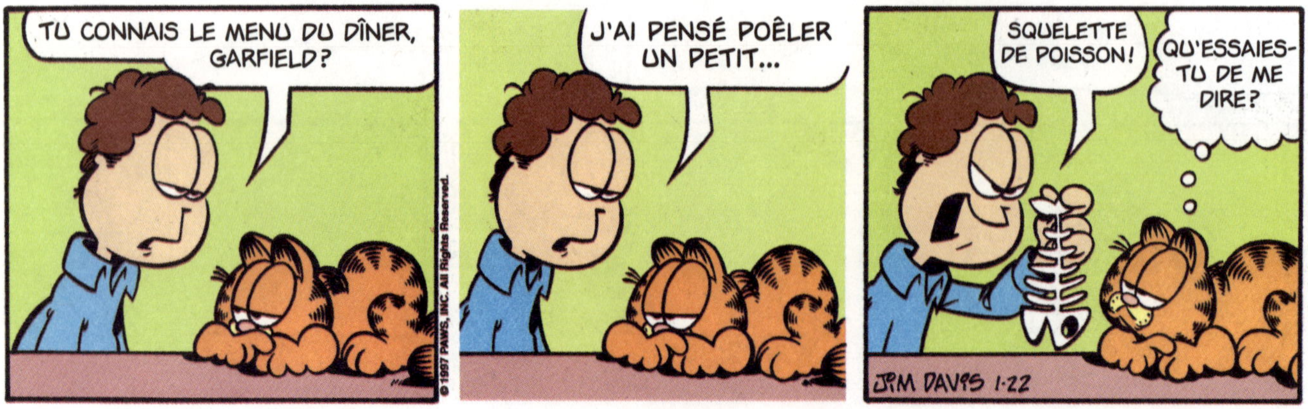
TU CONNAIS LE MENU DU DÎNER, GARFIELD?
© 1997 PAWS, INC. All Rights Reserved.
J'AI PENSÉ POÊLER UN PETIT...
SQUELETTE DE POISSON!
QU'ESSAIES-TU DE ME DIRE?
JIM DAVIS 1-22

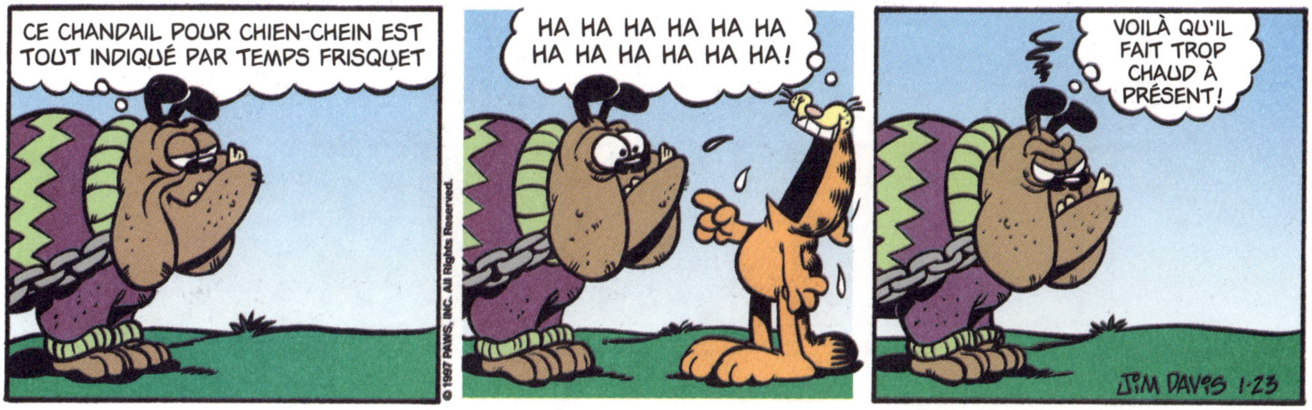
CE CHANDAIL POUR CHIEN-CHEIN EST TOUT INDIQUÉ PAR TEMPS FRISQUET
© 1997 PAWS, INC. All Rights Reserved.
HA HA HA HA HA HA HA HA HA HA HA HA!
VOILÀ QU'IL FAIT TROP CHAUD À PRÉSENT!
JIM DAVIS 1-23

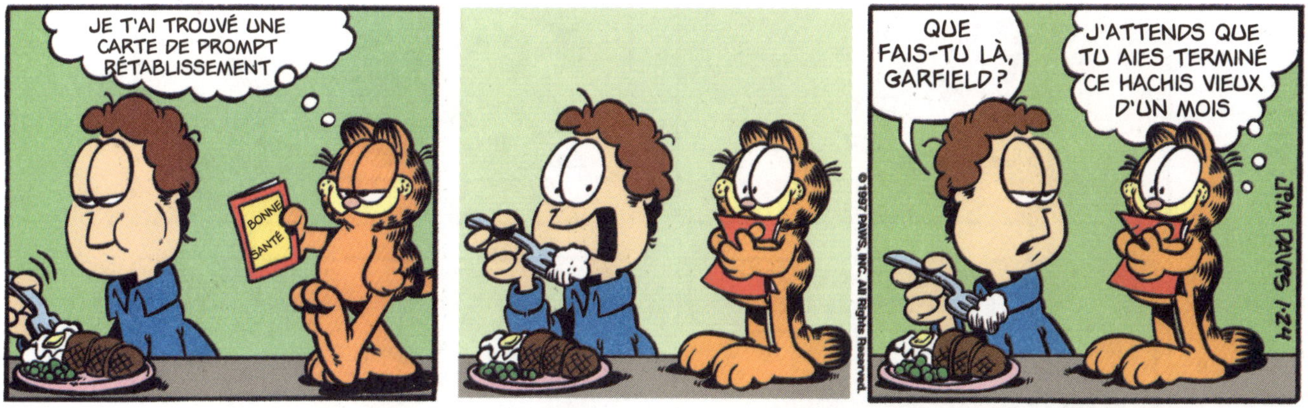
JE T'AI TROUVÉ UNE CARTE DE PROMPT RÉTABLISSEMENT
BONNE SANTÉ
© 1997 PAWS, INC. All Rights Reserved.
QUE FAIS-TU LÀ, GARFIELD?
J'ATTENDS QUE TU AIES TERMINÉ CE HACHIS VIEUX D'UN MOIS
JIM DAVIS 1-24

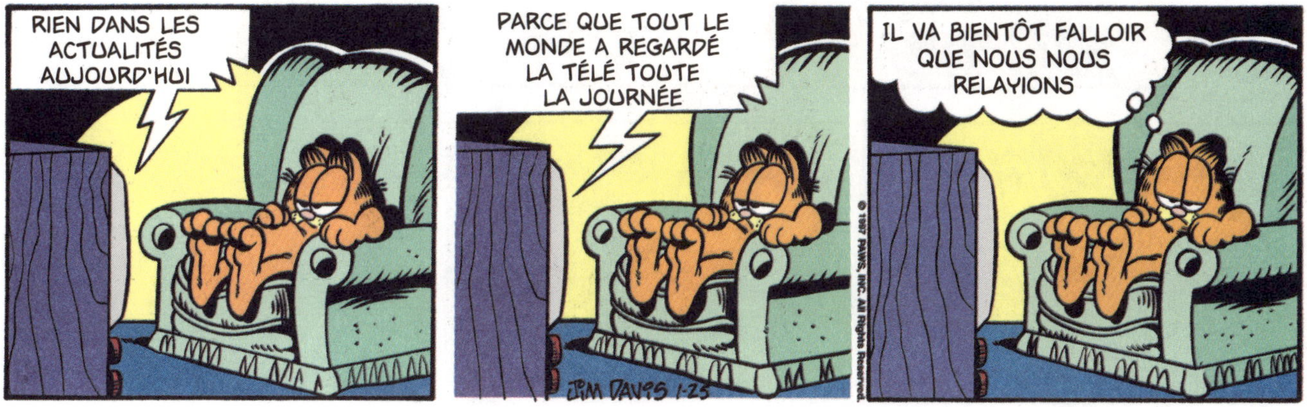
RIEN DANS LES ACTUALITÉS AUJOURD'HUI
PARCE QUE TOUT LE MONDE A REGARDÉ LA TÉLÉ TOUTE LA JOURNÉE
JIM DAVIS 1-25
© 1997 PAWS, INC. All Rights Reserved.
IL VA BIENTÔT FALLOIR QUE NOUS NOUS RELAYIONS

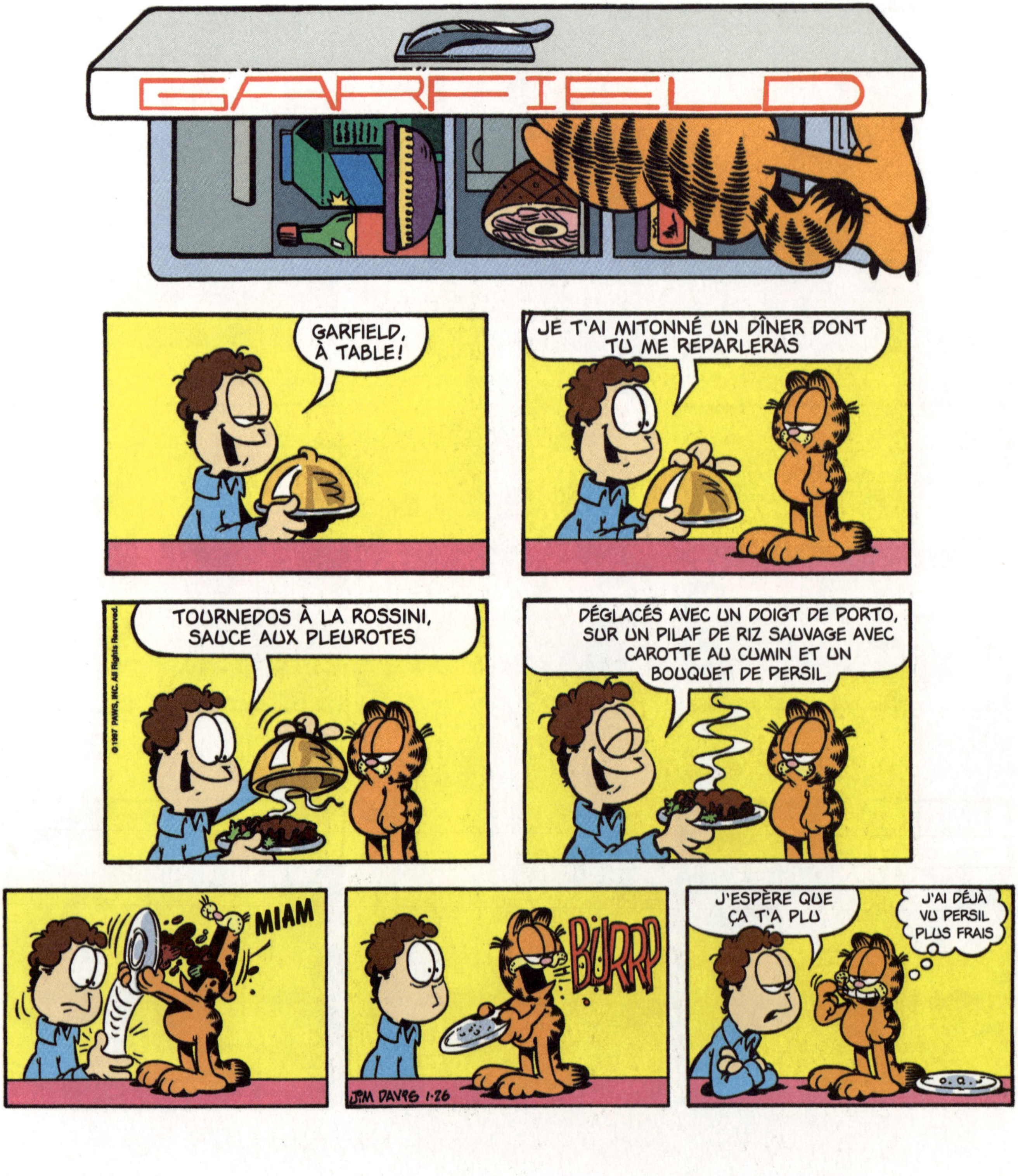
GARFIELD
GARFIELD, À TABLE!
JE T'AI MITONNÉ UN DÎNER DONT TU ME REPARLERAS
TOURNEDOS À LA ROSSINI, SAUCE AUX PLEUROTES
© 1997 PAWS, INC. All Rights Reserved.
DÉGLACÉS AVEC UN DOIGT DE PORTO, SUR UN PILAF DE RIZ SAUVAGE AVEC CAROTTE AU CUMIN ET UN BOUQUET DE PERSIL
MIAM
BURRP
JIM DAVIS 1-26
J'ESPÈRE QUE ÇA T'A PLU
J'AI DÉJÀ VU PERSIL PLUS FRAIS

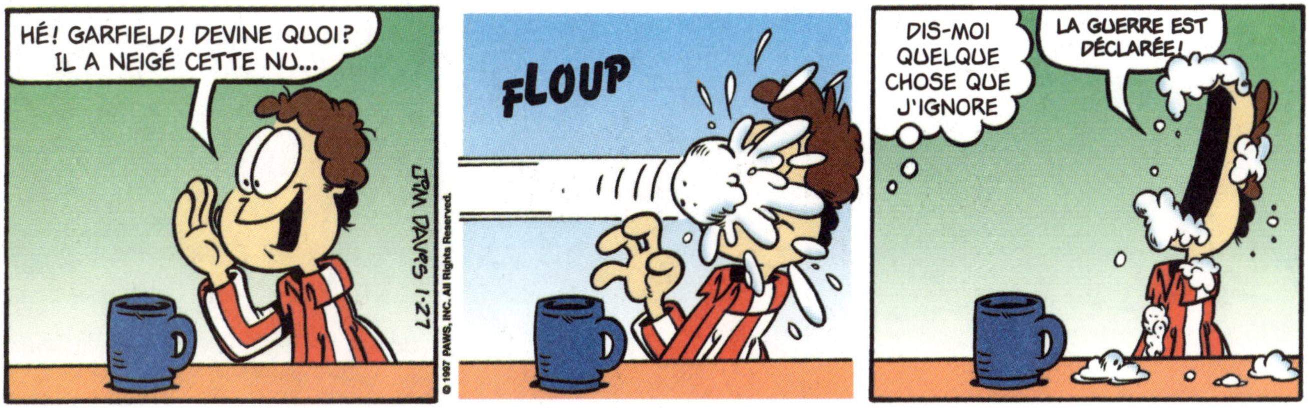
HÉ! GARFIELD! DEVINE QUOI? IL A NEIGÉ CETTE NU...
JIM DAVIS 1-27
© 1997 PAWS, INC. All Rights Reserved.
FLOUP
DIS-MOI QUELQUE CHOSE QUE J'IGNORE
LA GUERRE EST DÉCLARÉE!

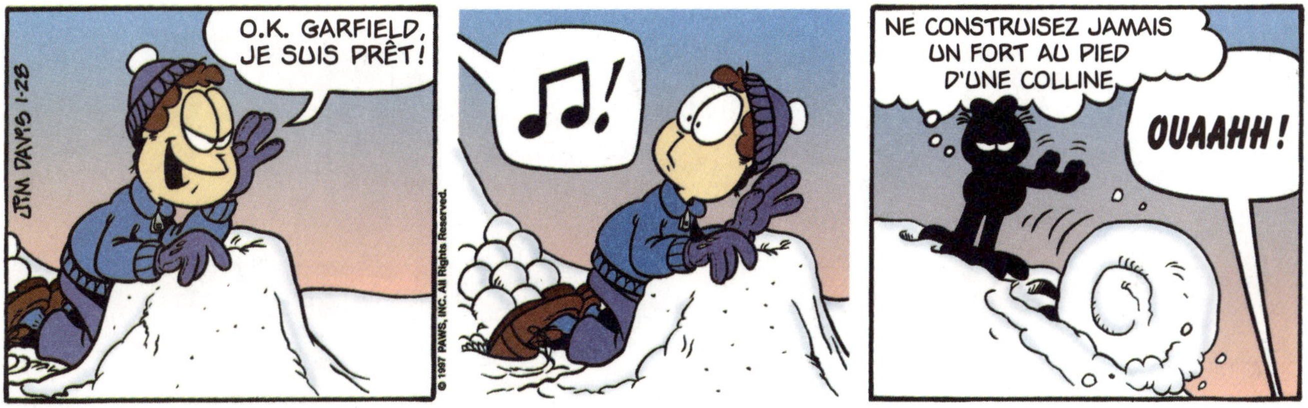
O.K. GARFIELD, JE SUIS PRÊT!
JIM DAVIS 1-28
© 1997 PAWS, INC. All Rights Reserved.
♫!
NE CONSTRUISEZ JAMAIS UN FORT AU PIED D'UNE COLLINE
OUAAHH!

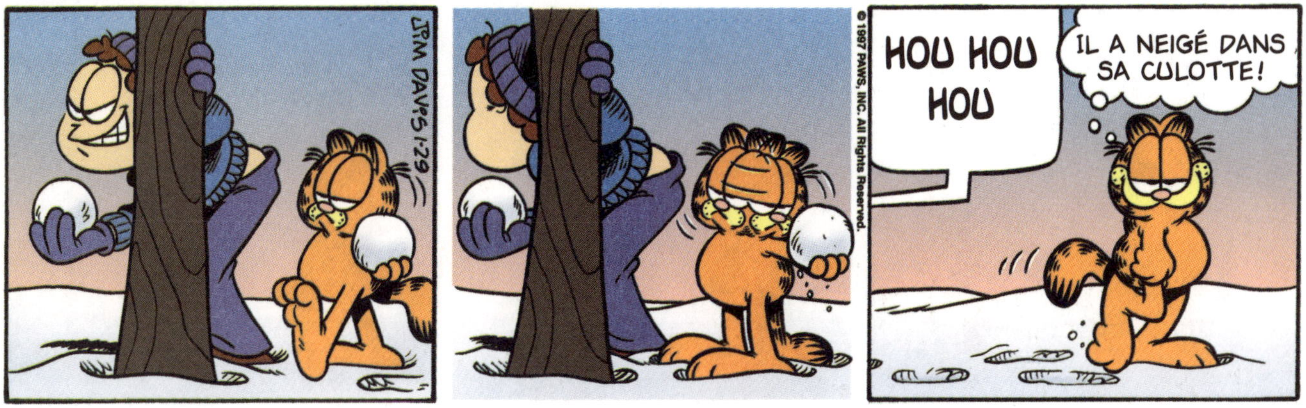
JIM DAVIS 1-29
© 1997 PAWS, INC. All Rights Reserved.
HOU HOU HOU
IL A NEIGÉ DANS SA CULOTTE!

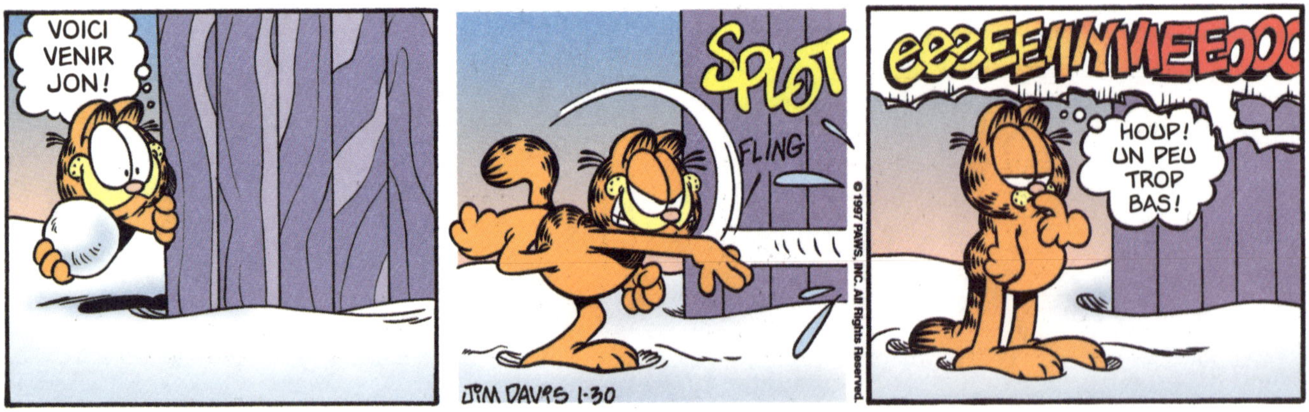
VOICI VENIR JON!
SPLOT
FLING
JIM DAVIS 1-30
© 1997 PAWS, INC. All Rights Reserved.
HOUP! UN PEU TROP BAS!

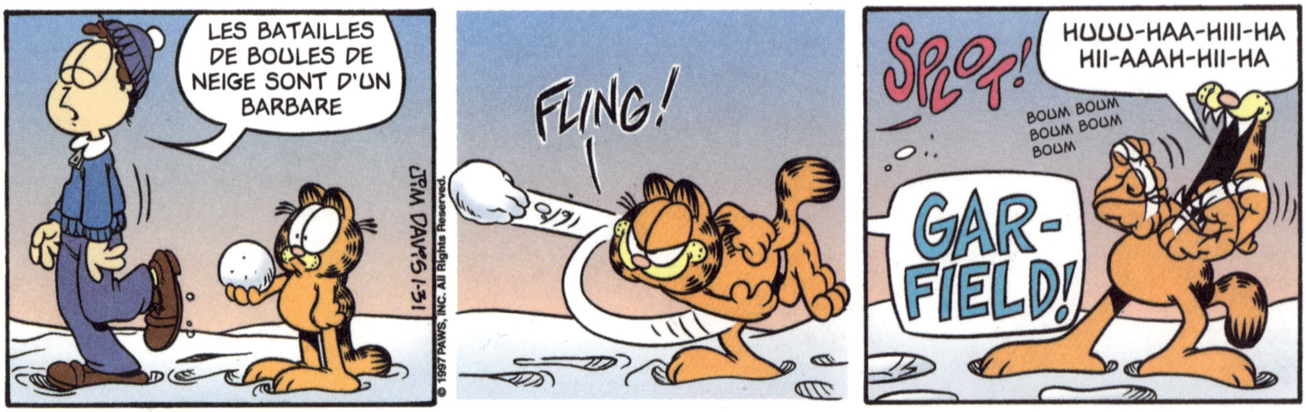
LES BATAILLES DE BOULES DE NEIGE SONT D'UN BARBARE
JIM DAVIS 1-31
© 1997 PAWS, INC. All Rights Reserved.
FLING!
SPLOT!
HUUU-HAA-HIII-HA HII-AAAH-HII-HA
BOUM BOUM BOUM BOUM BOUM
GAR-FIELD!

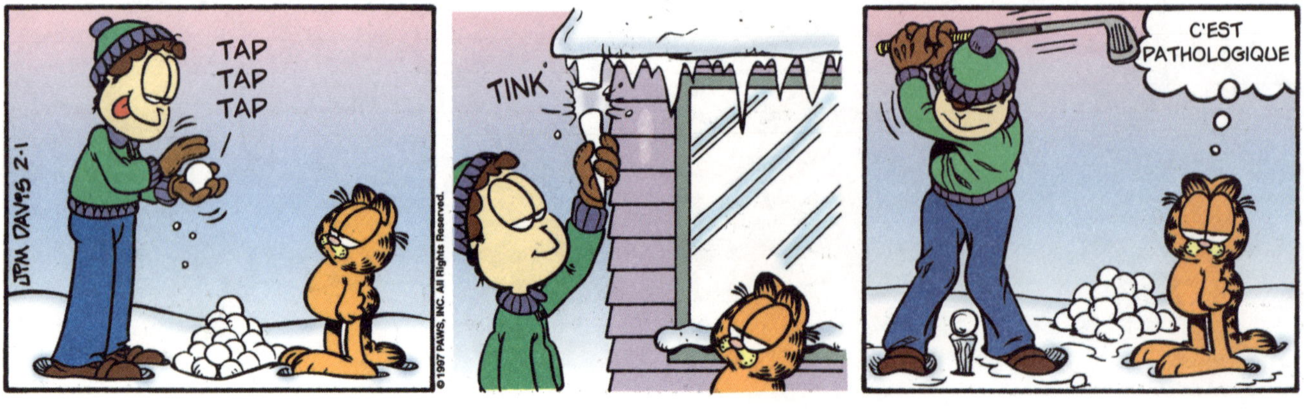
JIM DAVIS 2-1
TAP TAP TAP
© 1997 PAWS, INC. All Rights Reserved.
TINK
C'EST PATHOLOGIQUE

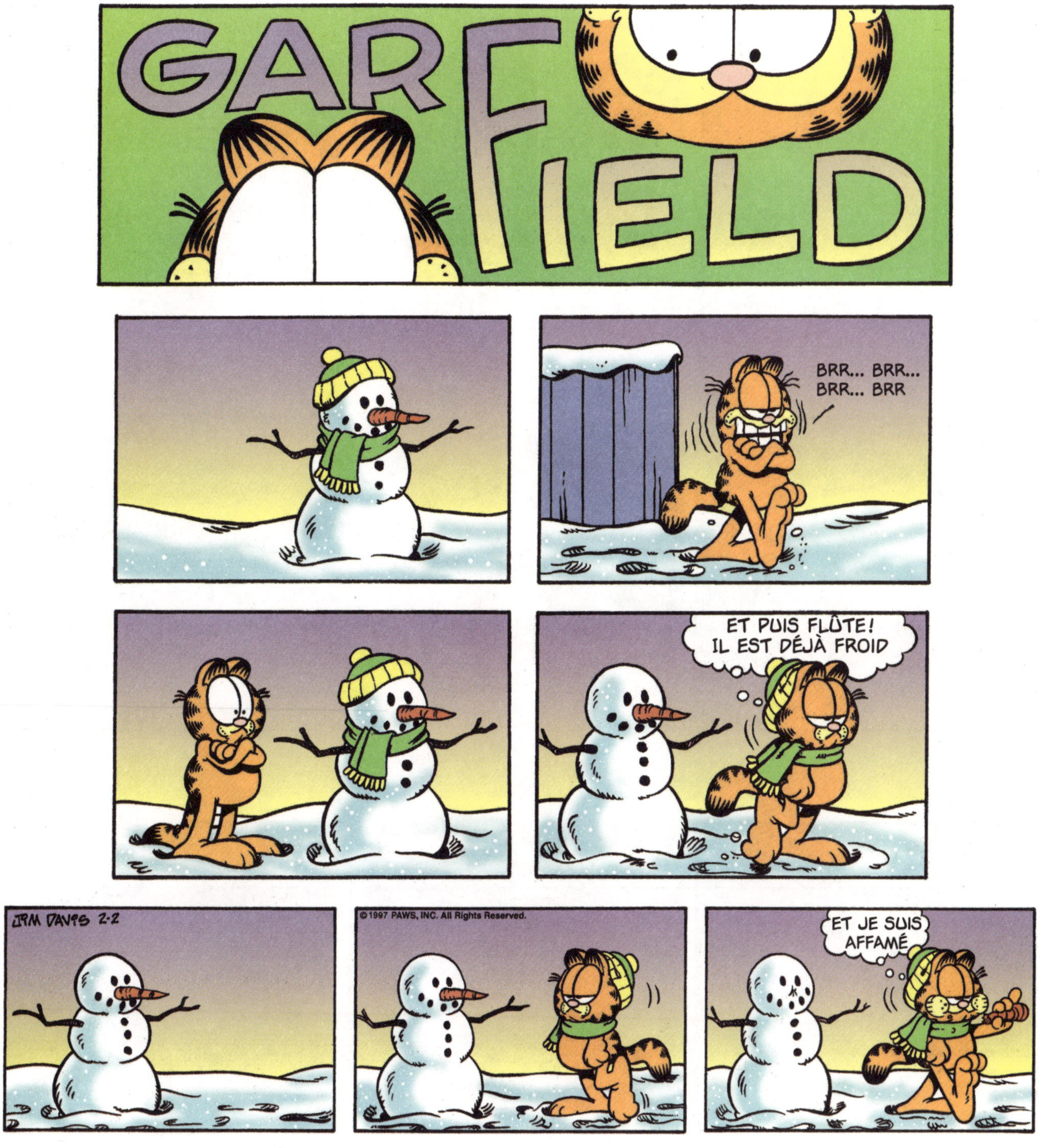
GARFIELD
BRR... BRR...
BRR... BRR
ET PUIS FLÛTE!
IL EST DÉJÀ FROID
JIM DAVIS 2-2
© 1997 PAWS, INC. All Rights Reserved.
ET JE SUIS
AFFAMÉ

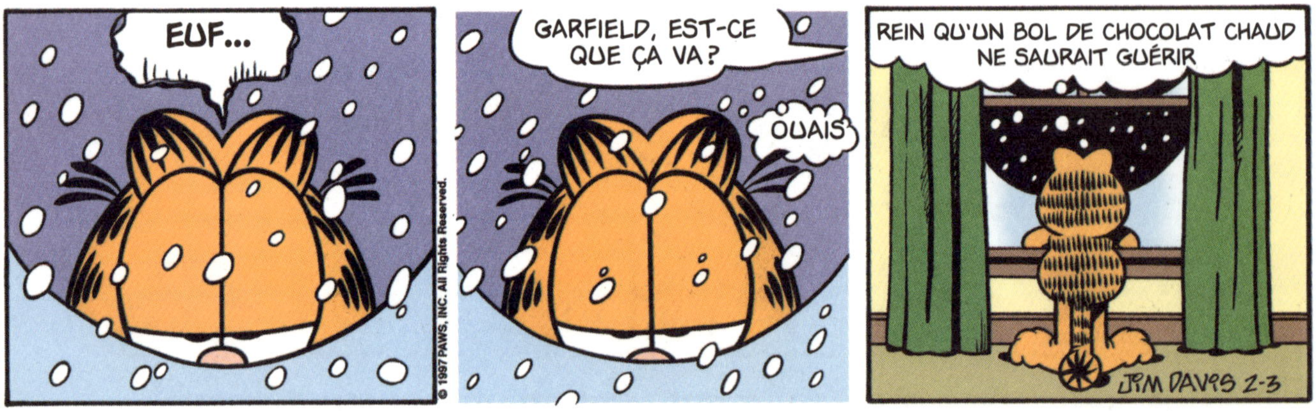
EUF...
GARFIELD, EST-CE QUE ÇA VA ?
OUAIS
REIN QU'UN BOL DE CHOCOLAT CHAUD NE SAURAIT GUÉRIR
JIM DAVIS 2-3
© 1997 PAWS, INC. All Rights Reserved.

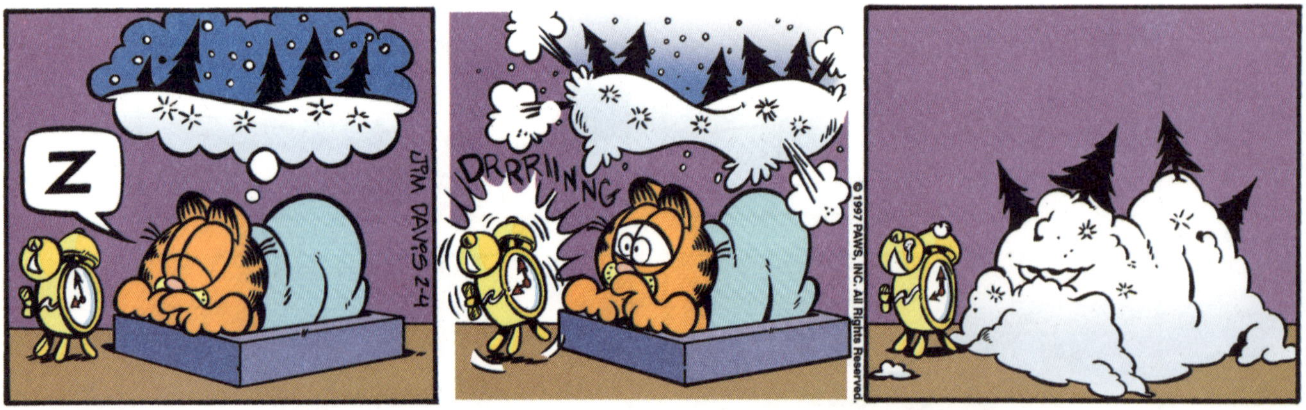
Z
JIM DAVIS 2-4
DRRRIINNG
© 1997 PAWS, INC. All Rights Reserved.

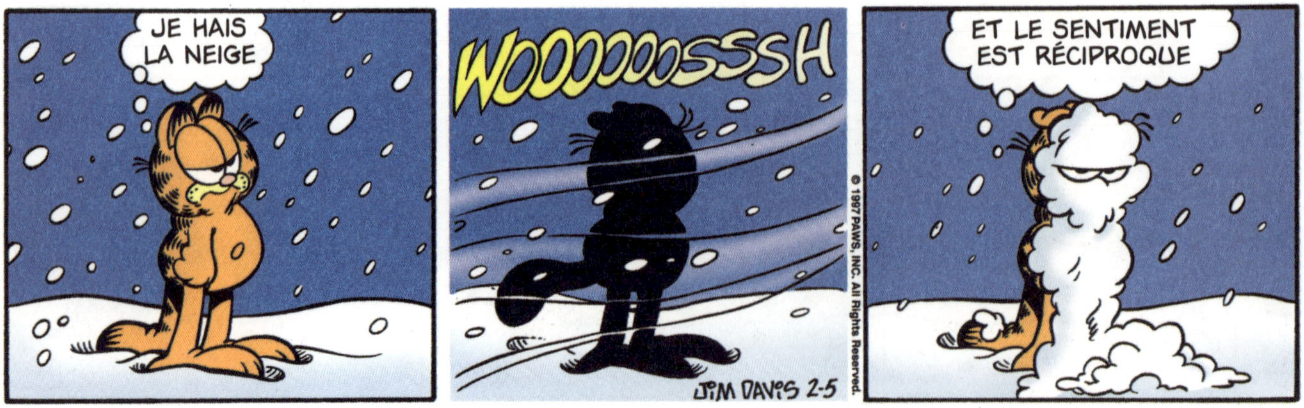
JE HAIS LA NEIGE
WOOOOOOSSSSH
JIM DAVIS 2-5
© 1997 PAWS, INC. All Rights Reserved.
ET LE SENTIMENT EST RÉCIPROQUE

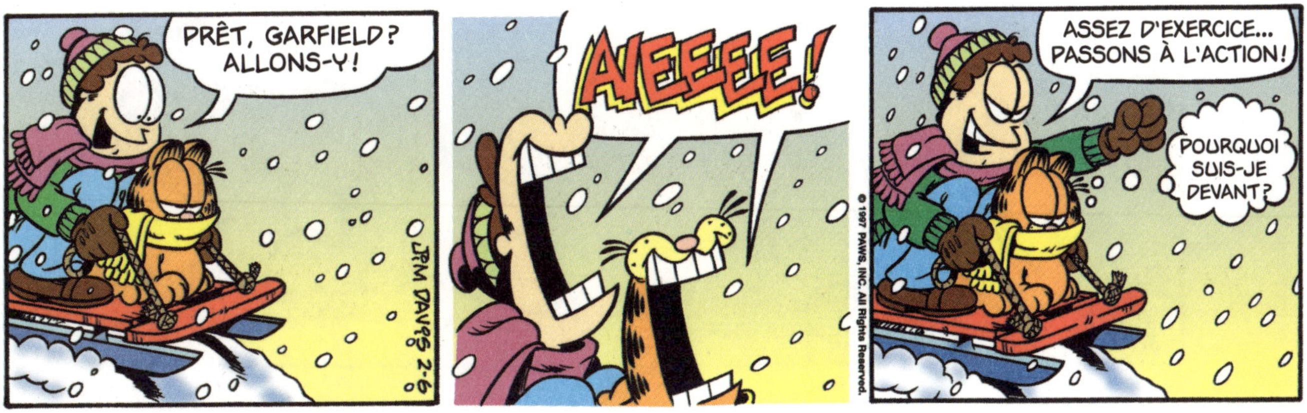
PRÊT, GARFIELD? ALLONS-Y!
JIM DAVIS 2-6
AIEEEE!
© 1997 PAWS, INC. All Rights Reserved.
ASSEZ D'EXERCICE... PASSONS À L'ACTION!
POURQUOI SUIS-JE DEVANT?

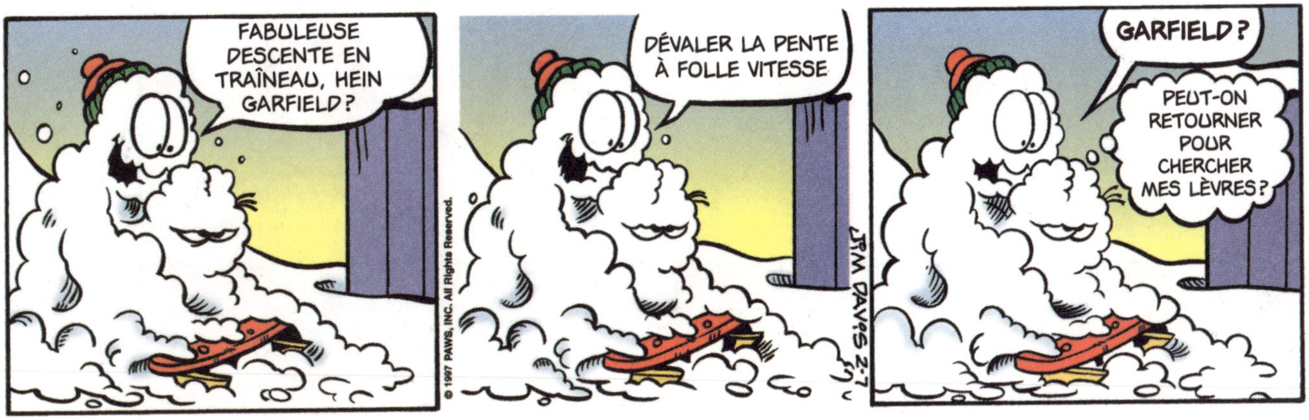
FABULEUSE DESCENTE EN TRAÎNEAU, HEIN GARFIELD?
© 1997 PAWS, INC. All Rights Reserved.
DÉVALER LA PENTE À FOLLE VITESSE
JIM DAVIS 2-7
GARFIELD?
PEUT-ON RETOURNER POUR CHERCHER MES LÈVRES?

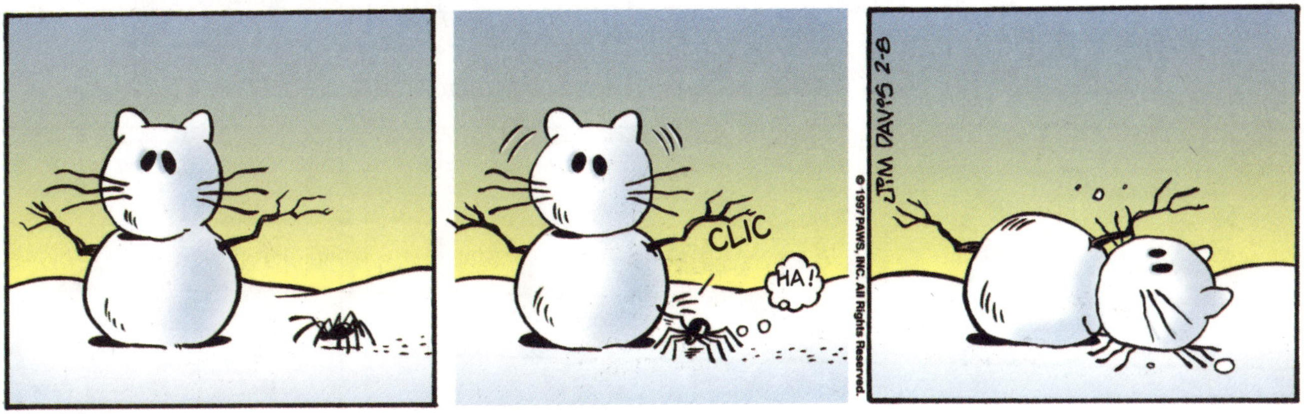
CLIC
HA!
© 1997 PAWS, INC. All Rights Reserved.
JIM DAVIS 2-8

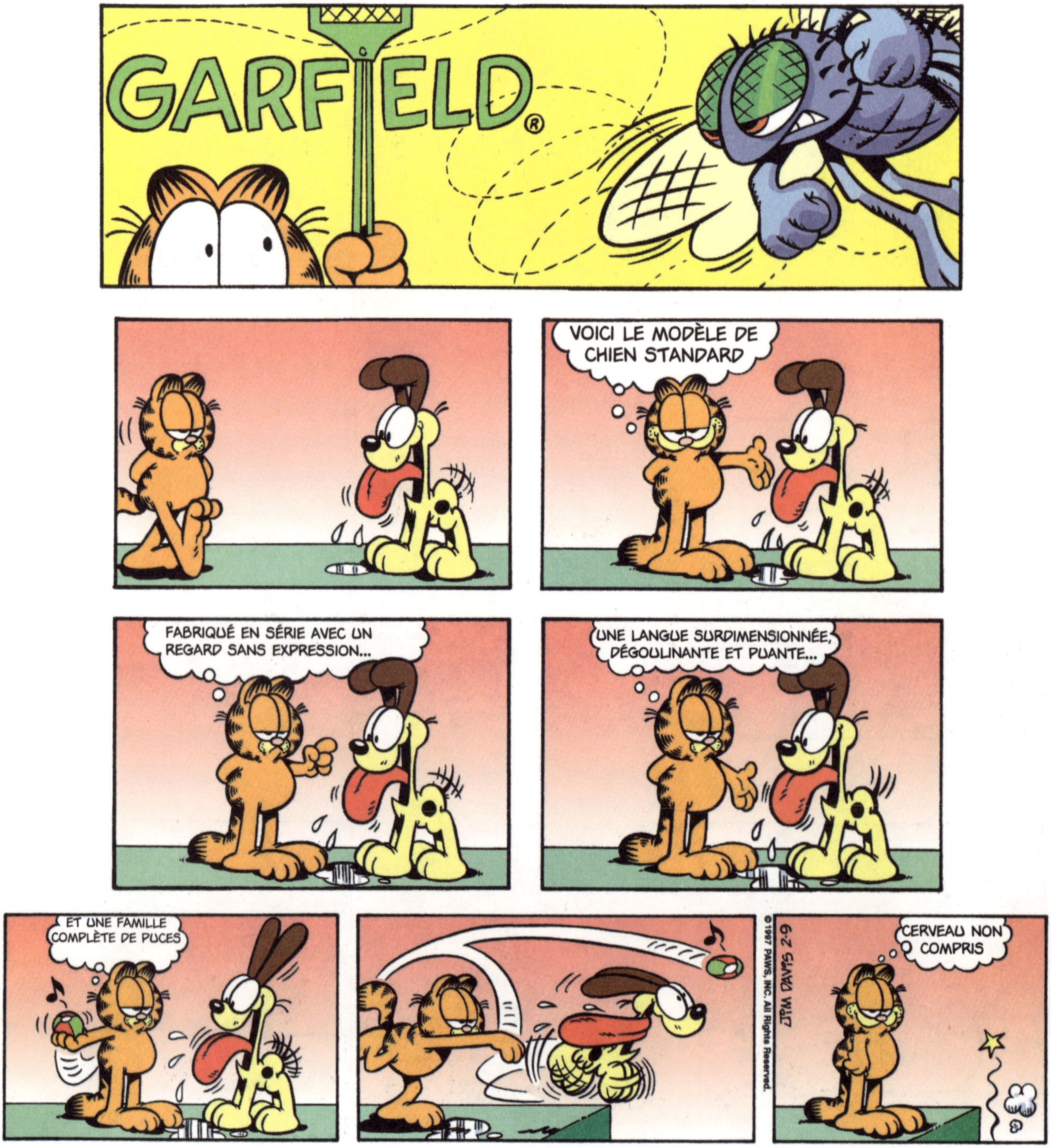
GARFIELD®
VOICI LE MODÈLE DE CHIEN STANDARD
FABRIQUÉ EN SÉRIE AVEC UN REGARD SANS EXPRESSION...
UNE LANGUE SURDIMENSIONNÉE, DÉGOULINANTE ET PUANTE...
ET UNE FAMILLE COMPLÈTE DE PUCES
© 1997 PAWS, INC. All Rights Reserved.
JPM DAVIS 2-9
CERVEAU NON COMPRIS

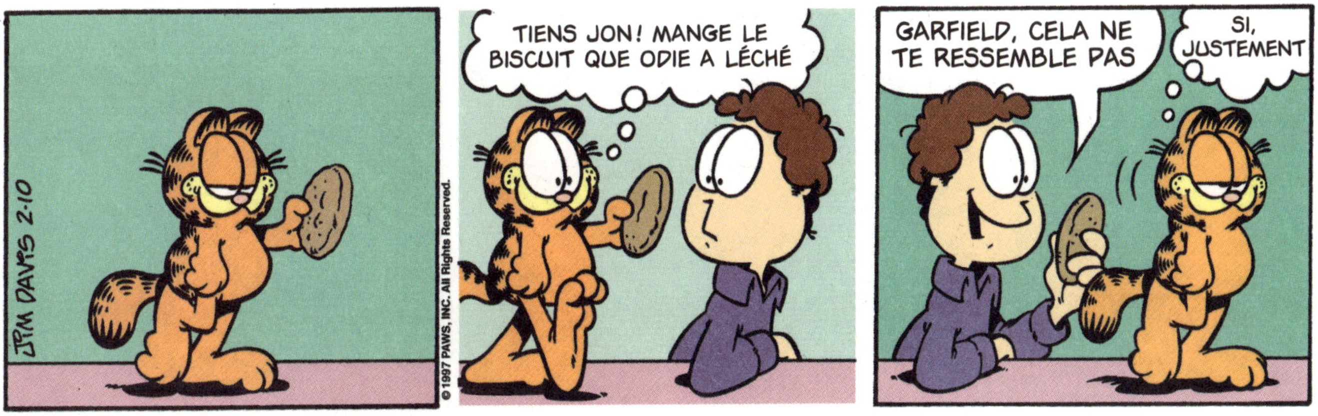
JIM DAVIS 2-10
© 1997 PAWS, INC. All Rights Reserved.
TIENS JON! MANGE LE BISCUIT QUE ODIE A LÉCHÉ
GARFIELD, CELA NE TE RESSEMBLE PAS
SI, JUSTEMENT

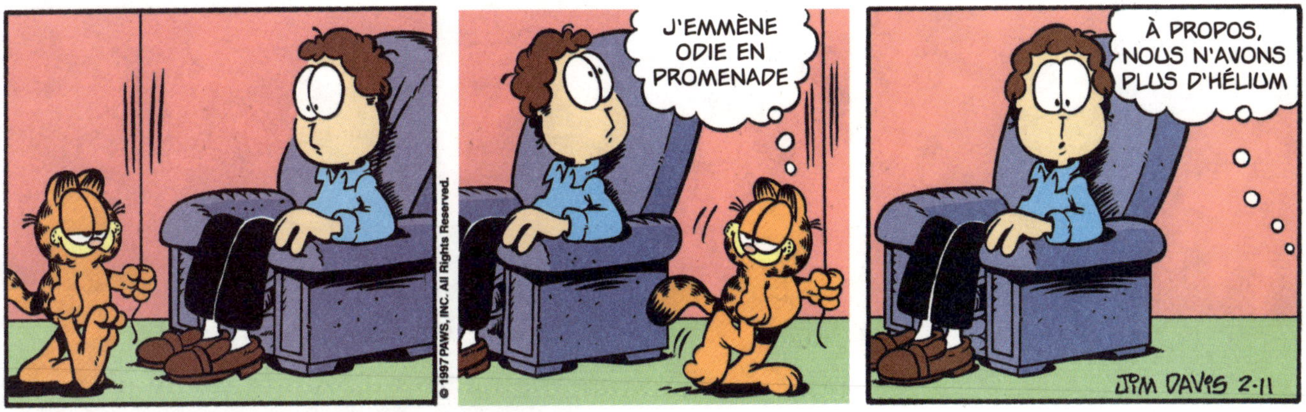
© 1997 PAWS, INC. All Rights Reserved.
J'EMMÈNE ODIE EN PROMENADE
À PROPOS, NOUS N'AVONS PLUS D'HÉLIUM
JIM DAVIS 2-11

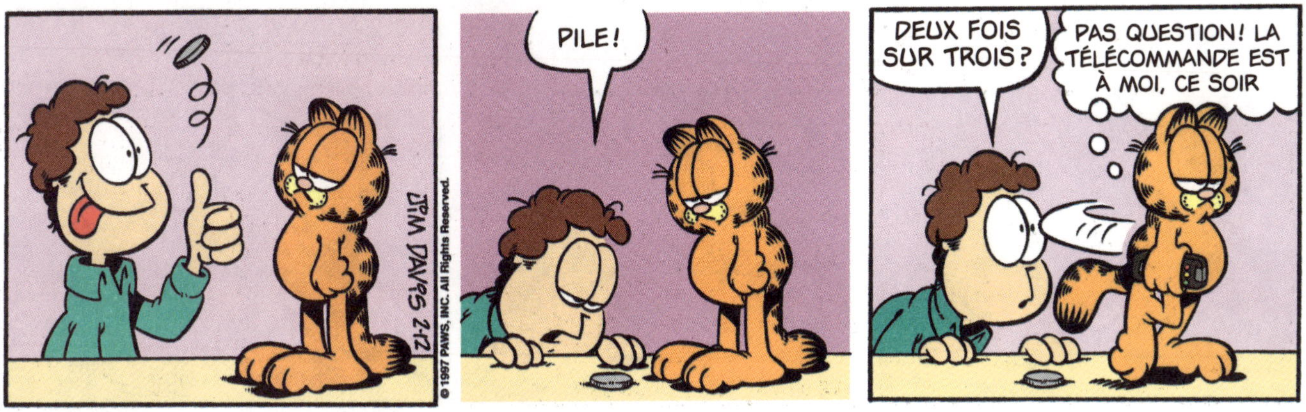
JIM DAVIS 2-12
© 1997 PAWS, INC. All Rights Reserved.
PILE!
DEUX FOIS SUR TROIS?
PAS QUESTION! LA TÉLÉCOMMANDE EST À MOI, CE SOIR

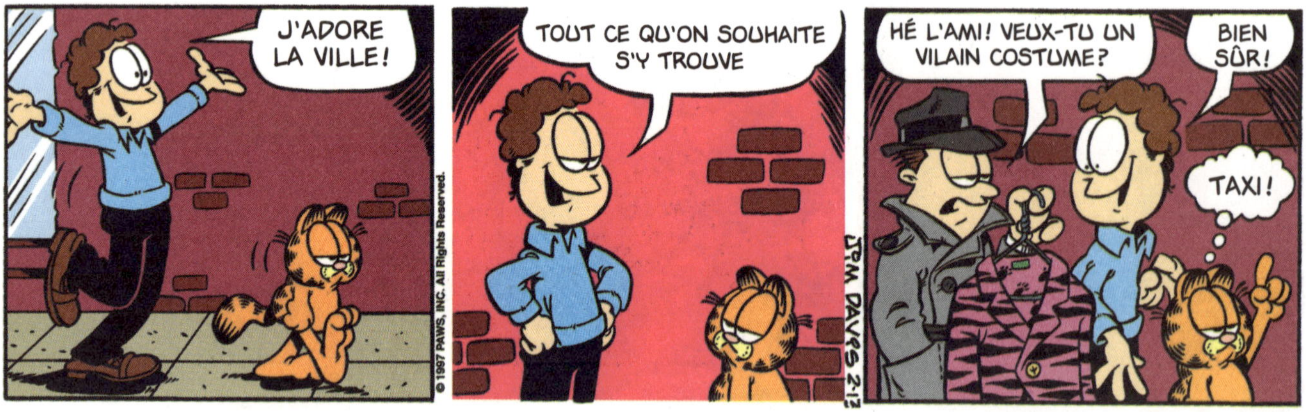
J'ADORE LA VILLE!
TOUT CE QU'ON SOUHAITE S'Y TROUVE
HÉ L'AMI! VEUX-TU UN VILAIN COSTUME?
BIEN SÛR!
TAXI!
© 1997 PAWS, INC. All Rights Reserved.
JIM DAVIS 2-12

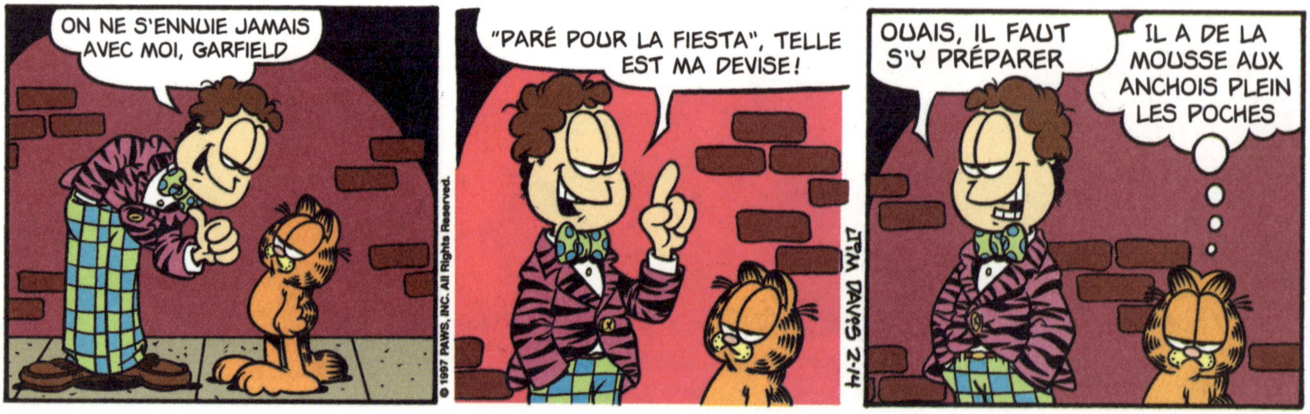
ON NE S'ENNUIE JAMAIS AVEC MOI, GARFIELD
"PARÉ POUR LA FIESTA", TELLE EST MA DEVISE!
OUAIS, IL FAUT S'Y PRÉPARER
IL A DE LA MOUSSE AUX ANCHOIS PLEIN LES POCHES
© 1997 PAWS, INC. All Rights Reserved.
JIM DAVIS 2-14

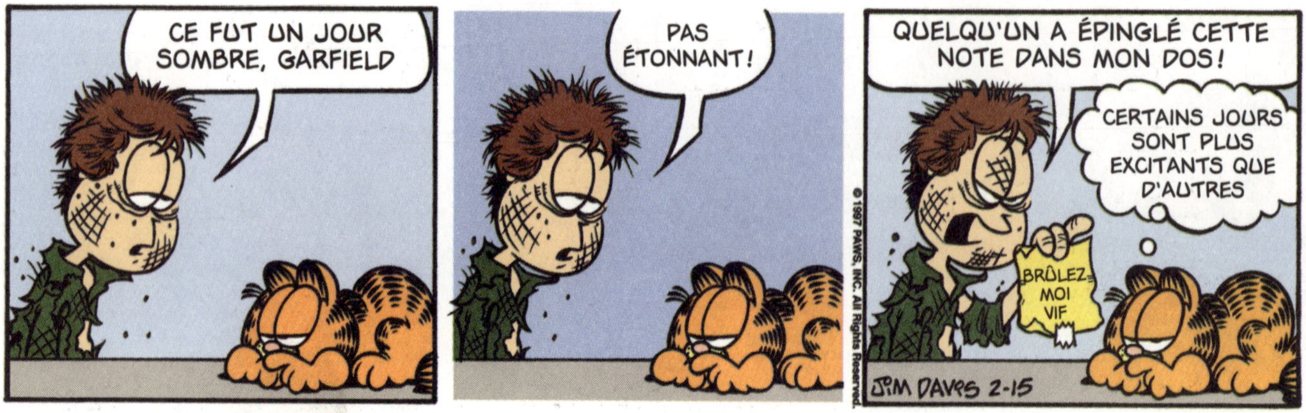
CE FUT UN JOUR SOMBRE, GARFIELD
PAS ÉTONNANT!
QUELQU'UN A ÉPINGLÉ CETTE NOTE DANS MON DOS!
CERTAINS JOURS SONT PLUS EXCITANTS QUE D'AUTRES
BRÛLEZ-MOI VIF
© 1997 PAWS, INC. All Rights Reserved.
JIM DAVIS 2-15

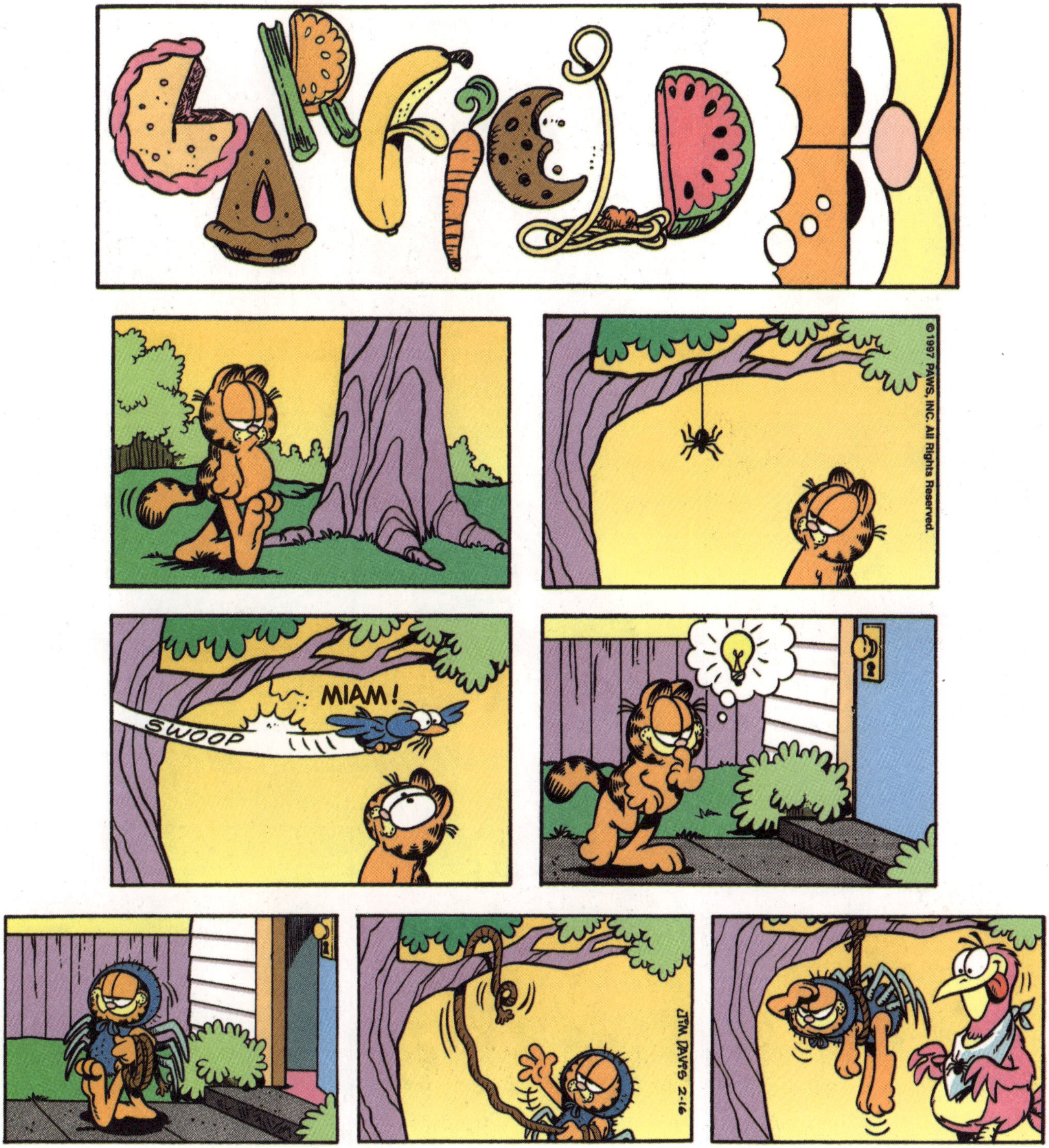
GARFIELD
© 1997 PAWS, INC. All Rights Reserved.
MIAM!
SWOOP
JIM DAVIS 2-16

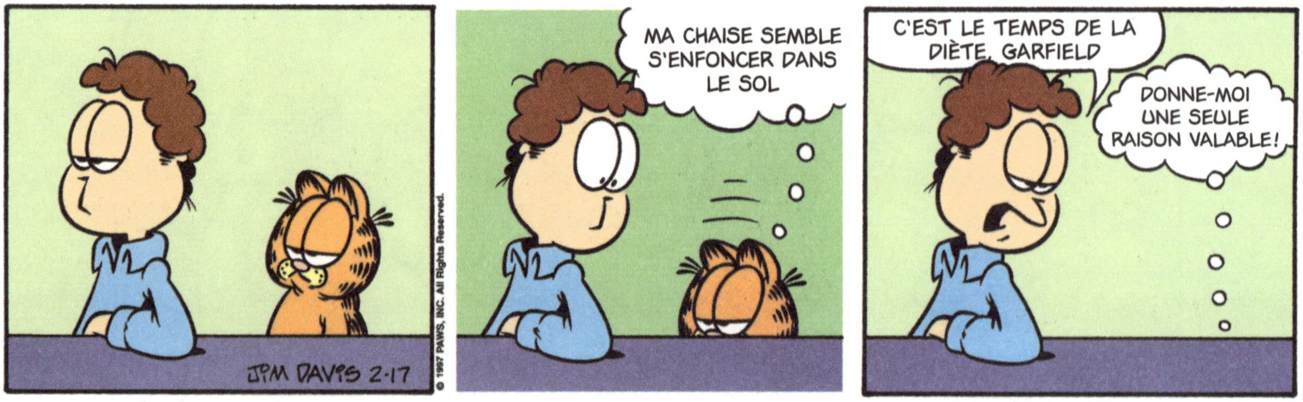
JIM DAVIS 2-17
© 1997 PAWS, INC. All Rights Reserved.
MA CHAISE SEMBLE S'ENFONCER DANS LE SOL
C'EST LE TEMPS DE LA DIÈTE, GARFIELD
DONNE-MOI UNE SEULE RAISON VALABLE!

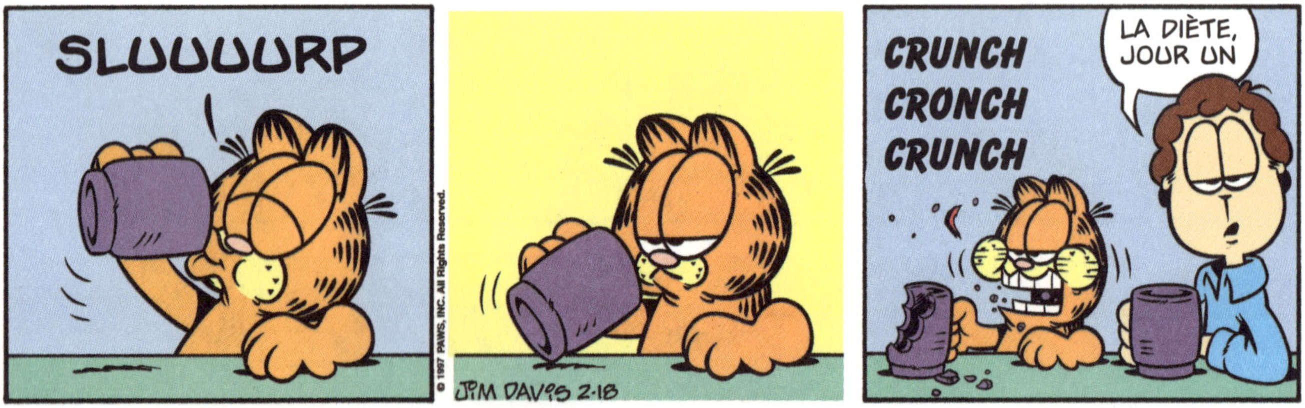
SLUUUURP
© 1997 PAWS, INC. All Rights Reserved.
JIM DAVIS 2-18
CRUNCH
CRONCH
CRUNCH
LA DIÈTE, JOUR UN

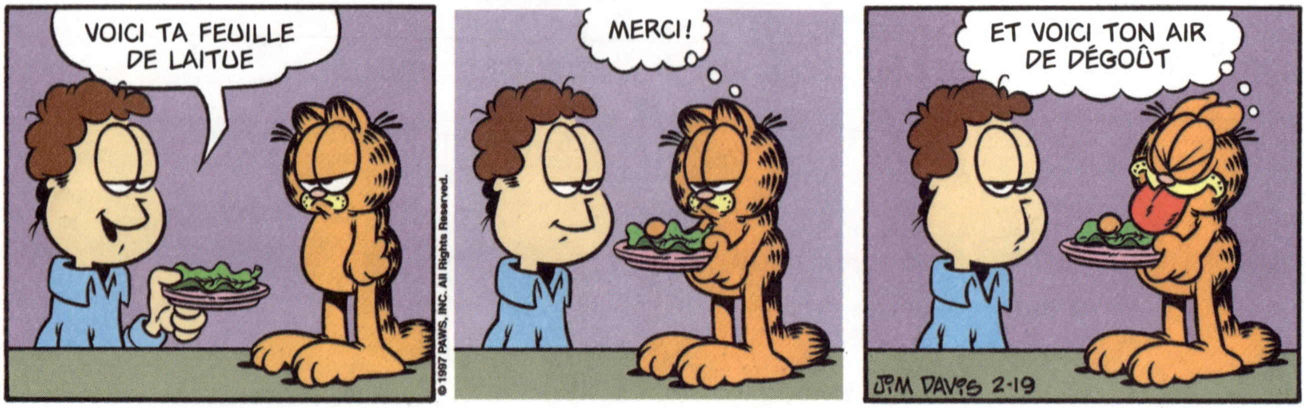
VOICI TA FEUILLE DE LAITUE
© 1997 PAWS, INC. All Rights Reserved.
MERCI!
ET VOICI TON AIR DE DÉGOÛT
JIM DAVIS 2-19

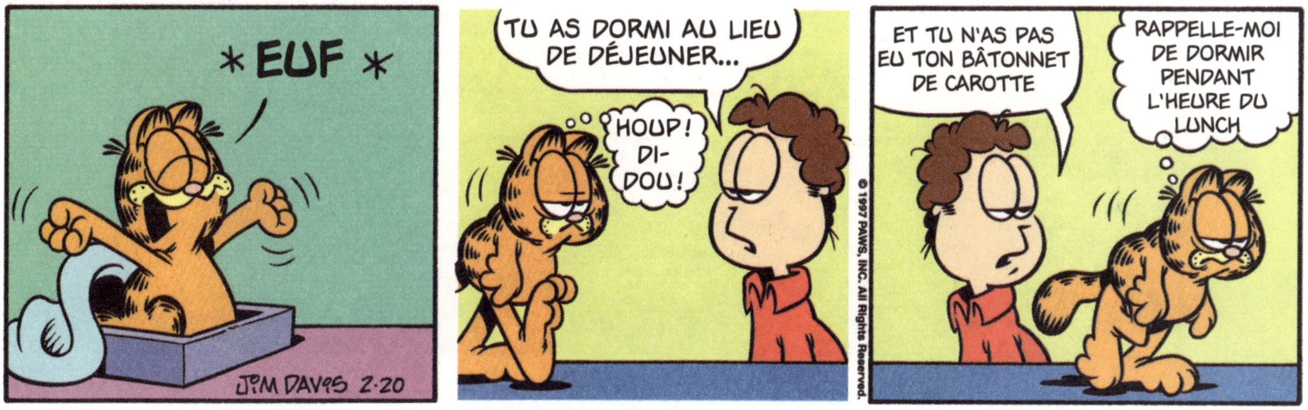
* EUF *
JIM DAVIS 2-20
TU AS DORMI AU LIEU DE DÉJEUNER...
HOUP! DI-DOU!
© 1997 PAWS, INC. All Rights Reserved.
ET TU N'AS PAS EU TON BÂTONNET DE CAROTTE
RAPPELLE-MOI DE DORMIR PENDANT L'HEURE DU LUNCH

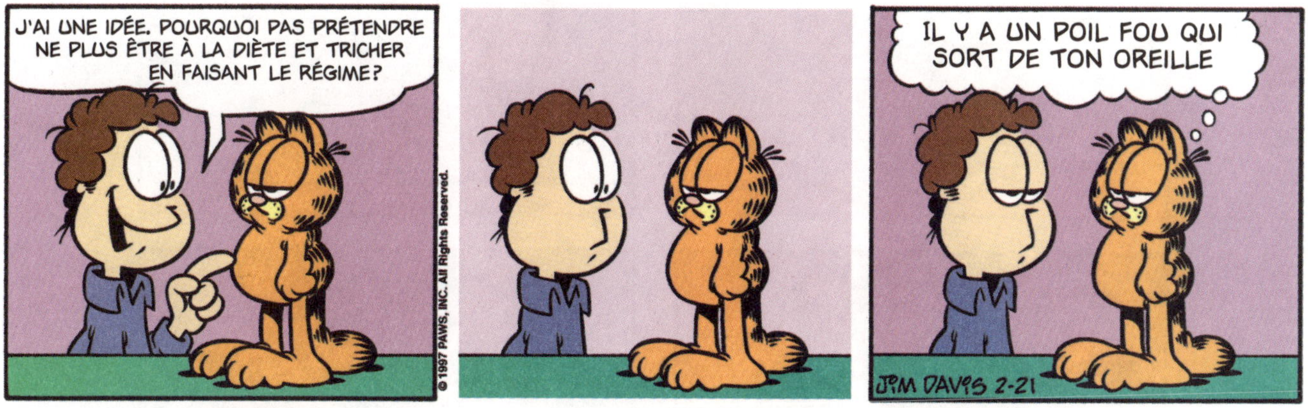
J'AI UNE IDÉE. POURQUOI PAS PRÉTENDRE NE PLUS ÊTRE À LA DIÈTE ET TRICHER EN FAISANT LE RÉGIME?
© 1997 PAWS, INC. All Rights Reserved.
IL Y A UN POIL FOU QUI SORT DE TON OREILLE
JIM DAVIS 2-21

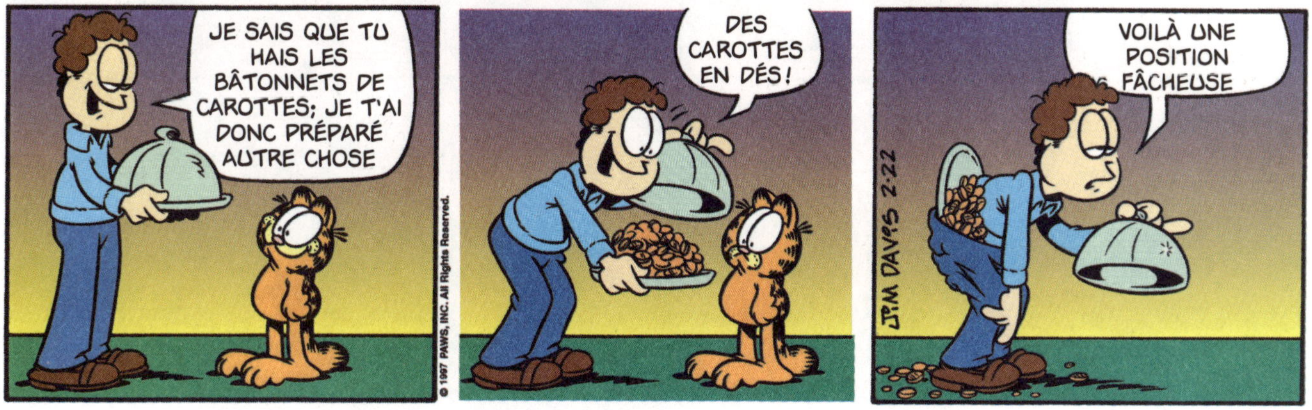
JE SAIS QUE TU HAIS LES BÂTONNETS DE CAROTTES; JE T'AI DONC PRÉPARÉ AUTRE CHOSE
© 1997 PAWS, INC. All Rights Reserved.
DES CAROTTES EN DÉS!
JIM DAVIS 2-22
VOILÀ UNE POSITION FÂCHEUSE

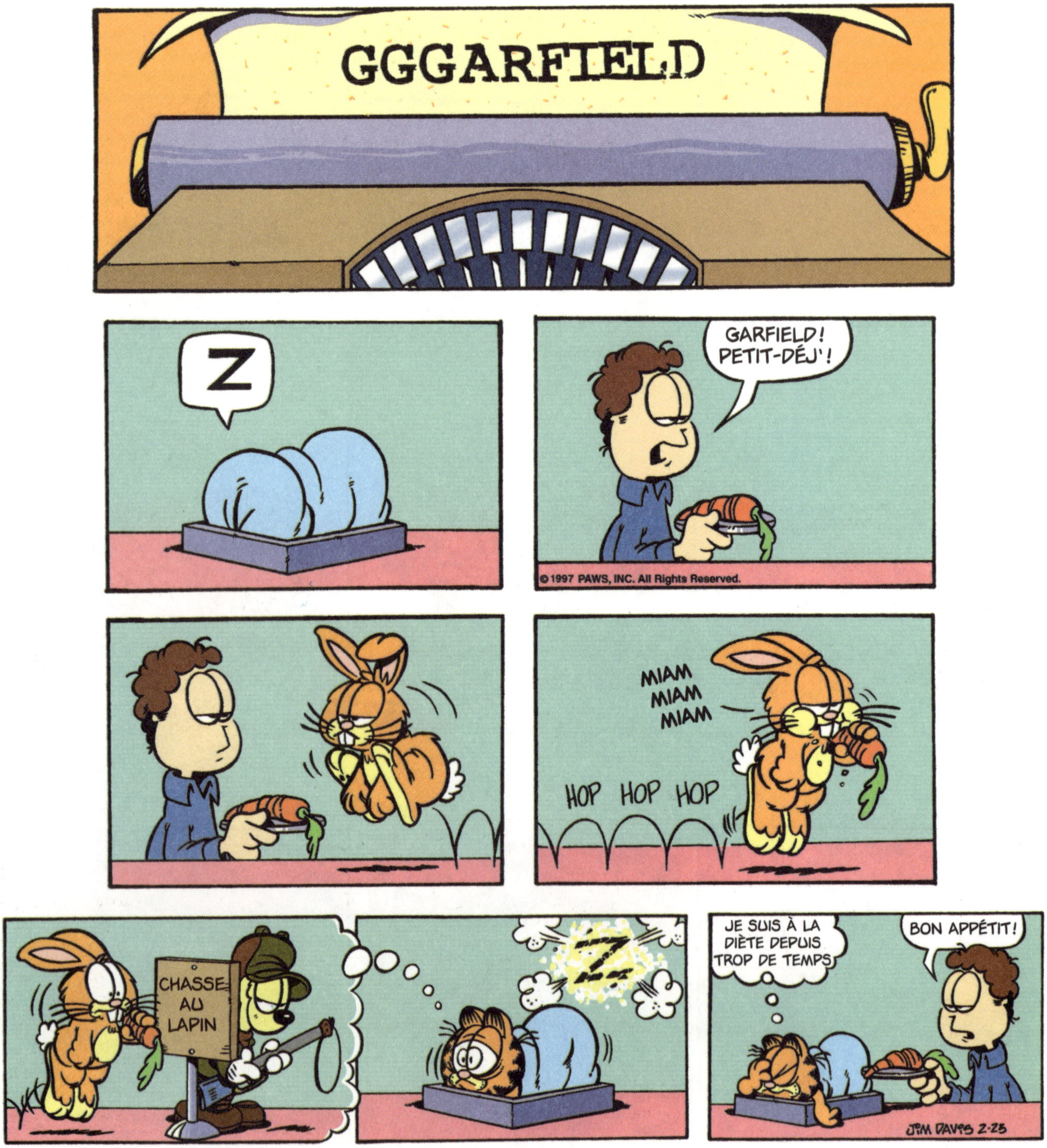
GGGARFIELD
Z
GARFIELD! PETIT-DÉJ'!
© 1997 PAWS, INC. All Rights Reserved.
MIAM MIAM MIAM
HOP HOP HOP
CHASSE AU LAPIN
JE SUIS À LA DIÈTE DEPUIS TROP DE TEMPS
BON APPÉTIT!
JIM DAVIS 2-23

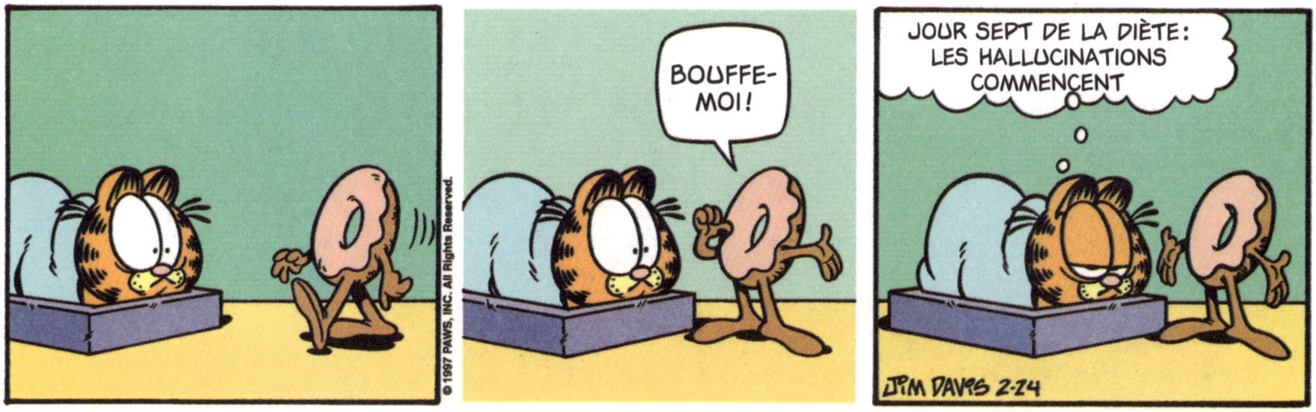
© 1997 PAWS, INC. All Rights Reserved.
BOUFFE-MOI!
JOUR SEPT DE LA DIÈTE: LES HALLUCINATIONS COMMENCENT
JIM DAVIS 2-24

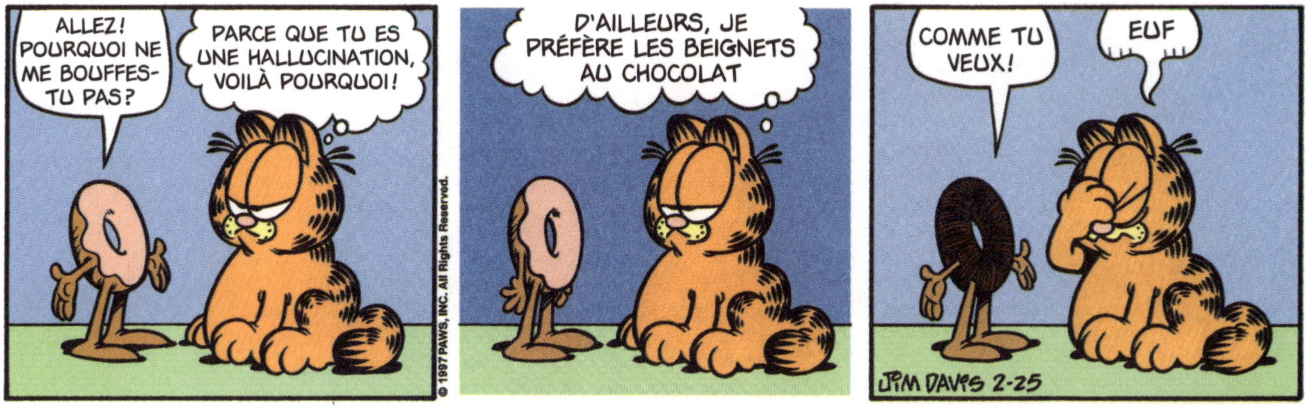
ALLEZ! POURQUOI NE ME BOUFFES-TU PAS?
PARCE QUE TU ES UNE HALLUCINATION, VOILÀ POURQUOI!
© 1997 PAWS, INC. All Rights Reserved.
D'AILLEURS, JE PRÉFÈRE LES BEIGNETS AU CHOCOLAT
COMME TU VEUX!
EUF
JIM DAVIS 2-25

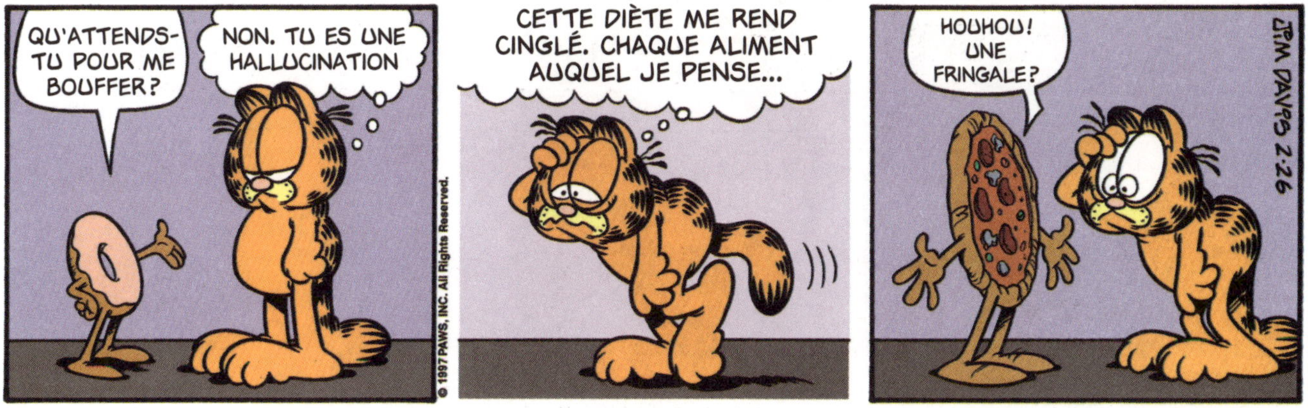
QU'ATTENDS-TU POUR ME BOUFFER?
NON. TU ES UNE HALLUCINATION
© 1997 PAWS, INC. All Rights Reserved.
CETTE DIÈTE ME REND CINGLÉ. CHAQUE ALIMENT AUQUEL JE PENSE...
HOUHOU! UNE FRINGALE?
JIM DAVIS 2-26

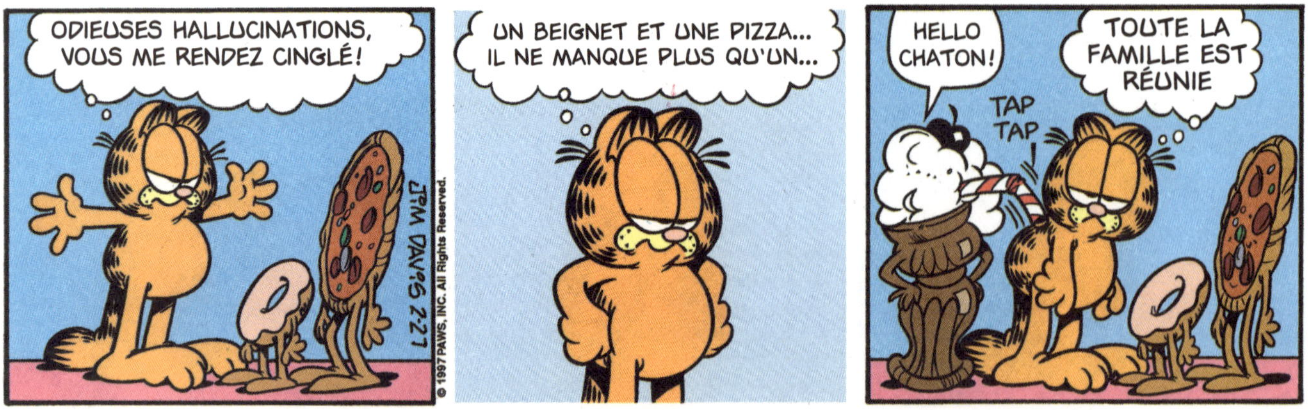
ODIEUSES HALLUCINATIONS, VOUS ME RENDEZ CINGLÉ!
JIM DAVIS 2-27
© 1997 PAWS, INC. All Rights Reserved.
UN BEIGNET ET UNE PIZZA... IL NE MANQUE PLUS QU'UN...
HELLO CHATON!
TAP TAP
TOUTE LA FAMILLE EST RÉUNIE

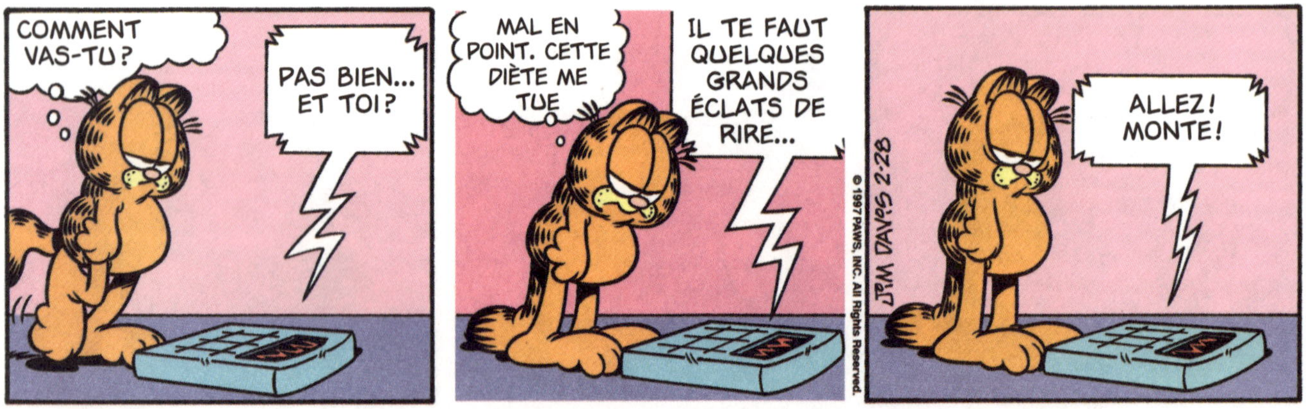
COMMENT VAS-TU?
PAS BIEN... ET TOI?
MAL EN POINT. CETTE DIÈTE ME TUE
IL TE FAUT QUELQUES GRANDS ÉCLATS DE RIRE...
© 1997 PAWS, INC. All Rights Reserved.
JIM DAVIS 2-28
ALLEZ! MONTE!

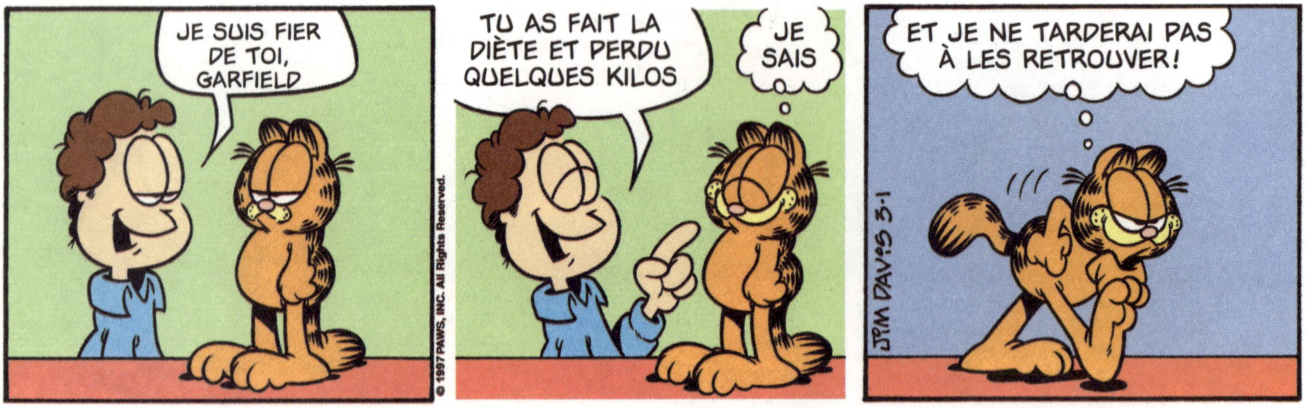
JE SUIS FIER DE TOI, GARFIELD
© 1997 PAWS, INC. All Rights Reserved.
TU AS FAIT LA DIÈTE ET PERDU QUELQUES KILOS
JE SAIS
JIM DAVIS 3-1
ET JE NE TARDERAI PAS À LES RETROUVER!

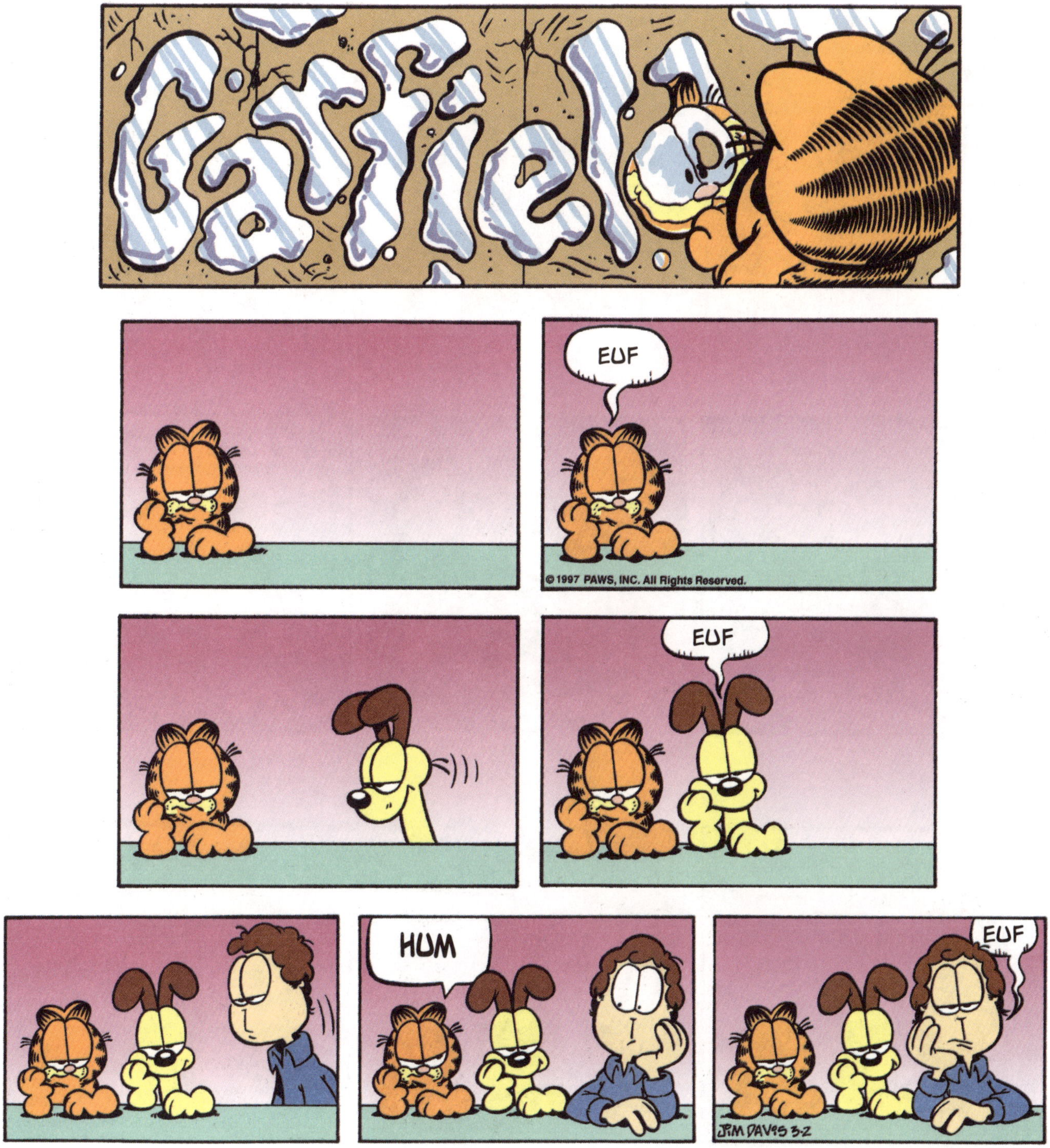
Garfield
EUF
© 1997 PAWS, INC. All Rights Reserved.
EUF
HUM
EUF
JIM DAVIS 3-2

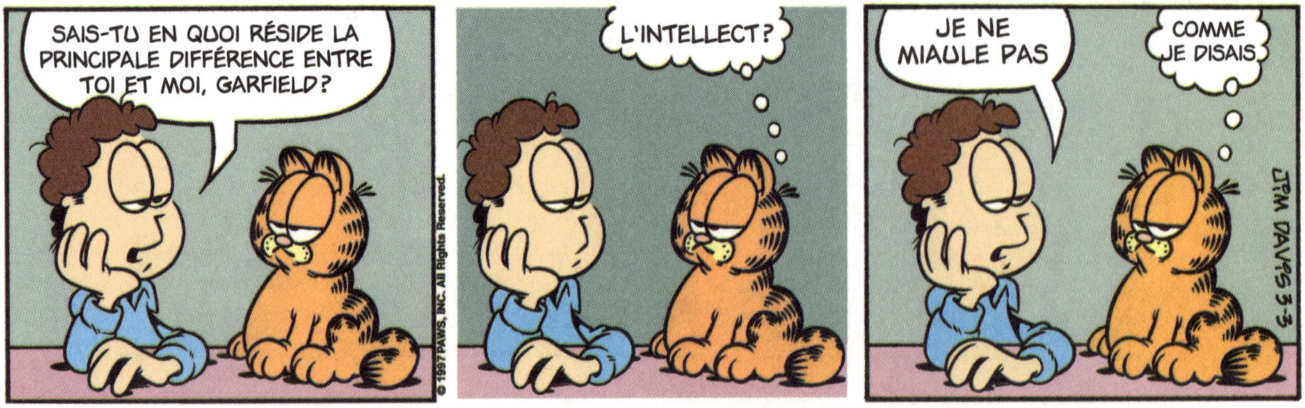
SAIS-TU EN QUOI RÉSIDE LA PRINCIPALE DIFFÉRENCE ENTRE TOI ET MOI, GARFIELD?
© 1997 PAWS, INC. All Rights Reserved.
L'INTELLECT?
JE NE MIAULE PAS
COMME JE DISAIS
JIM DAVIS 3-3

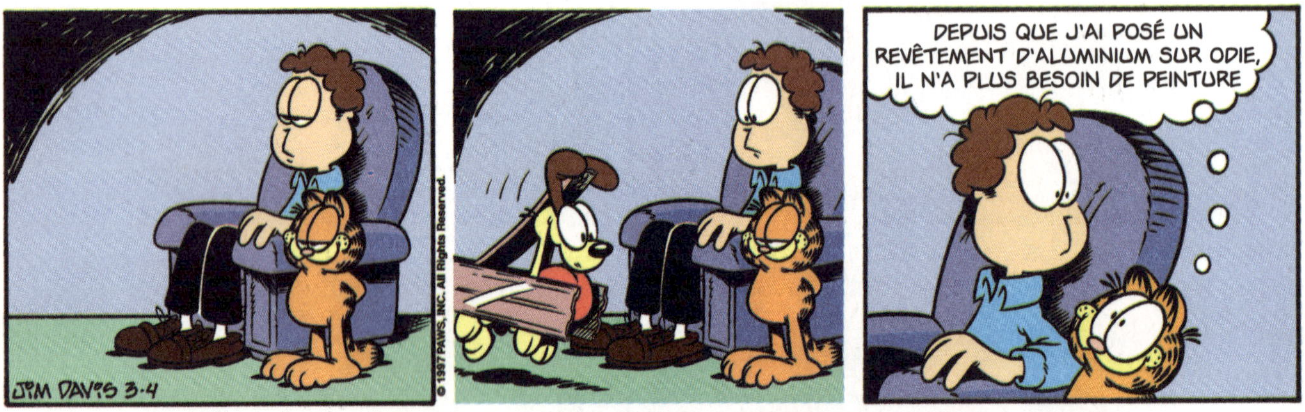
JIM DAVIS 3-4
© 1997 PAWS, INC. All Rights Reserved.
DEPUIS QUE J'AI POSÉ UN REVÊTEMENT D'ALUMINIUM SUR ODIE, IL N'A PLUS BESOIN DE PEINTURE

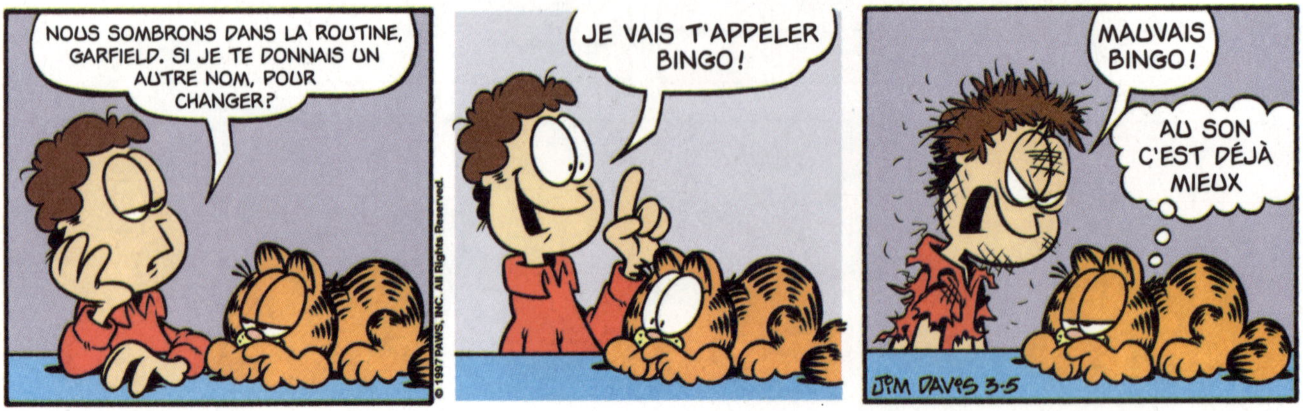
NOUS SOMBRONS DANS LA ROUTINE, GARFIELD. SI JE TE DONNAIS UN AUTRE NOM, POUR CHANGER?
© 1997 PAWS, INC. All Rights Reserved.
JE VAIS T'APPELER BINGO!
MAUVAIS BINGO!
AU SON C'EST DÉJÀ MIEUX
JIM DAVIS 3-5

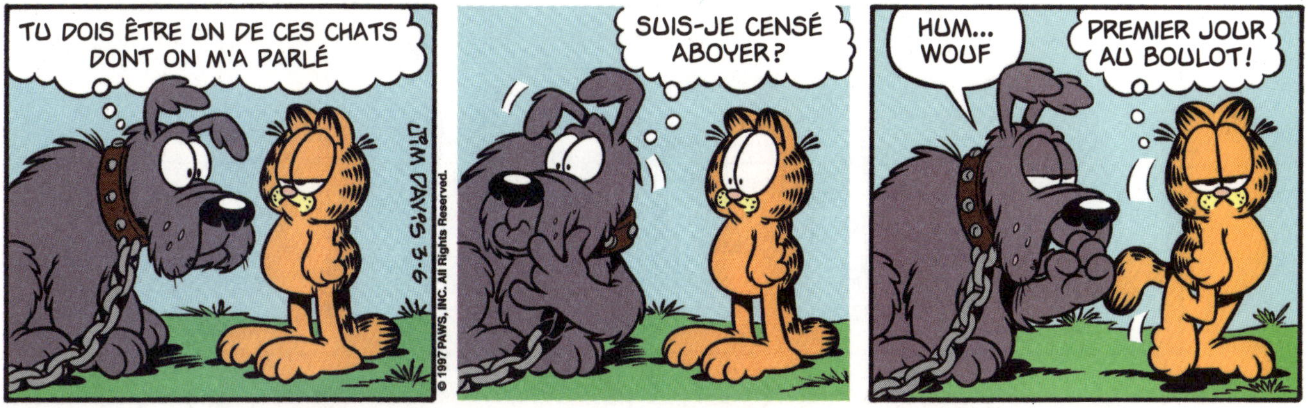
TU DOIS ÊTRE UN DE CES CHATS DONT ON M'A PARLÉ
JIM DAVIS 3-6
© 1997 PAWS, INC. All Rights Reserved.
SUIS-JE CENSÉ ABOYER?
HUM... WOUF
PREMIER JOUR AU BOULOT!

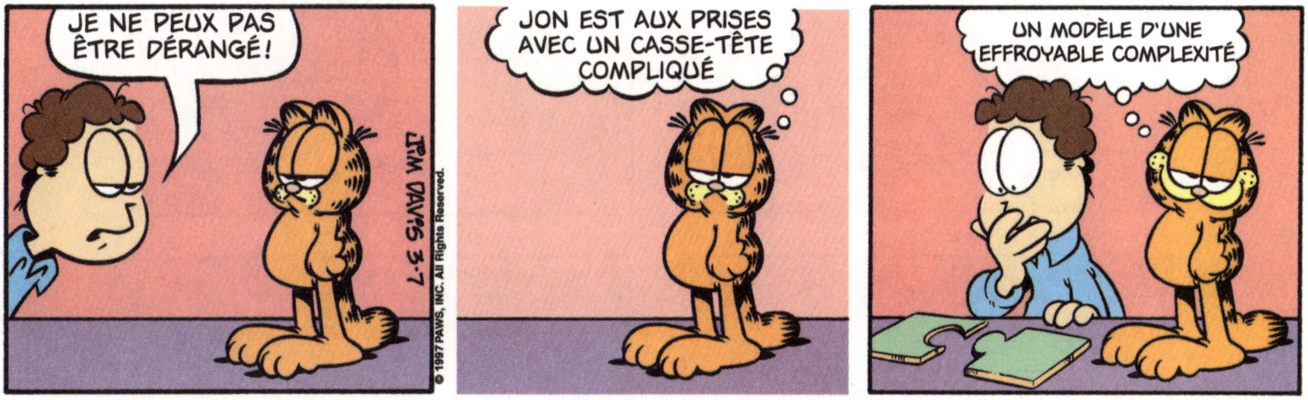
JE NE PEUX PAS ÊTRE DÉRANGÉ!
JIM DAVIS 3-7
© 1997 PAWS, INC. All Rights Reserved.
JON EST AUX PRISES AVEC UN CASSE-TÊTE COMPLIQUÉ
UN MODÈLE D'UNE EFFROYABLE COMPLEXITÉ

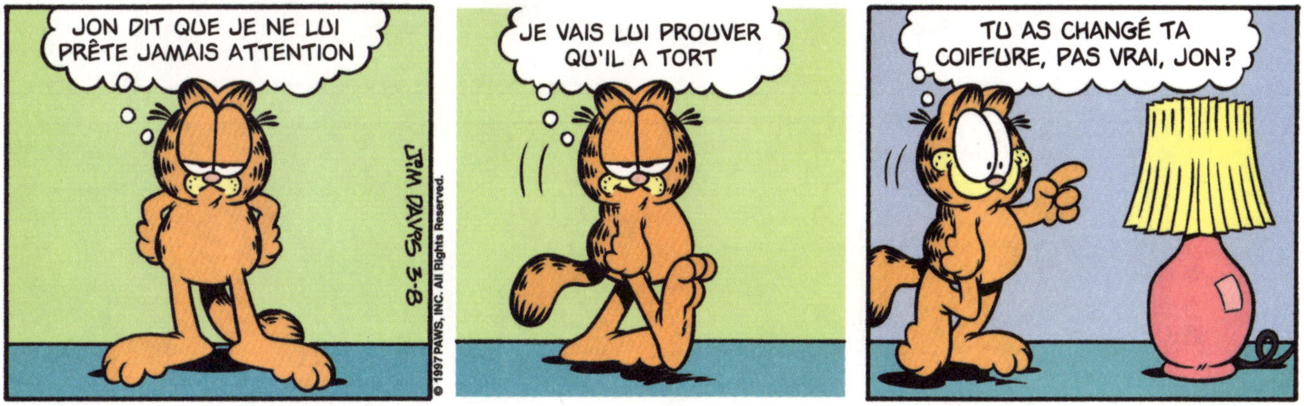
JON DIT QUE JE NE LUI PRÊTE JAMAIS ATTENTION
JIM DAVIS 3-8
© 1997 PAWS, INC. All Rights Reserved.
JE VAIS LUI PROUVER QU'IL A TORT
TU AS CHANGÉ TA COIFFURE, PAS VRAI, JON?

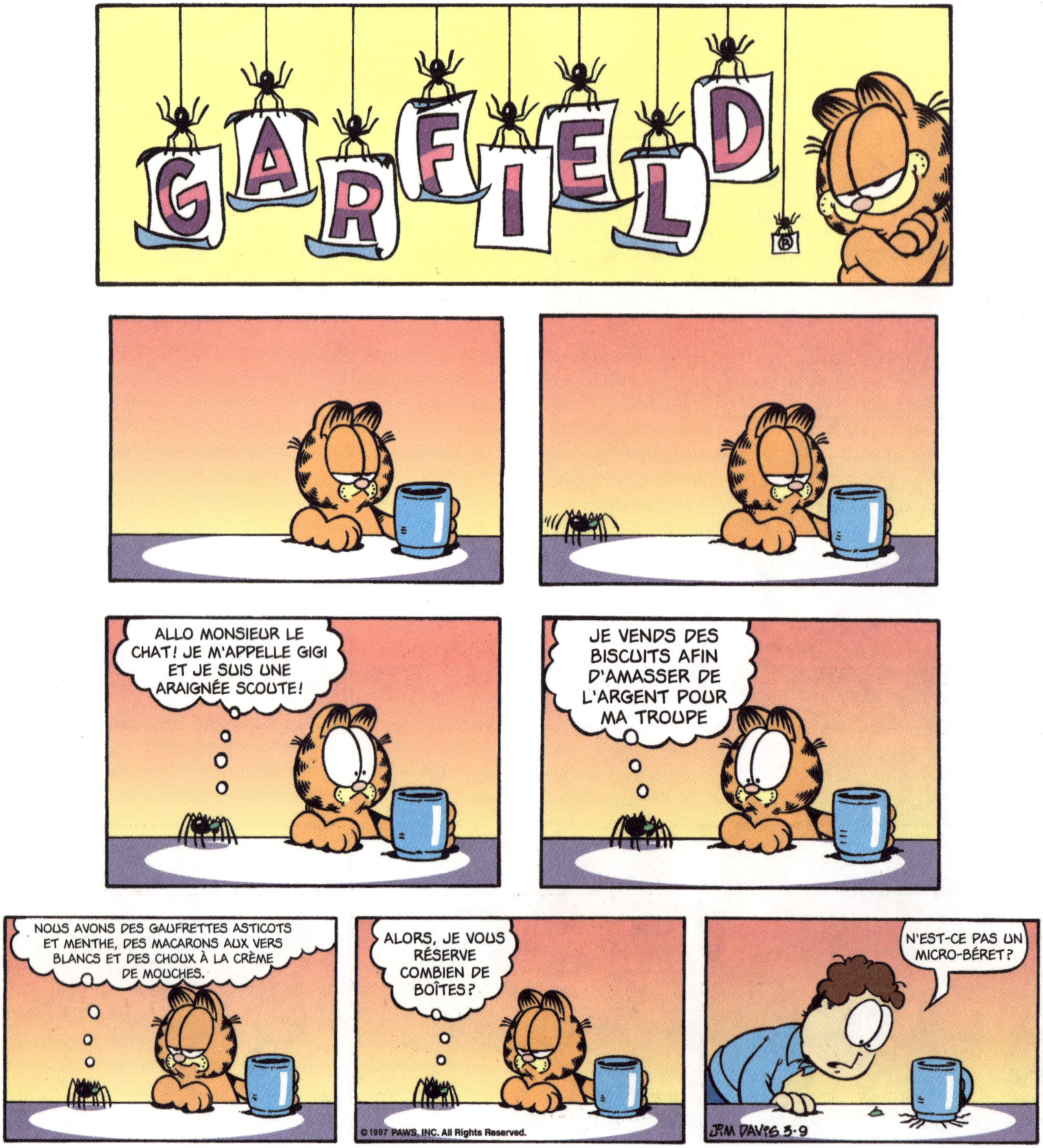
GARFIELD®
ALLO MONSIEUR LE CHAT! JE M'APPELLE GIGI ET JE SUIS UNE ARAIGNÉE SCOUTE!
JE VENDS DES BISCUITS AFIN D'AMASSER DE L'ARGENT POUR MA TROUPE
NOUS AVONS DES GAUFRETTES ASTICOTS ET MENTHE, DES MACARONS AUX VERS BLANCS ET DES CHOUX À LA CRÈME DE MOUCHES.
ALORS, JE VOUS RÉSERVE COMBIEN DE BOÎTES?
© 1997 PAWS, INC. All Rights Reserved.
N'EST-CE PAS UN MICRO-BÉRET?
JIM DAVIS 3-9

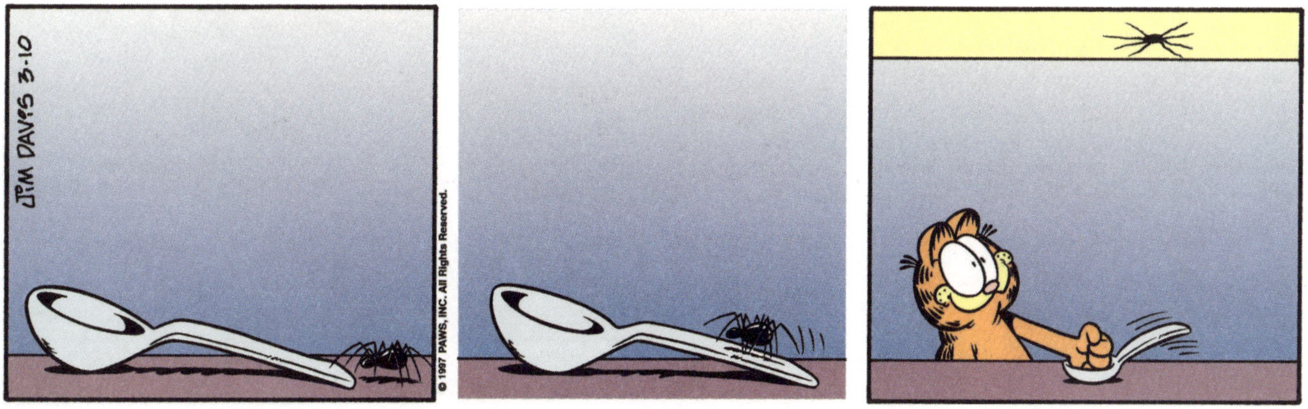
JIM DAVIS 3-10
© 1997 PAWS, INC. All Rights Reserved.

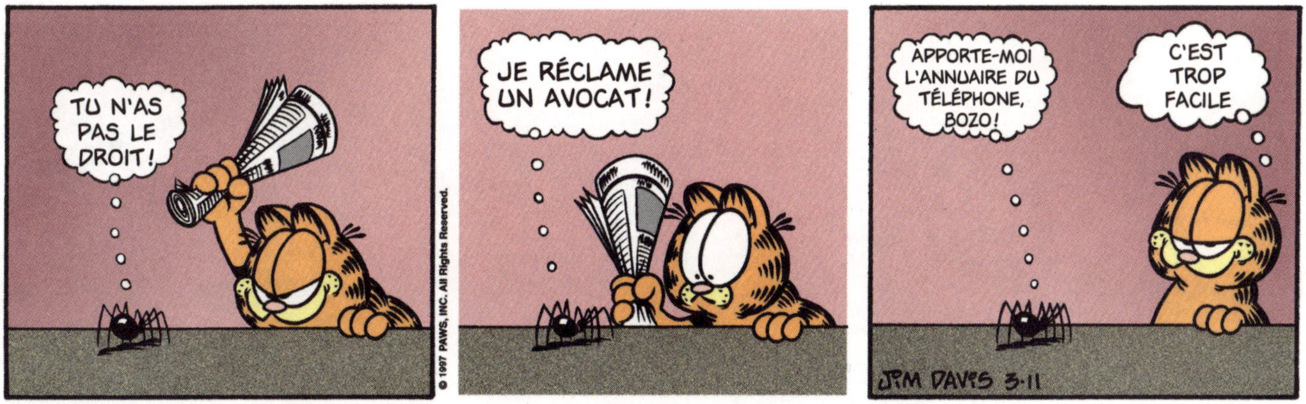
TU N'AS PAS LE DROIT!
JE RÉCLAME UN AVOCAT!
APPORTE-MOI L'ANNUAIRE DU TÉLÉPHONE, BOZO!
C'EST TROP FACILE
JIM DAVIS 3-11
© 1997 PAWS, INC. All Rights Reserved.

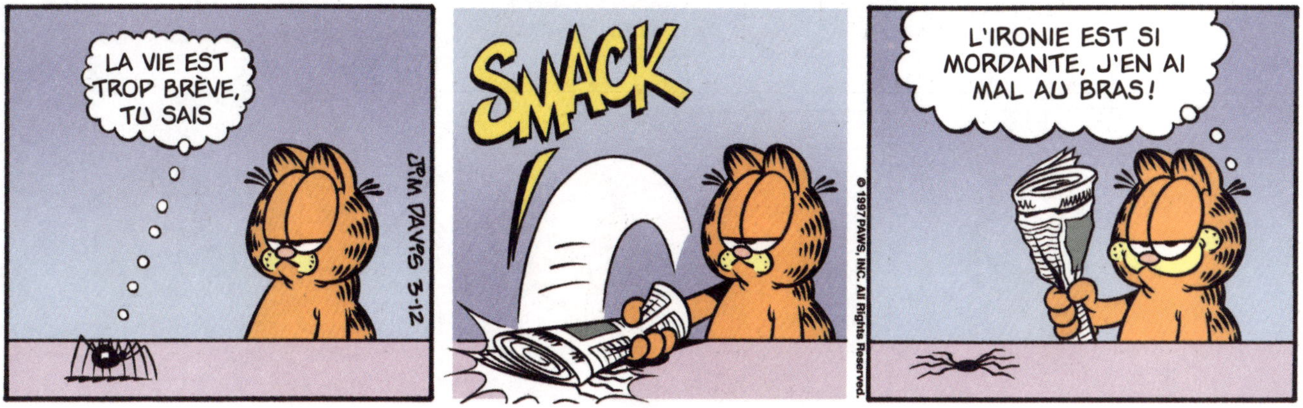
LA VIE EST TROP BRÈVE, TU SAIS
JIM DAVIS 3-12
SMACK
L'IRONIE EST SI MORDANTE, J'EN AI MAL AU BRAS!
© 1997 PAWS, INC. All Rights Reserved.

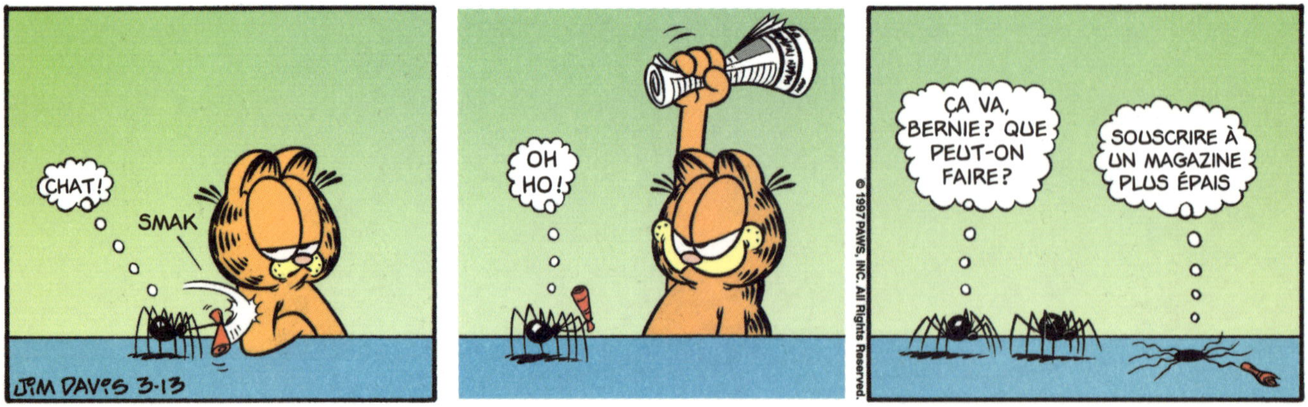
CHAT!
SMAK
JIM DAVIS 3-13
OH HO!
© 1997 PAWS, INC. All Rights Reserved.
ÇA VA, BERNIE? QUE PEUT-ON FAIRE?
SOUSCRIRE À UN MAGAZINE PLUS ÉPAIS

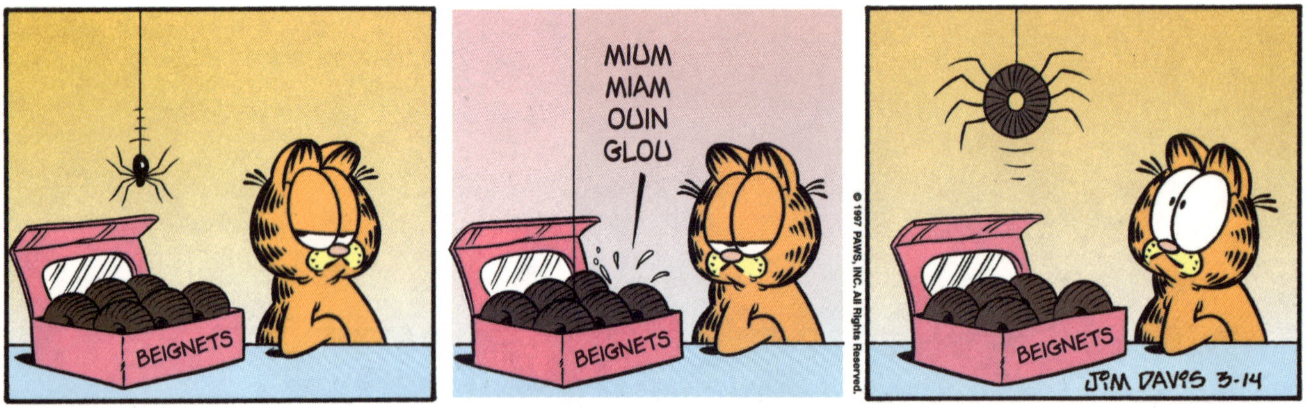
BEIGNETS
MIUM MIAM OUIN GLOU
BEIGNETS
© 1997 PAWS, INC. All Rights Reserved.
BEIGNETS
JIM DAVIS 3-14

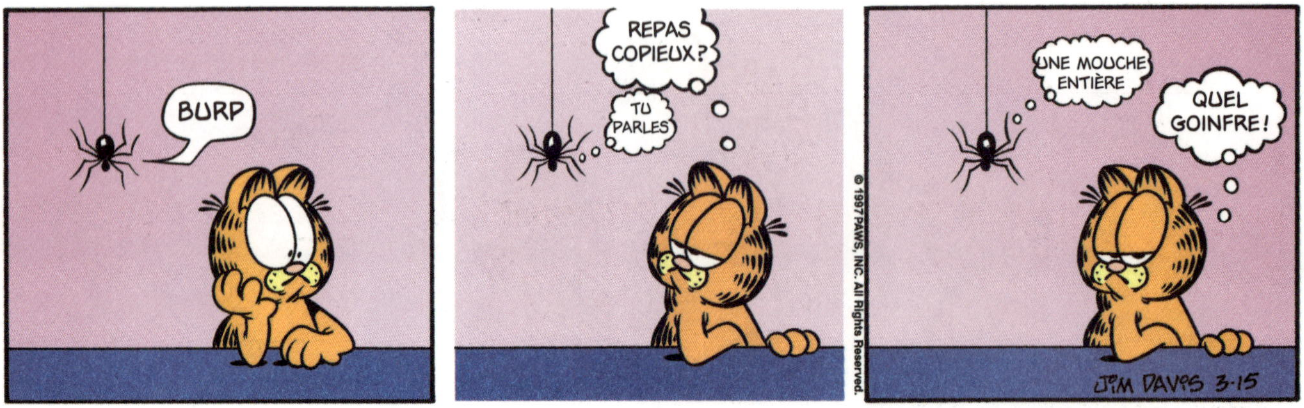
BURP
REPAS COPIEUX?
TU PARLES
© 1997 PAWS, INC. All Rights Reserved.
UNE MOUCHE ENTIÈRE
QUEL GOINFRE!
JIM DAVIS 3-15

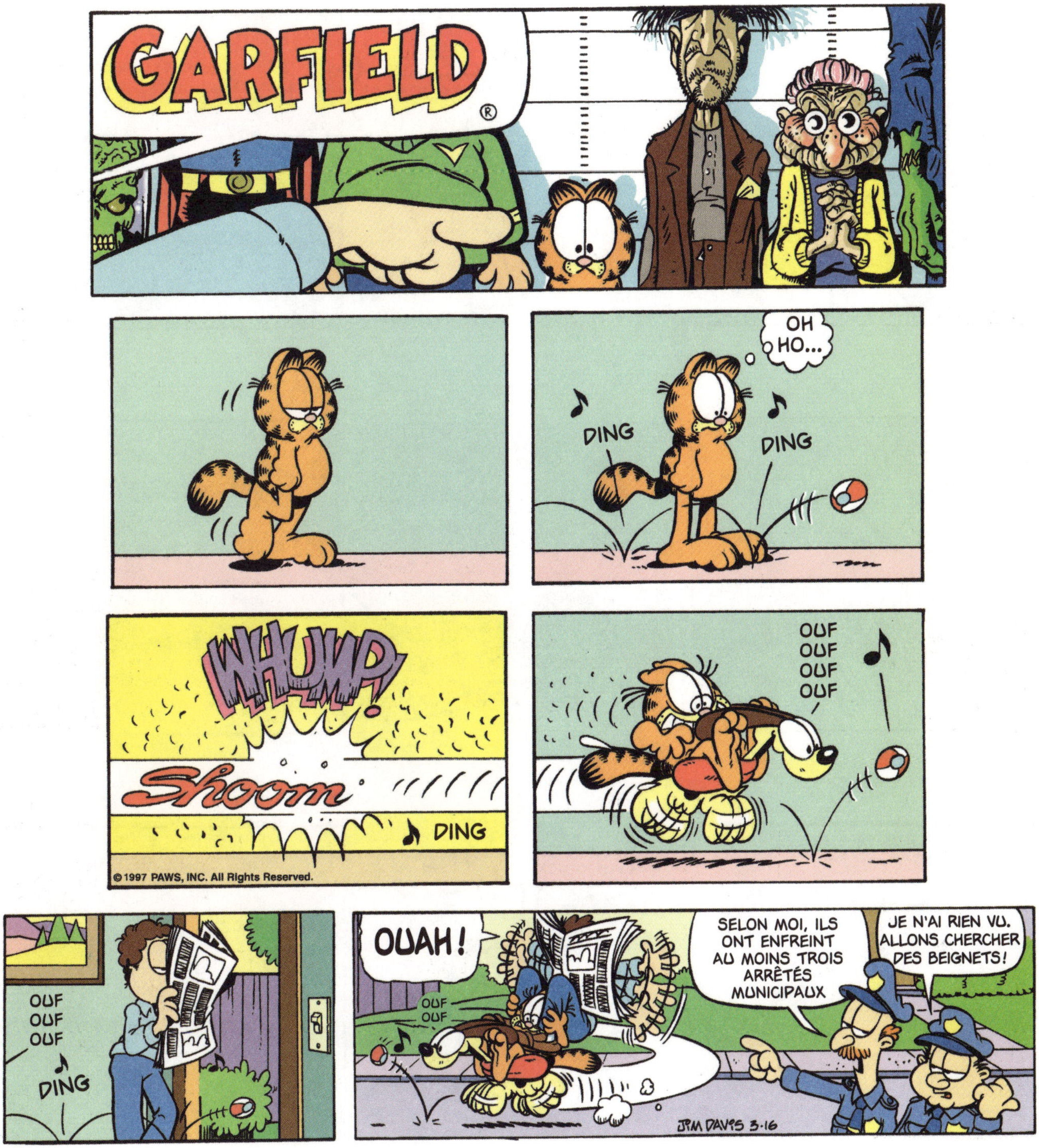
GARFIELD®
OH HO...
DING
DING
WHUMP!
Shoom
DING
© 1997 PAWS, INC. All Rights Reserved.
OUF OUF OUF OUF
OUF OUF OUF
DING
OUAH!
OUF OUF
SELON MOI, ILS ONT ENFREINT AU MOINS TROIS ARRÊTÉS MUNICIPAUX
JE N'AI RIEN VU. ALLONS CHERCHER DES BEIGNETS!
JIM DAVIS 3-16

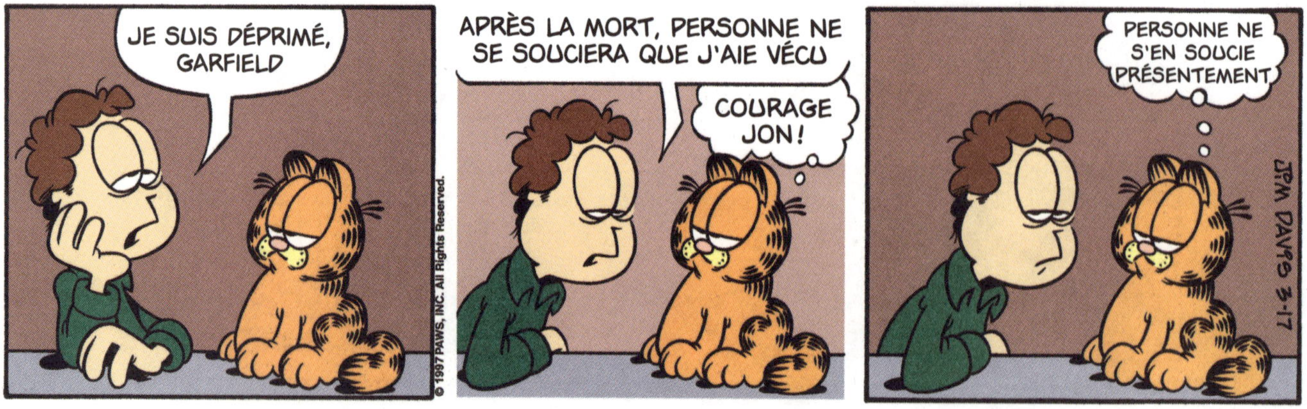
JE SUIS DÉPRIMÉ, GARFIELD
© 1997 PAWS, INC. All Rights Reserved.
APRÈS LA MORT, PERSONNE NE SE SOUCIERA QUE J'AIE VÉCU
COURAGE JON!
PERSONNE NE S'EN SOUCIE PRÉSENTEMENT
JIM DAVIS 3-17

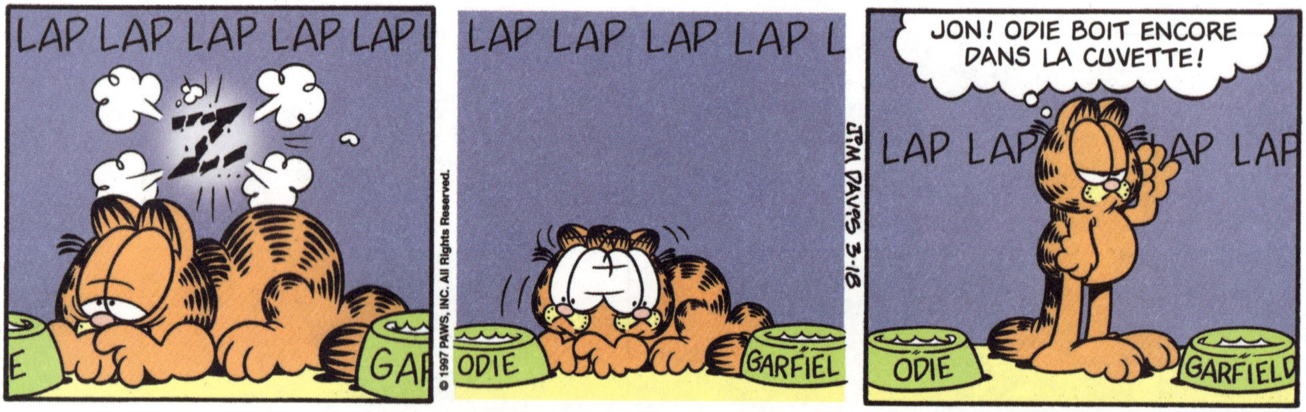
LAP LAP LAP LAP LAP
GAR
© 1997 PAWS, INC. All Rights Reserved.
LAP LAP LAP LAP
ODIE
GARFIEL
JIM DAVIS 3-18
JON! ODIE BOIT ENCORE DANS LA CUVETTE!
LAP LAP LAP LAP
ODIE
GARFIELD

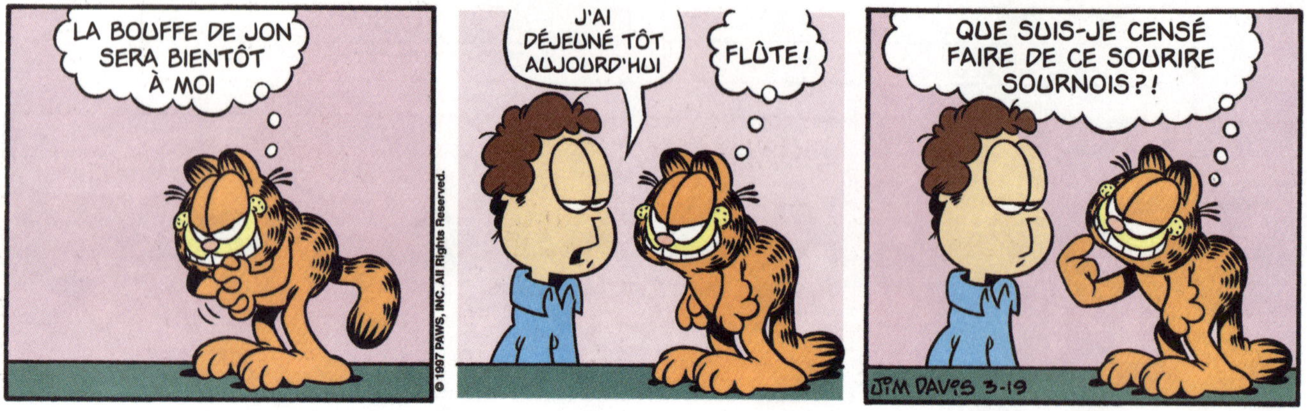
LA BOUFFE DE JON SERA BIENTÔT À MOI
© 1997 PAWS, INC. All Rights Reserved.
J'AI DÉJEUNÉ TÔT AUJOURD'HUI
FLÛTE!
QUE SUIS-JE CENSÉ FAIRE DE CE SOURIRE SOURNOIS?!
JIM DAVIS 3-19

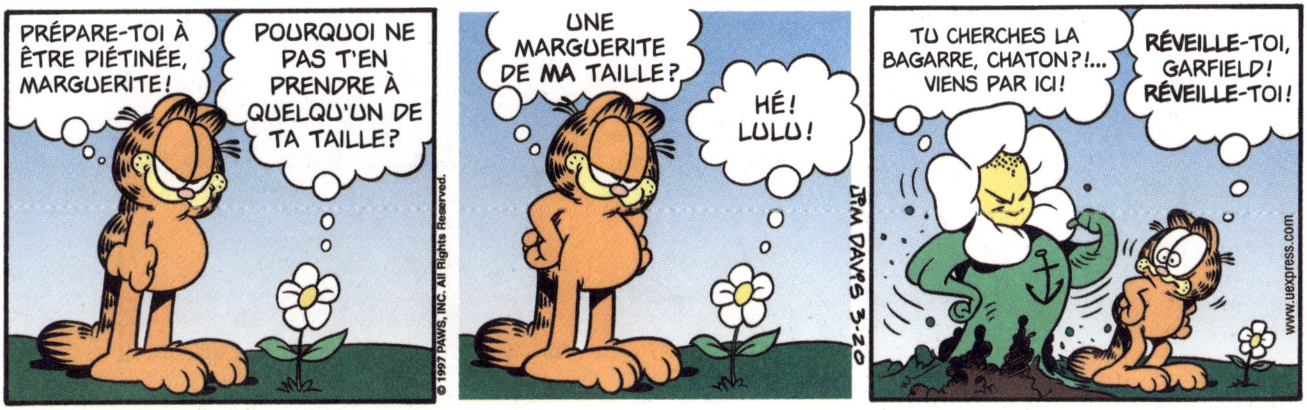
PRÉPARE-TOI À ÊTRE PIÉTINÉE, MARGUERITE!
POURQUOI NE PAS T'EN PRENDRE À QUELQU'UN DE TA TAILLE?
UNE MARGUERITE DE MA TAILLE?
HÉ! LULU!
TU CHERCHES LA BAGARRE, CHATON?!... VIENS PAR ICI!
RÉVEILLE-TOI, GARFIELD! RÉVEILLE-TOI!
© 1997 PAWS, INC. All Rights Reserved.
JIM DAVIS 3-20
www.uexpress.com

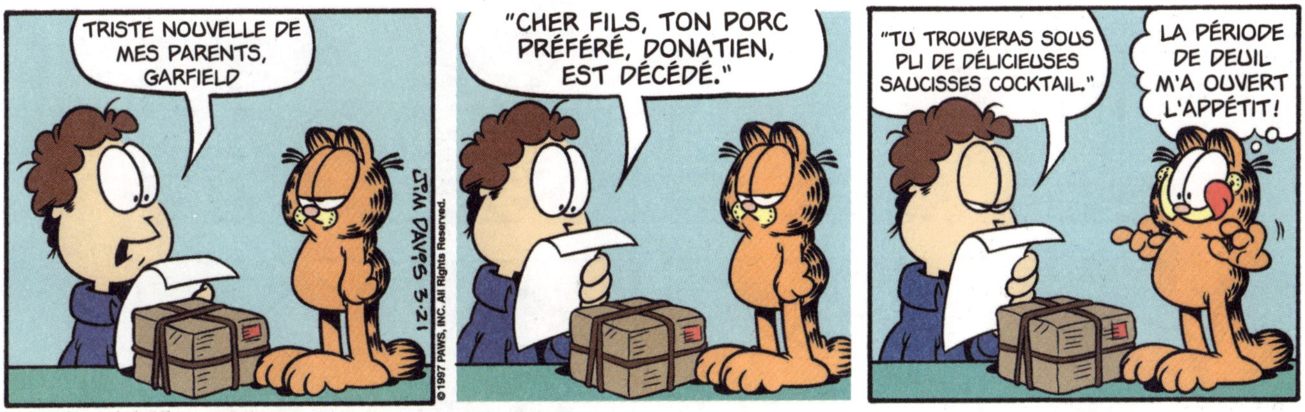
TRISTE NOUVELLE DE MES PARENTS, GARFIELD
"CHER FILS, TON PORC PRÉFÉRÉ, DONATIEN, EST DÉCÉDÉ."
"TU TROUVERAS SOUS PLI DE DÉLICIEUSES SAUCISSES COCKTAIL."
LA PÉRIODE DE DEUIL M'A OUVERT L'APPÉTIT!
© 1997 PAWS, INC. All Rights Reserved.
JIM DAVIS 3-21

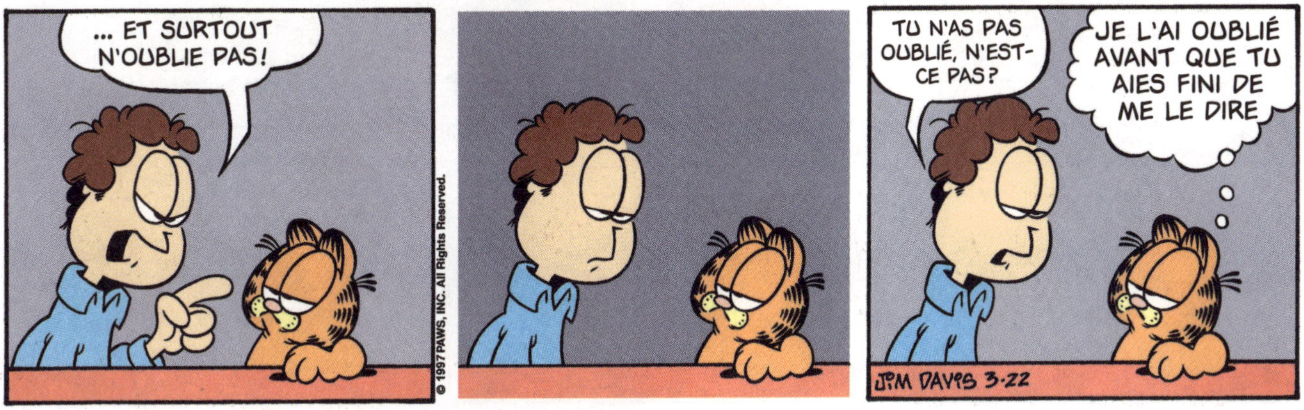
... ET SURTOUT N'OUBLIE PAS!
TU N'AS PAS OUBLIÉ, N'EST-CE PAS?
JE L'AI OUBLIÉ AVANT QUE TU AIES FINI DE ME LE DIRE
© 1997 PAWS, INC. All Rights Reserved.
JIM DAVIS 3-22

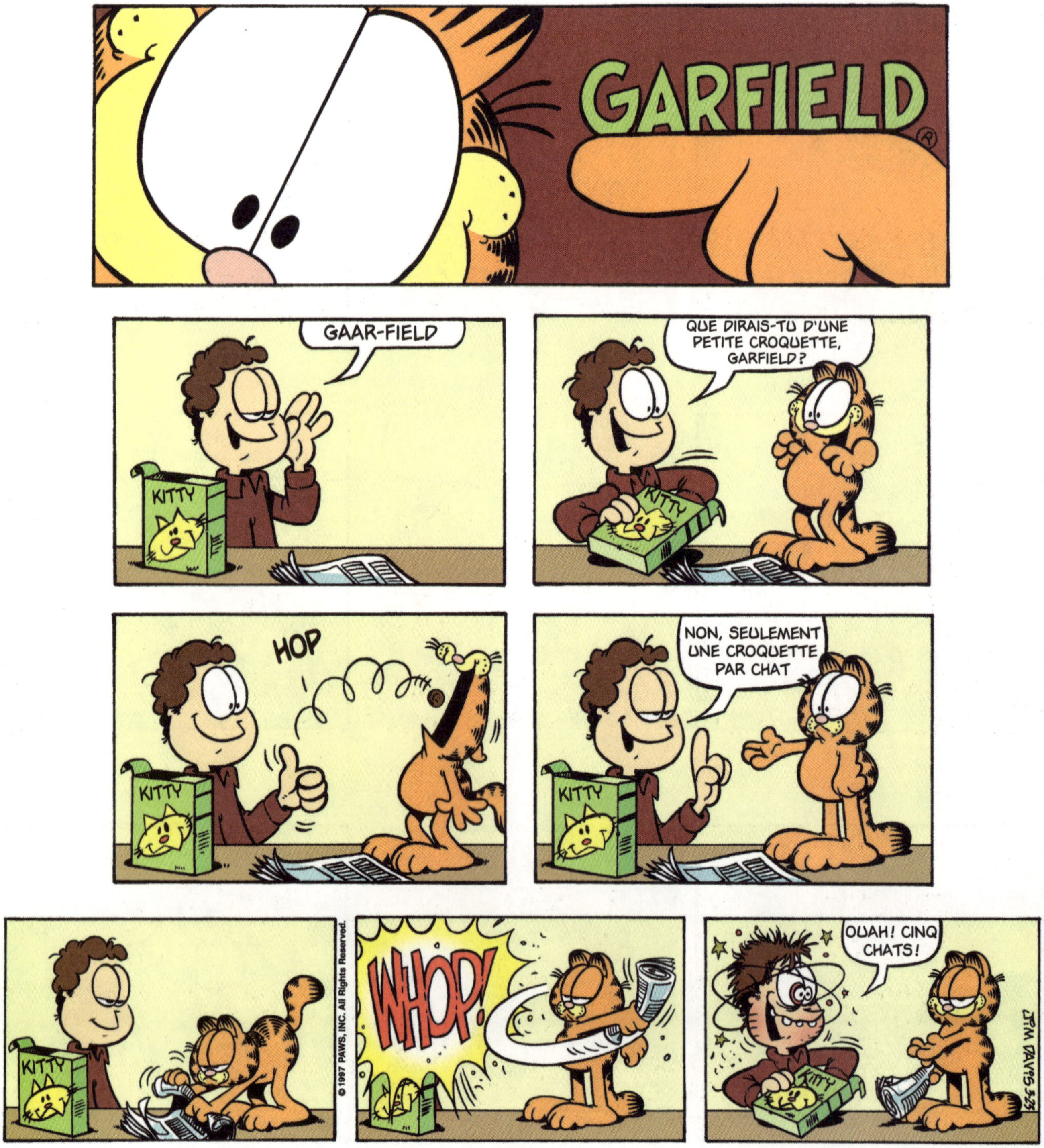
GARFIELD
GAAR-FIELD
KITTY
QUE DIRAIS-TU D'UNE PETITE CROQUETTE, GARFIELD ?
HOP
NON, SEULEMENT UNE CROQUETTE PAR CHAT
© 1997 PAWS, INC. All Rights Reserved.
WHOP!
OUAH! CINQ CHATS!
JIM DAVIS 3-23

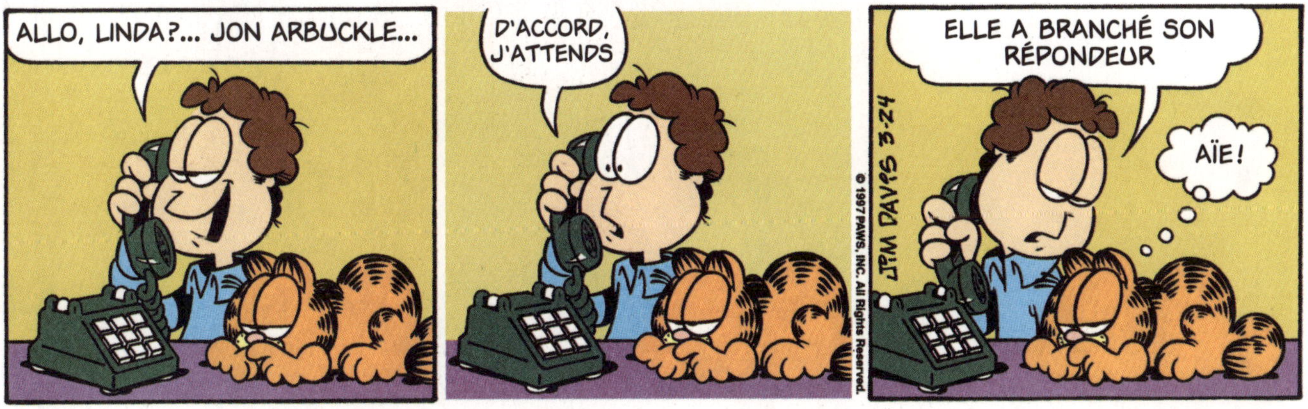
ALLO, LINDA?... JON ARBUCKLE...
D'ACCORD, J'ATTENDS
ELLE A BRANCHÉ SON RÉPONDEUR
AÏE!
JIM DAVIS 3·24

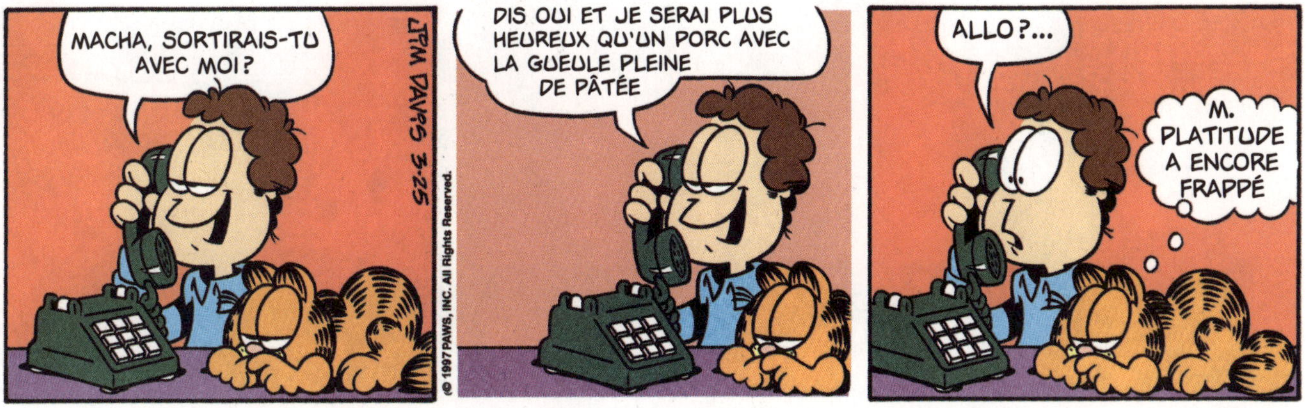
MACHA, SORTIRAIS-TU AVEC MOI?
DIS OUI ET JE SERAI PLUS HEUREUX QU'UN PORC AVEC LA GUEULE PLEINE DE PÂTÉE
ALLO?...
M. PLATITUDE A ENCORE FRAPPÉ
JIM DAVIS 3·25

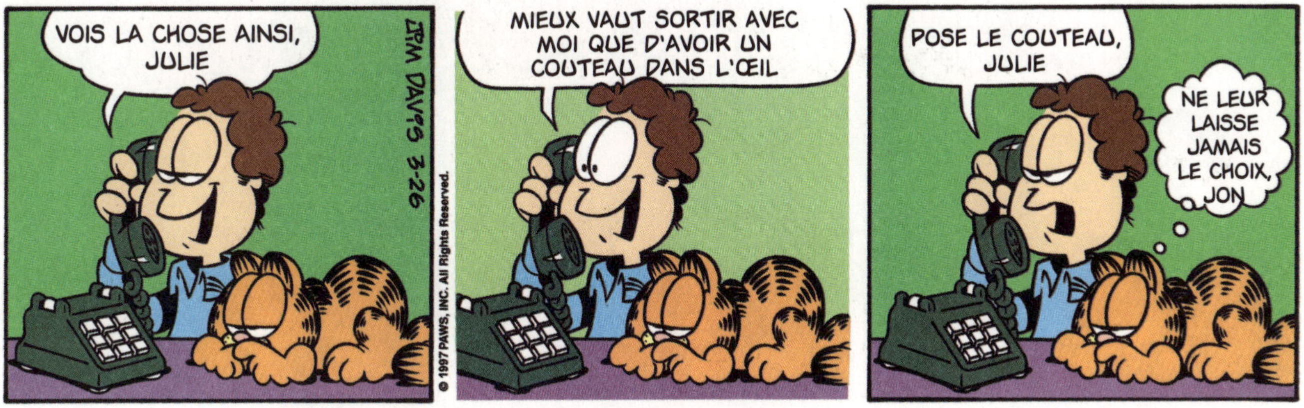
VOIS LA CHOSE AINSI, JULIE
MIEUX VAUT SORTIR AVEC MOI QUE D'AVOIR UN COUTEAU DANS L'ŒIL
POSE LE COUTEAU, JULIE
NE LEUR LAISSE JAMAIS LE CHOIX, JON
JIM DAVIS 3·26

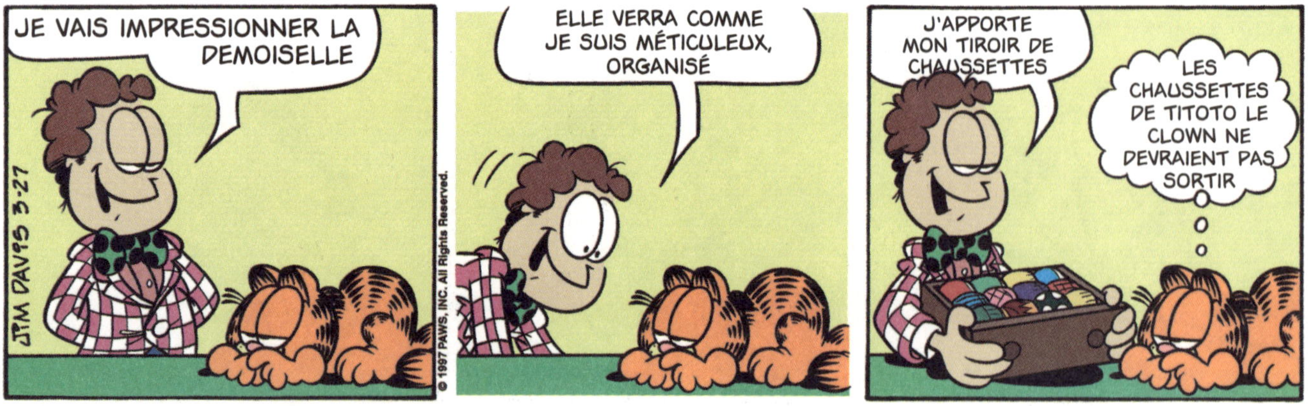
JE VAIS IMPRESSIONNER LA DEMOISELLE
JPM DAVIS 3-27
© 1997 PAWS, INC. All Rights Reserved.
ELLE VERRA COMME JE SUIS MÉTICULEUX, ORGANISÉ
J'APPORTE MON TIROIR DE CHAUSSETTES
LES CHAUSSETTES DE TITOTO LE CLOWN NE DEVRAIENT PAS SORTIR

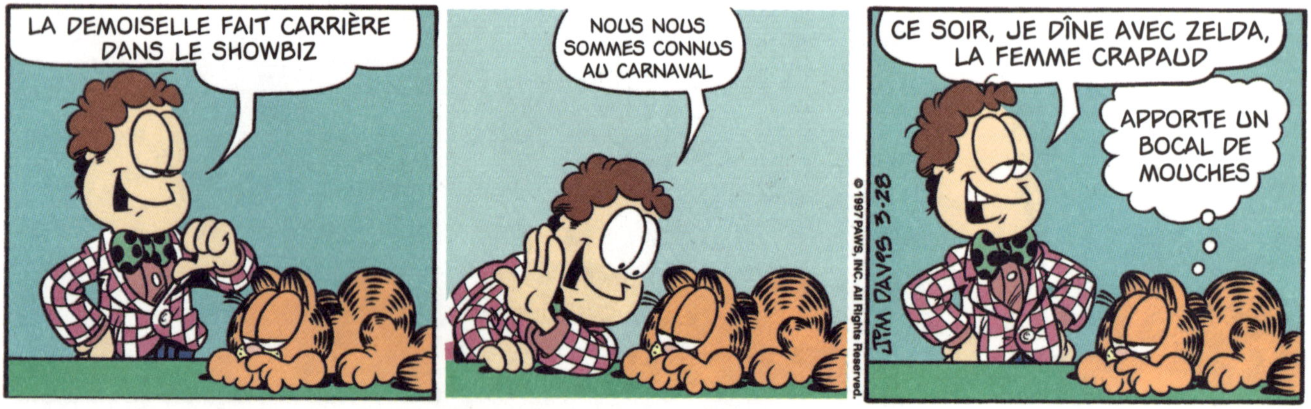
LA DEMOISELLE FAIT CARRIÈRE DANS LE SHOWBIZ
NOUS NOUS SOMMES CONNUS AU CARNAVAL
© 1997 PAWS, INC. All Rights Reserved.
JPM DAVIS 3-28
CE SOIR, JE DÎNE AVEC ZELDA, LA FEMME CRAPAUD
APPORTE UN BOCAL DE MOUCHES

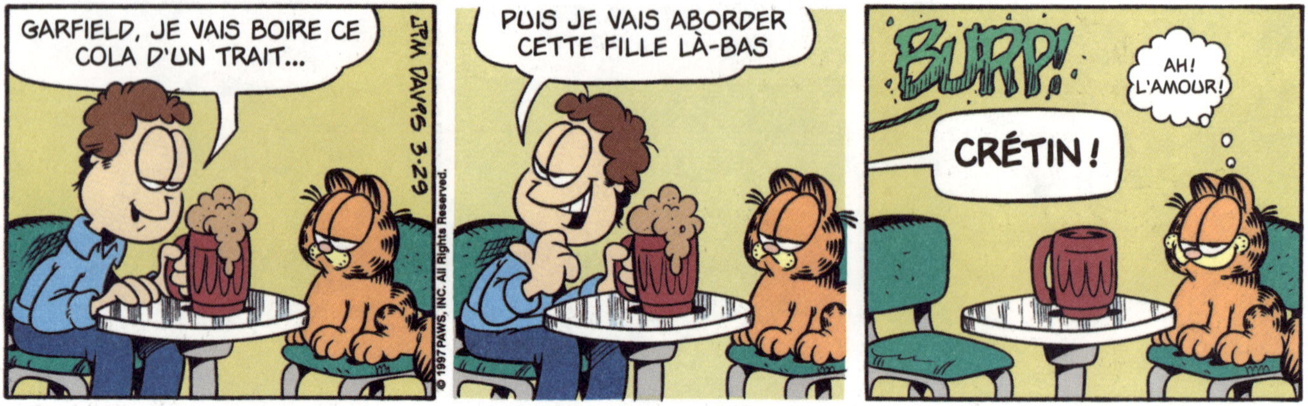
GARFIELD, JE VAIS BOIRE CE COLA D'UN TRAIT...
JPM DAVIS 3-29
© 1997 PAWS, INC. All Rights Reserved.
PUIS JE VAIS ABORDER CETTE FILLE LÀ-BAS
BURP!
CRÉTIN !
AH! L'AMOUR!

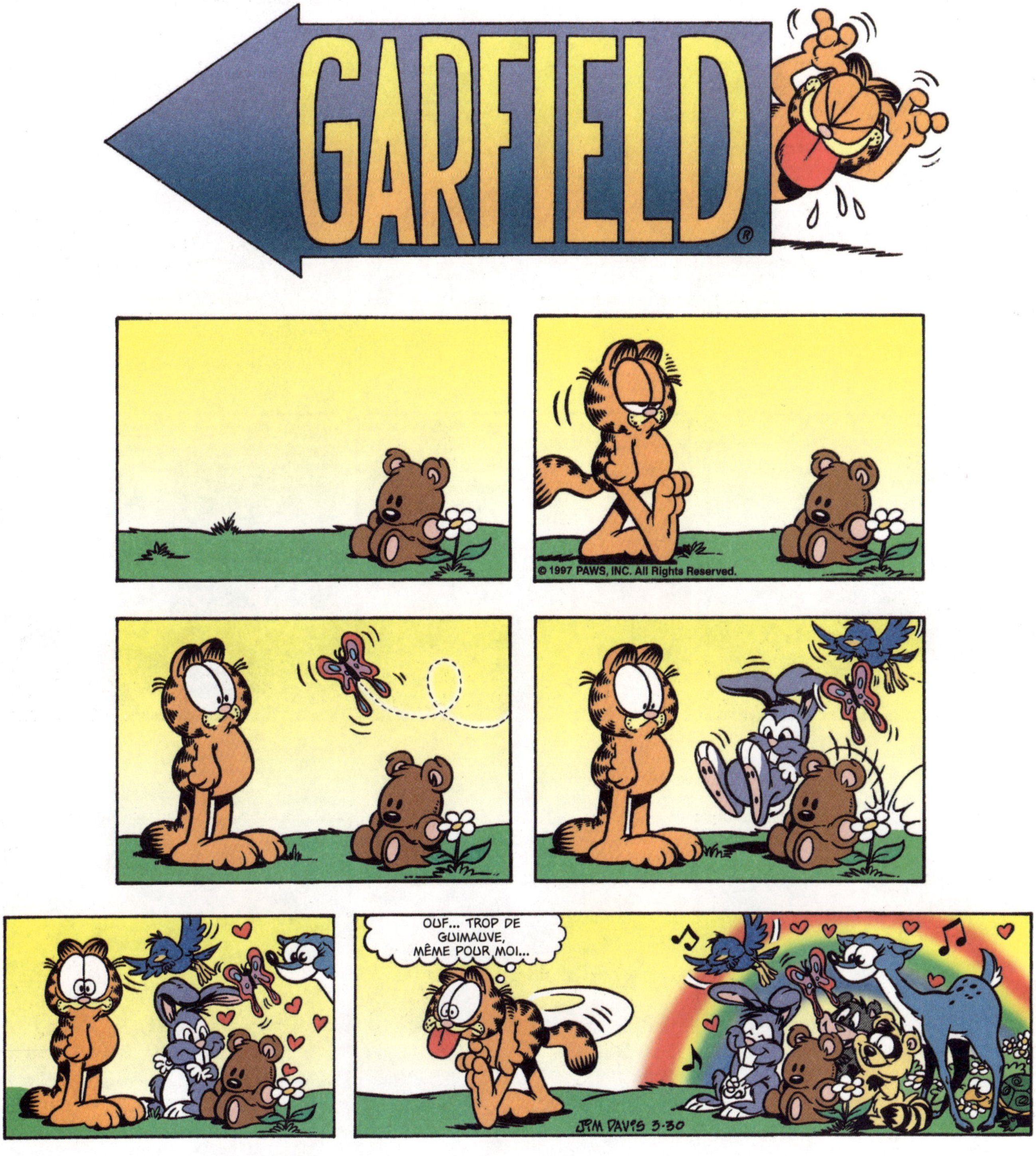
GARFIELD
© 1997 PAWS, INC. All Rights Reserved.
OUF... TROP DE GUIMAUVE, MÊME POUR MOI...
JIM DAVIS 3-30

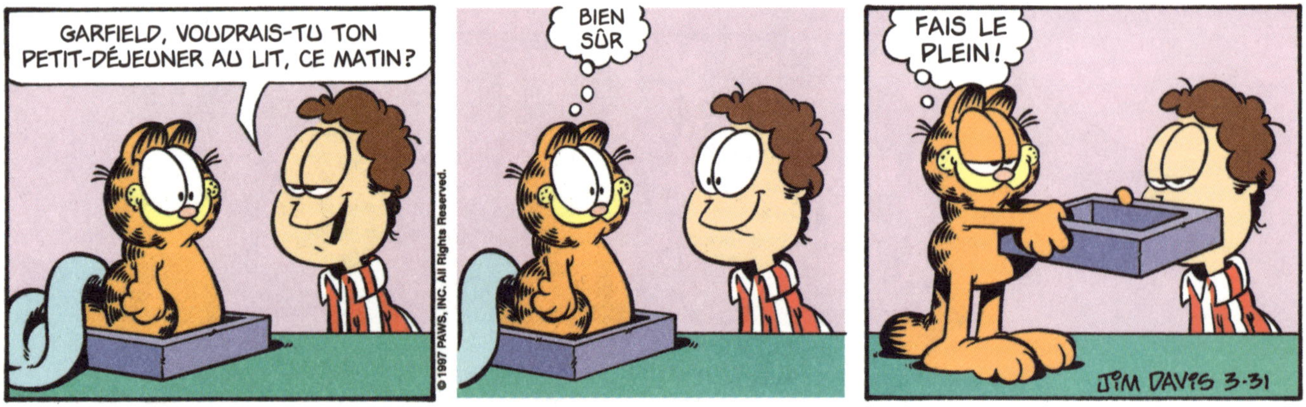
GARFIELD, VOUDRAIS-TU TON PETIT-DÉJEUNER AU LIT, CE MATIN?
BIEN SÛR
FAIS LE PLEIN!
JIM DAVIS 3-31
© 1997 PAWS, INC. All Rights Reserved.

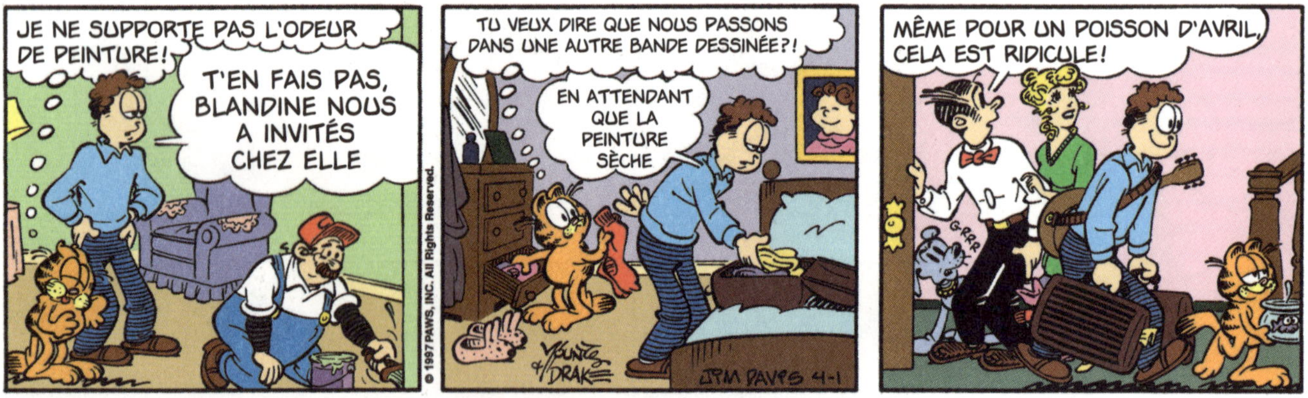
JE NE SUPPORTE PAS L'ODEUR DE PEINTURE!
T'EN FAIS PAS, BLANDINE NOUS A INVITÉS CHEZ ELLE
© 1997 PAWS, INC. All Rights Reserved.
TU VEUX DIRE QUE NOUS PASSONS DANS UNE AUTRE BANDE DESSINÉE?!
EN ATTENDANT QUE LA PEINTURE SÈCHE
JIM DAVIS 4-1
MÊME POUR UN POISSON D'AVRIL, CELA EST RIDICULE!
G-RRR

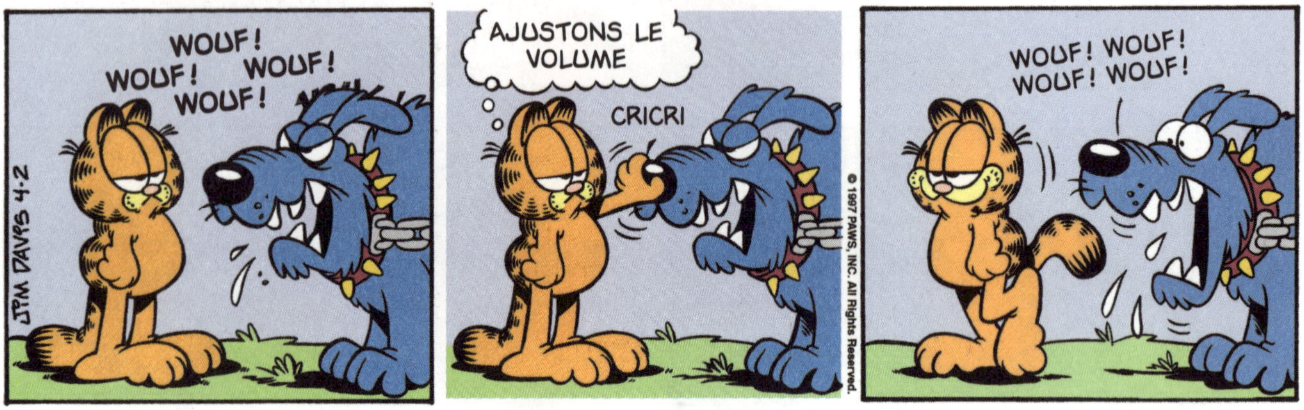
WOUF! WOUF! WOUF! WOUF!
JIM DAVIS 4-2
AJUSTONS LE VOLUME
CRICRI
© 1997 PAWS, INC. All Rights Reserved.
WOUF! WOUF! WOUF! WOUF!

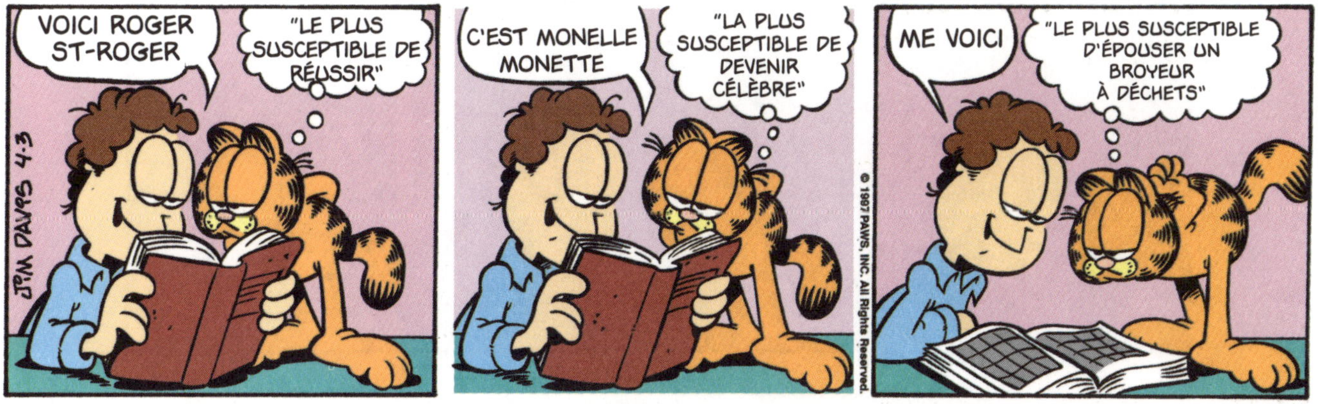
JIM DAVIS 4-3
VOICI ROGER ST-ROGER
"LE PLUS SUSCEPTIBLE DE RÉUSSIR"
C'EST MONELLE MONETTE
"LA PLUS SUSCEPTIBLE DE DEVENIR CÉLÈBRE"
© 1997 PAWS, INC. All Rights Reserved.
ME VOICI
"LE PLUS SUSCEPTIBLE D'ÉPOUSER UN BROYEUR À DÉCHETS"

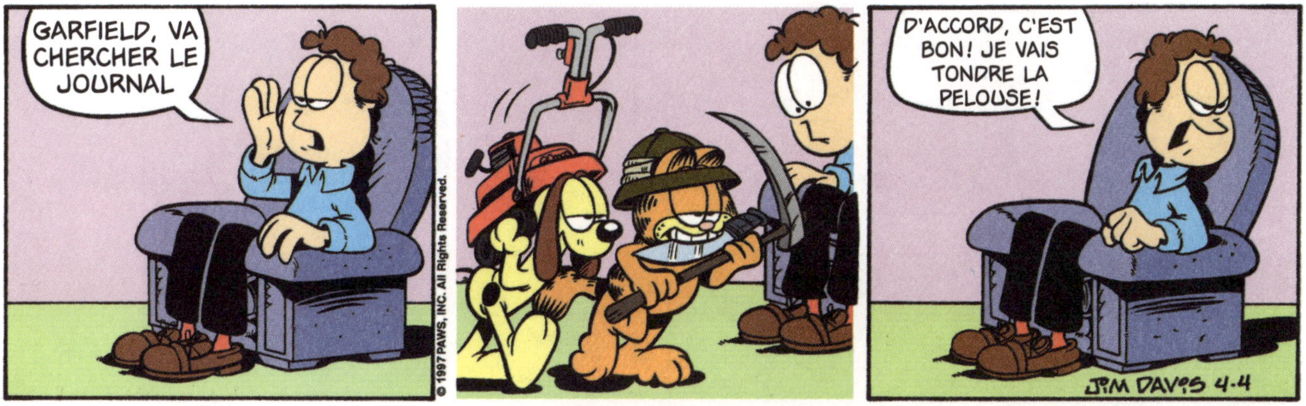
GARFIELD, VA CHERCHER LE JOURNAL
© 1997 PAWS, INC. All Rights Reserved.
D'ACCORD, C'EST BON! JE VAIS TONDRE LA PELOUSE!
JIM DAVIS 4-4

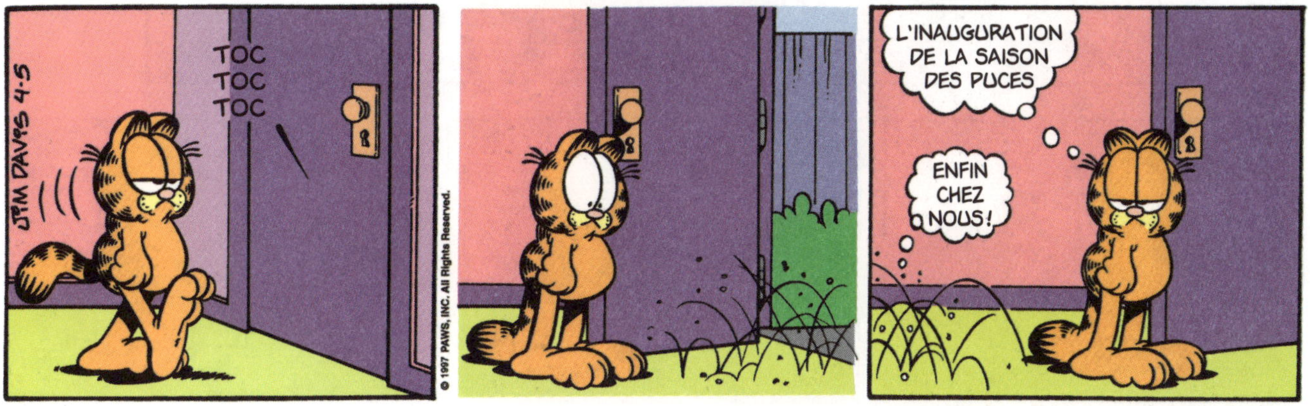
JIM DAVIS 4-5
TOC
TOC
TOC
© 1997 PAWS, INC. All Rights Reserved.
L'INAUGURATION DE LA SAISON DES PUCES
ENFIN CHEZ NOUS!

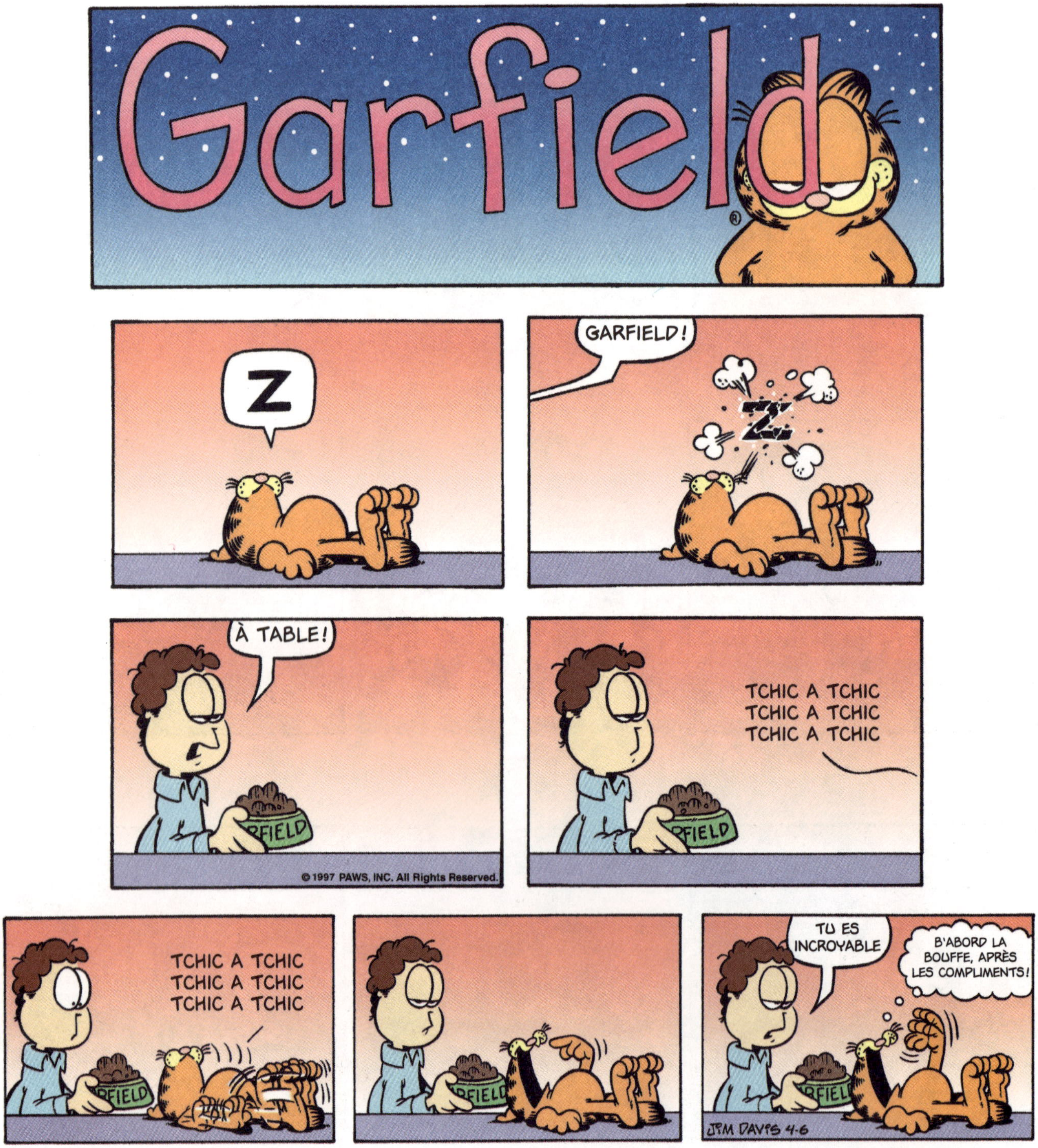
Garfield®
Z
GARFIELD!
Z
À TABLE!
© 1997 PAWS, INC. All Rights Reserved.
TCHIC A TCHIC
TCHIC A TCHIC
TCHIC A TCHIC
TCHIC A TCHIC
TCHIC A TCHIC
TCHIC A TCHIC
TU ES INCROYABLE
D'ABORD LA BOUFFE, APRÈS LES COMPLIMENTS!
JIM DAVIS 4-6

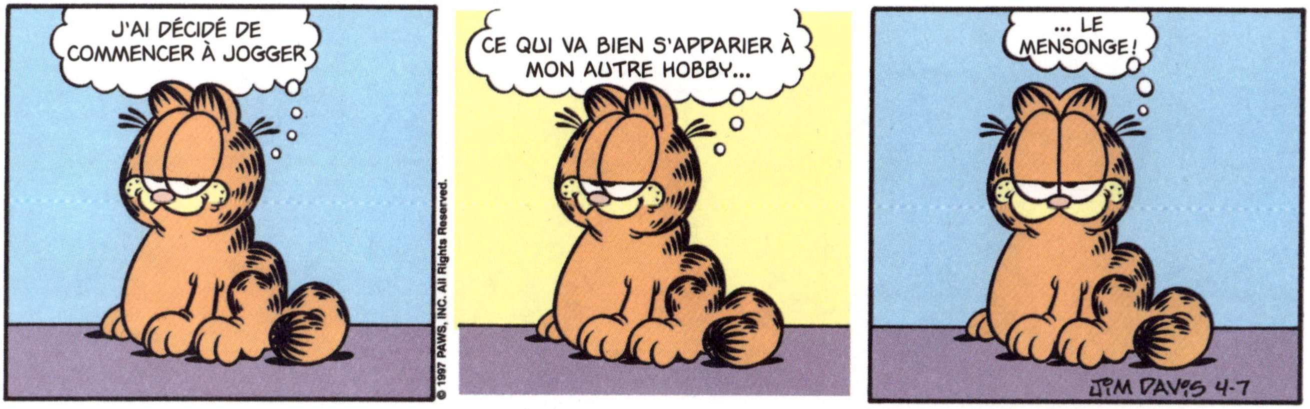
J'AI DÉCIDÉ DE COMMENCER À JOGGER
CE QUI VA BIEN S'APPARIER À MON AUTRE HOBBY...
... LE MENSONGE!
© 1997 PAWS, INC. All Rights Reserved.
JIM DAVIS 4-7

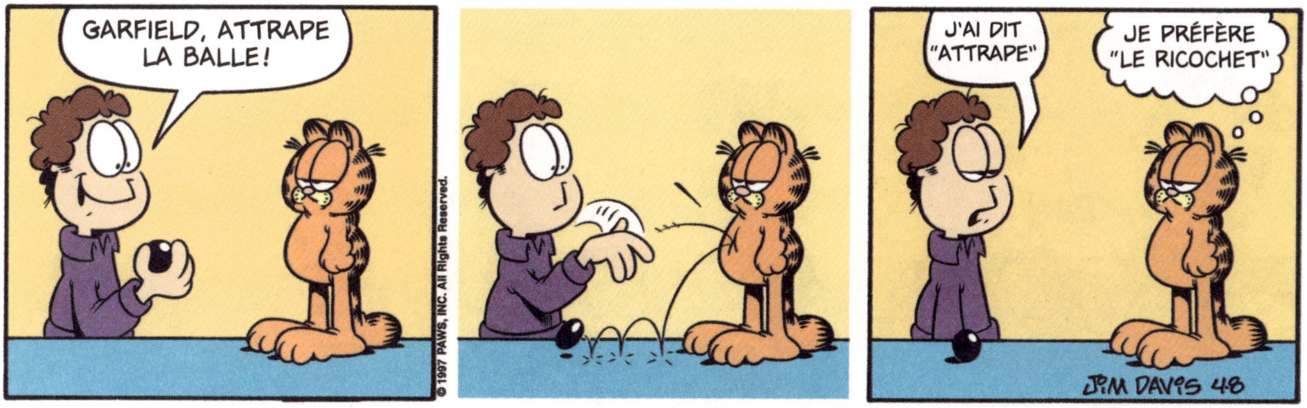
GARFIELD, ATTRAPE LA BALLE!
J'AI DIT "ATTRAPE"
JE PRÉFÈRE "LE RICOCHET"
© 1997 PAWS, INC. All Rights Reserved.
JIM DAVIS 4-8

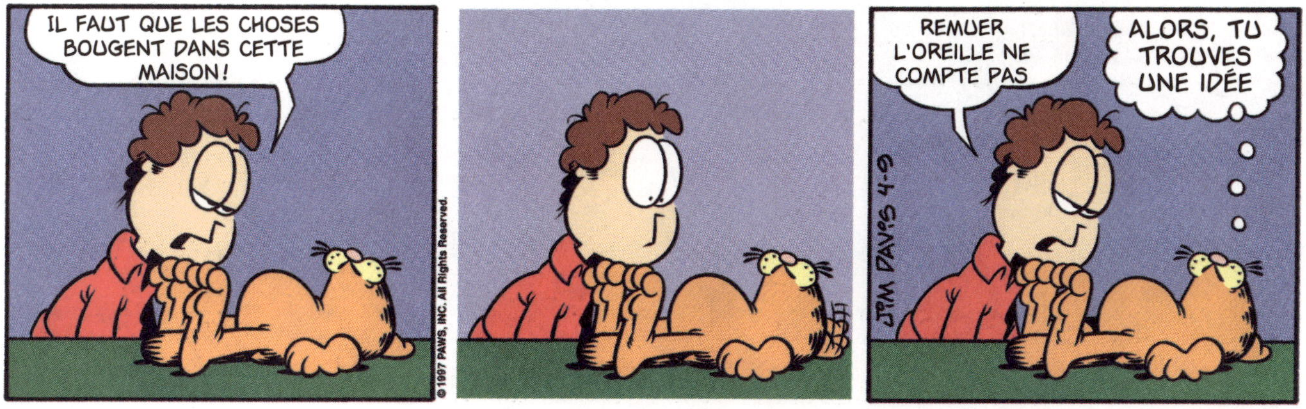
IL FAUT QUE LES CHOSES BOUGENT DANS CETTE MAISON!
REMUER L'OREILLE NE COMPTE PAS
ALORS, TU TROUVES UNE IDÉE
© 1997 PAWS, INC. All Rights Reserved.
JIM DAVIS 4-9

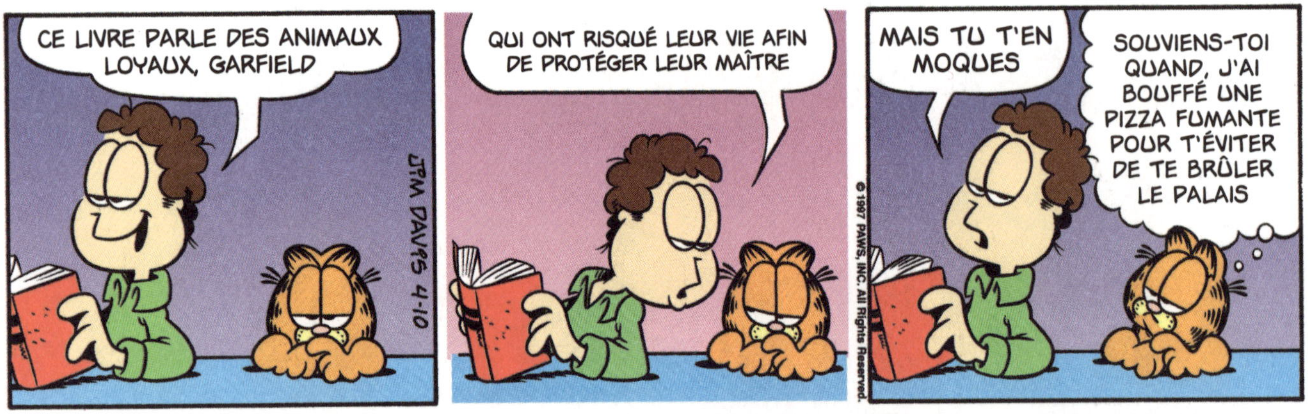
CE LIVRE PARLE DES ANIMAUX LOYAUX, GARFIELD
JIM DAVIS 4-10
QUI ONT RISQUÉ LEUR VIE AFIN DE PROTÉGER LEUR MAÎTRE
© 1997 PAWS, INC. All Rights Reserved.
MAIS TU T'EN MOQUES
SOUVIENS-TOI QUAND, J'AI BOUFFÉ UNE PIZZA FUMANTE POUR T'ÉVITER DE TE BRÛLER LE PALAIS

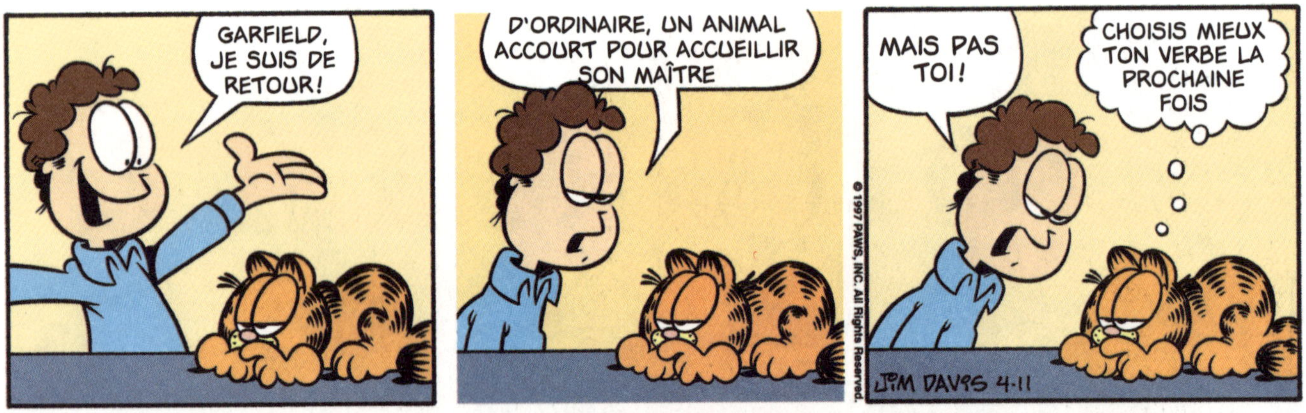
GARFIELD, JE SUIS DE RETOUR!
D'ORDINAIRE, UN ANIMAL ACCOURT POUR ACCUEILLIR SON MAÎTRE
© 1997 PAWS, INC. All Rights Reserved.
MAIS PAS TOI!
CHOISIS MIEUX TON VERBE LA PROCHAINE FOIS
JIM DAVIS 4-11

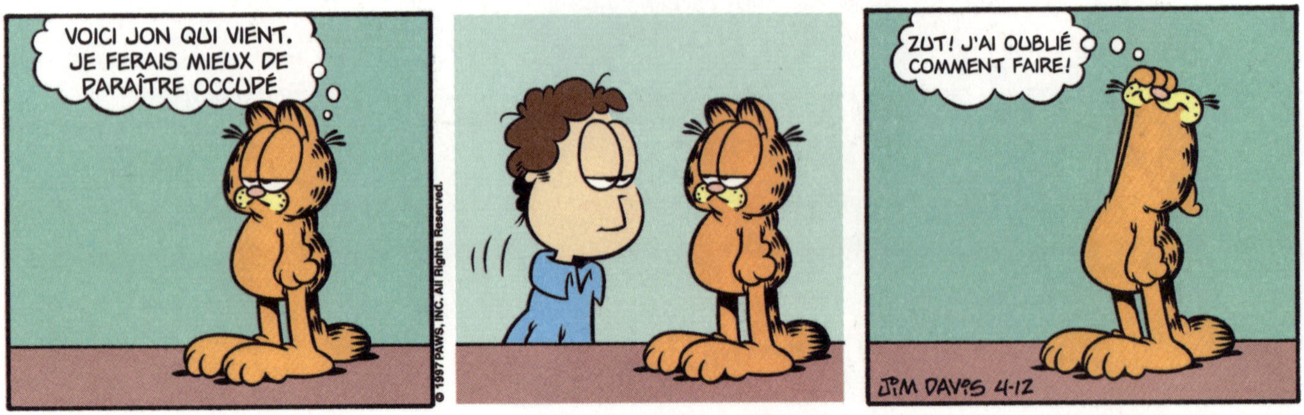
VOICI JON QUI VIENT. JE FERAIS MIEUX DE PARAÎTRE OCCUPÉ
© 1997 PAWS, INC. All Rights Reserved.
ZUT! J'AI OUBLIÉ COMMENT FAIRE!
JIM DAVIS 4-12

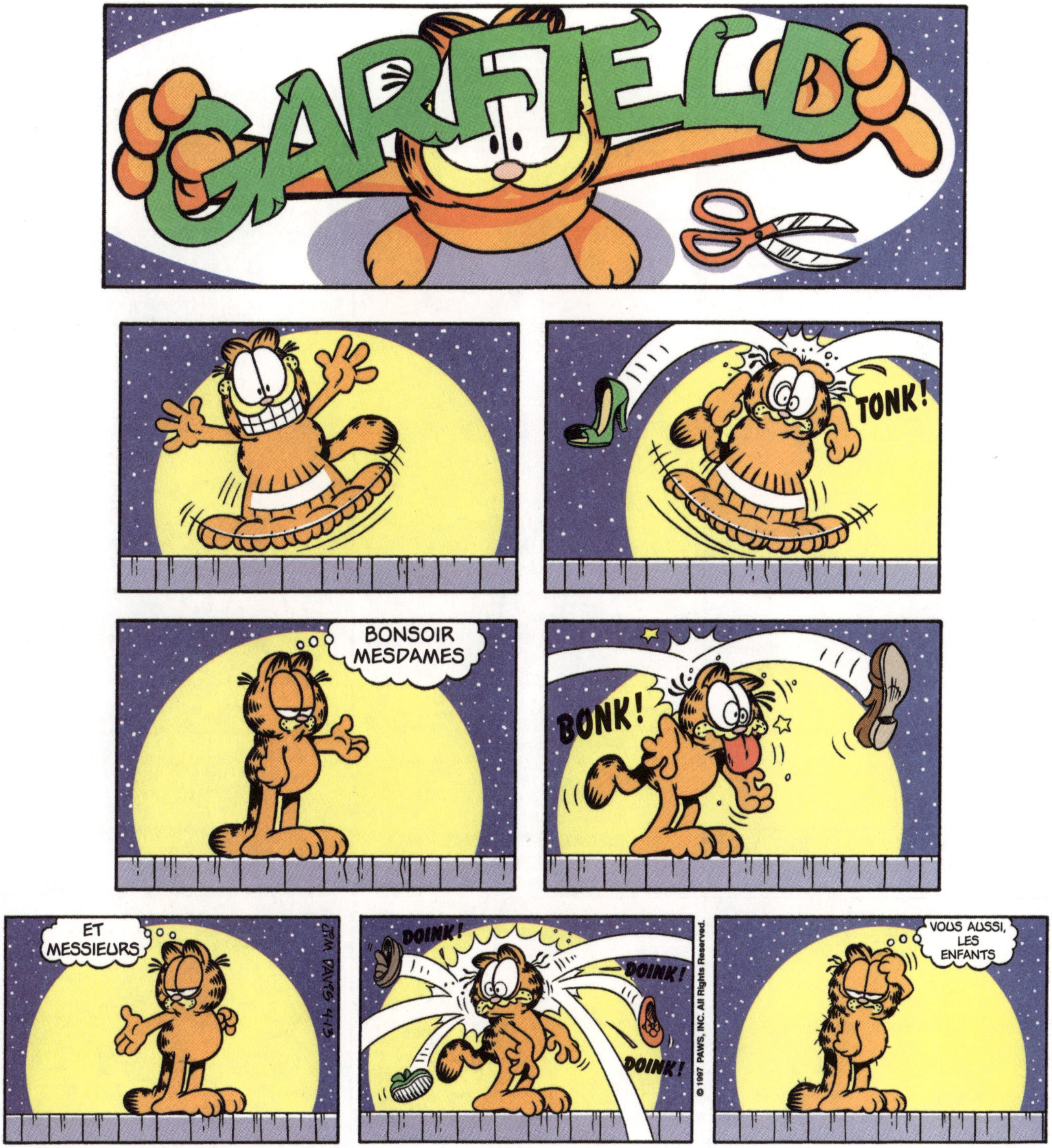
GARFIELD
TONK!
BONSOIR MESDAMES
BONK!
ET MESSIEURS
DOINK!
DOINK!
DOINK!
© 1997 PAWS, INC. All Rights Reserved.
VOUS AUSSI, LES ENFANTS

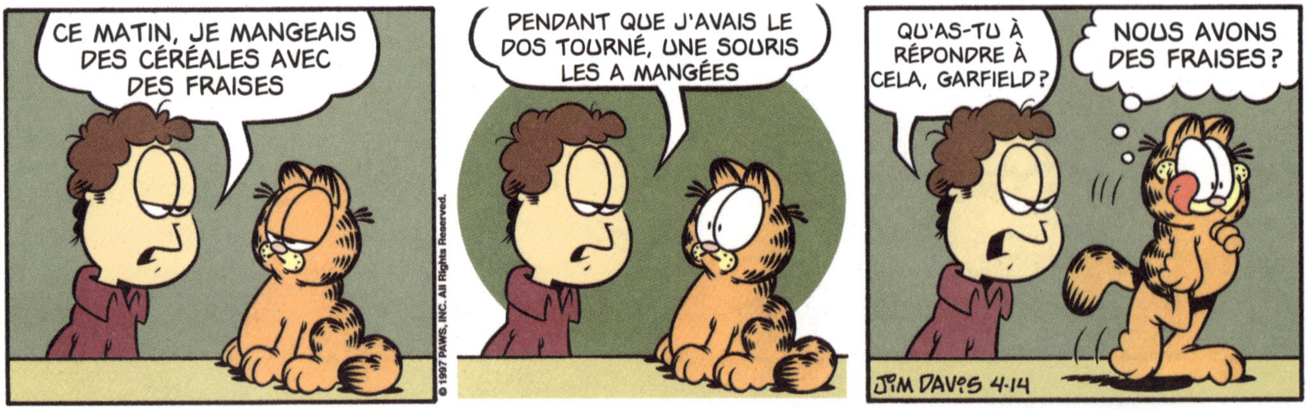
CE MATIN, JE MANGEAIS DES CÉRÉALES AVEC DES FRAISES
PENDANT QUE J'AVAIS LE DOS TOURNÉ, UNE SOURIS LES A MANGÉES
QU'AS-TU À RÉPONDRE À CELA, GARFIELD?
NOUS AVONS DES FRAISES?
© 1997 PAWS, INC. All Rights Reserved.
JIM DAVIS 4-14

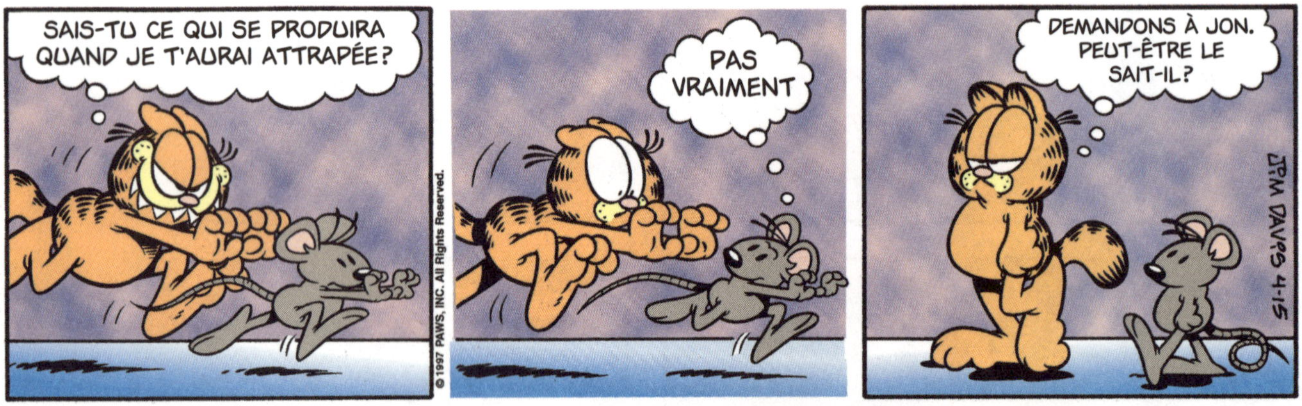
SAIS-TU CE QUI SE PRODUIRA QUAND JE T'AURAI ATTRAPÉE?
PAS VRAIMENT
DEMANDONS À JON. PEUT-ÊTRE LE SAIT-IL?
© 1997 PAWS, INC. All Rights Reserved.
JIM DAVIS 4-15

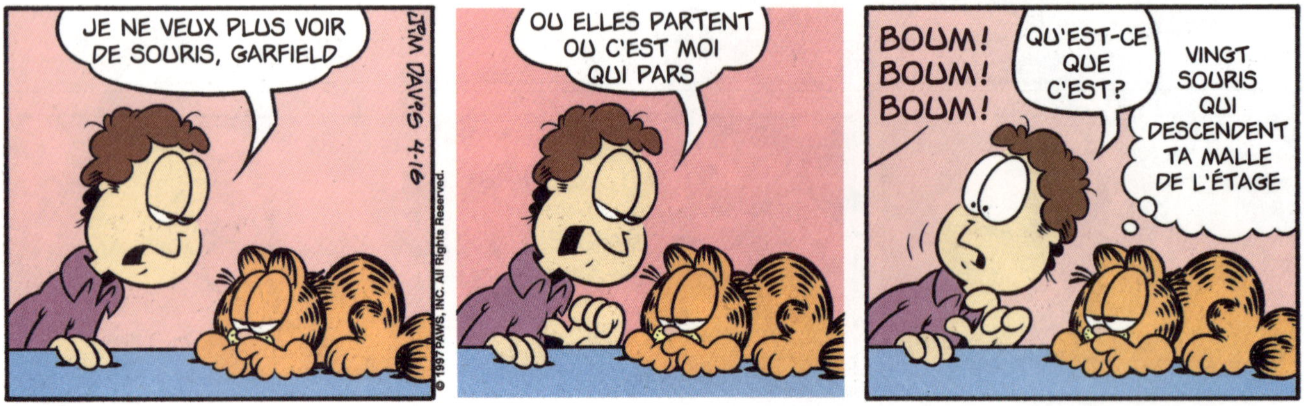
JE NE VEUX PLUS VOIR DE SOURIS, GARFIELD
OU ELLES PARTENT OU C'EST MOI QUI PARS
BOUM! BOUM! BOUM!
QU'EST-CE QUE C'EST?
VINGT SOURIS QUI DESCENDENT TA MALLE DE L'ÉTAGE
JIM DAVIS 4-16
© 1997 PAWS, INC. All Rights Reserved.

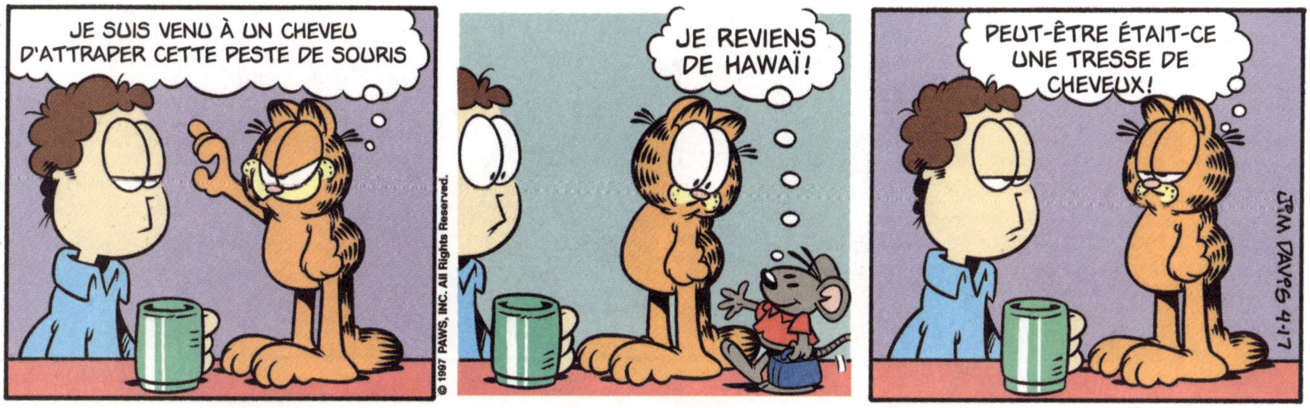
JE SUIS VENU À UN CHEVEU D'ATTRAPER CETTE PESTE DE SOURIS
© 1997 PAWS, INC. All Rights Reserved.
JE REVIENS DE HAWAÏ!
PEUT-ÊTRE ÉTAIT-CE UNE TRESSE DE CHEVEUX!
JIM DAVIS 4-17

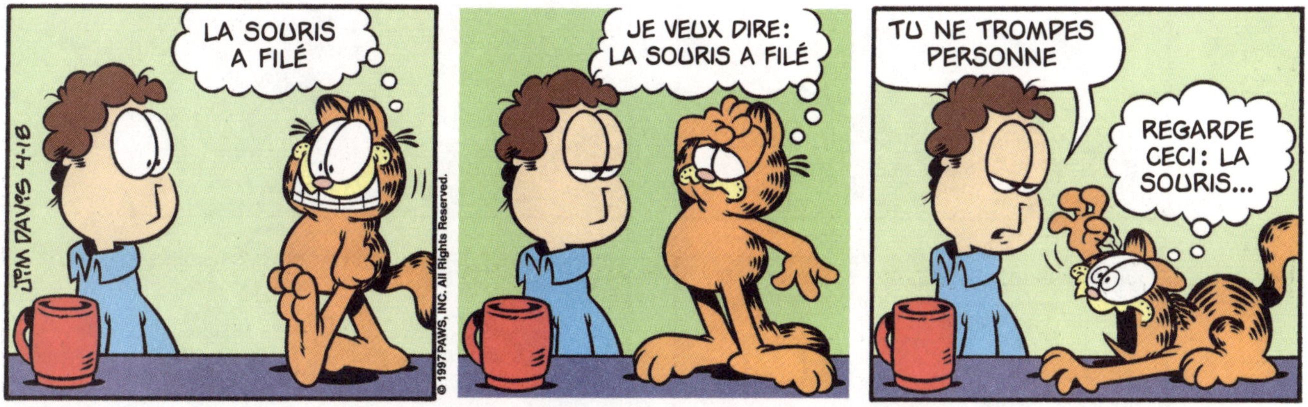
JIM DAVIS 4-18
LA SOURIS A FILÉ
© 1997 PAWS, INC. All Rights Reserved.
JE VEUX DIRE: LA SOURIS A FILÉ
TU NE TROMPES PERSONNE
REGARDE CECI: LA SOURIS...

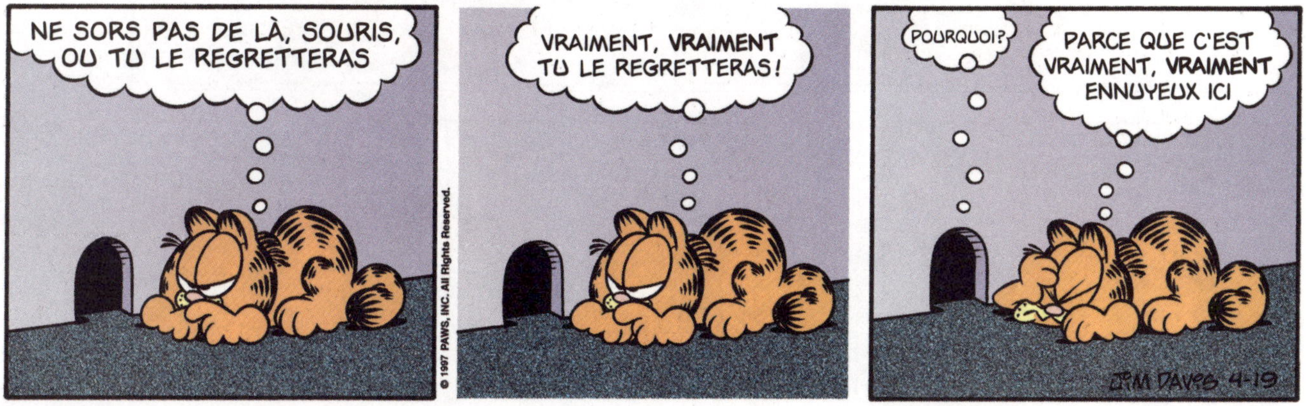
NE SORS PAS DE LÀ, SOURIS, OU TU LE REGRETTERAS
© 1997 PAWS, INC. All Rights Reserved.
VRAIMENT, **VRAIMENT** TU LE REGRETTERAS!
POURQUOI?
PARCE QUE C'EST VRAIMENT, **VRAIMENT** ENNUYEUX ICI
JIM DAVIS 4-19

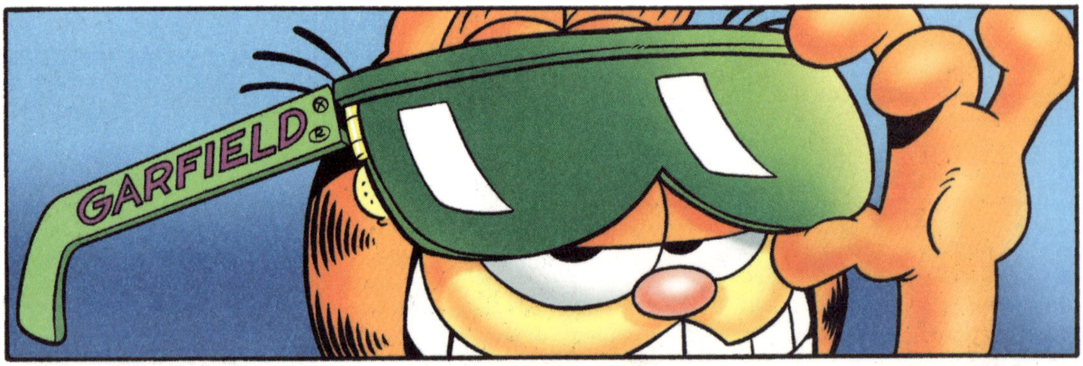
GARFIELD®

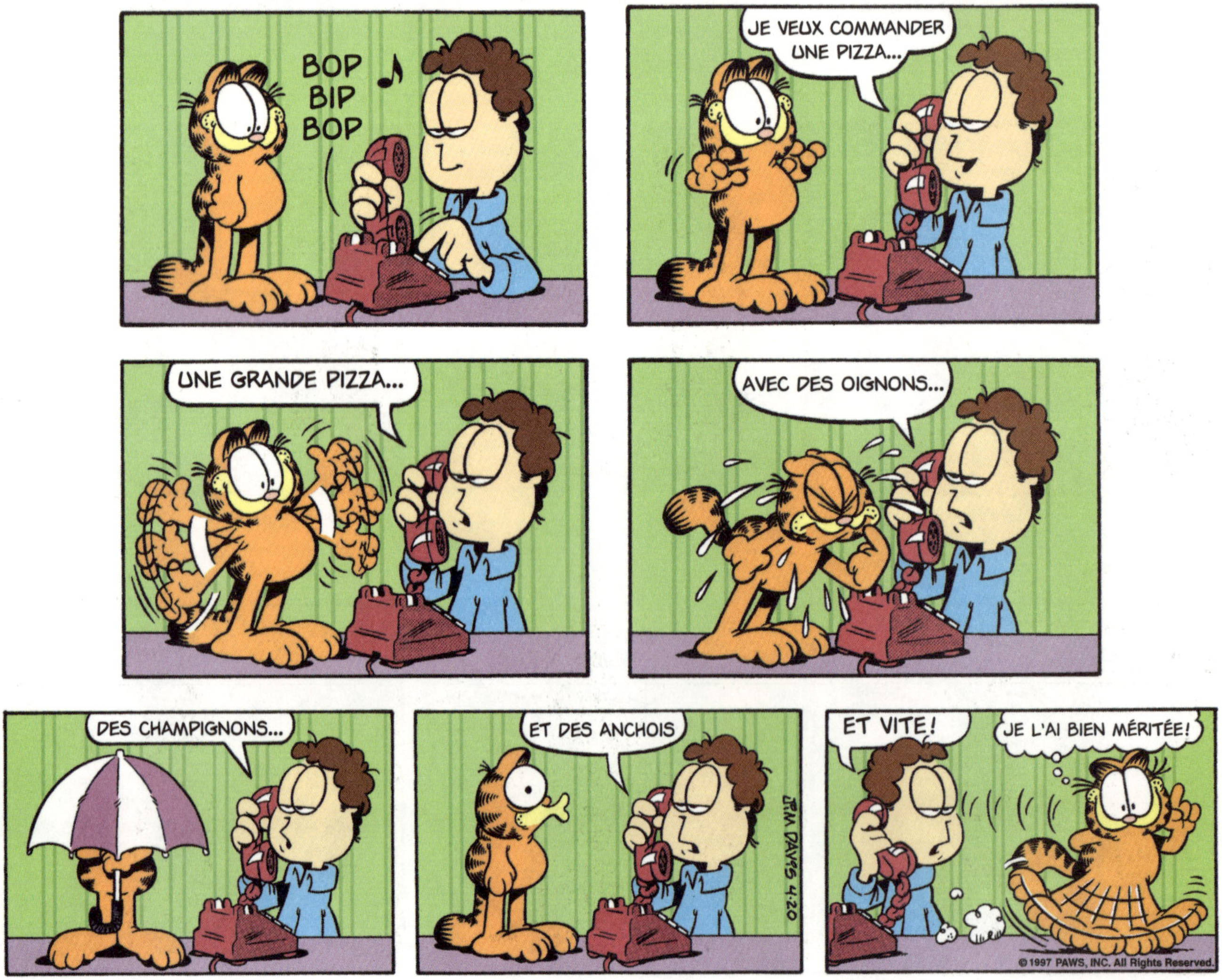
BOP
BIP
BOP
JE VEUX COMMANDER UNE PIZZA...
UNE GRANDE PIZZA...
AVEC DES OIGNONS...
DES CHAMPIGNONS...
ET DES ANCHOIS
ET VITE!
JE L'AI BIEN MÉRITÉE!
© 1997 PAWS, INC. All Rights Reserved.

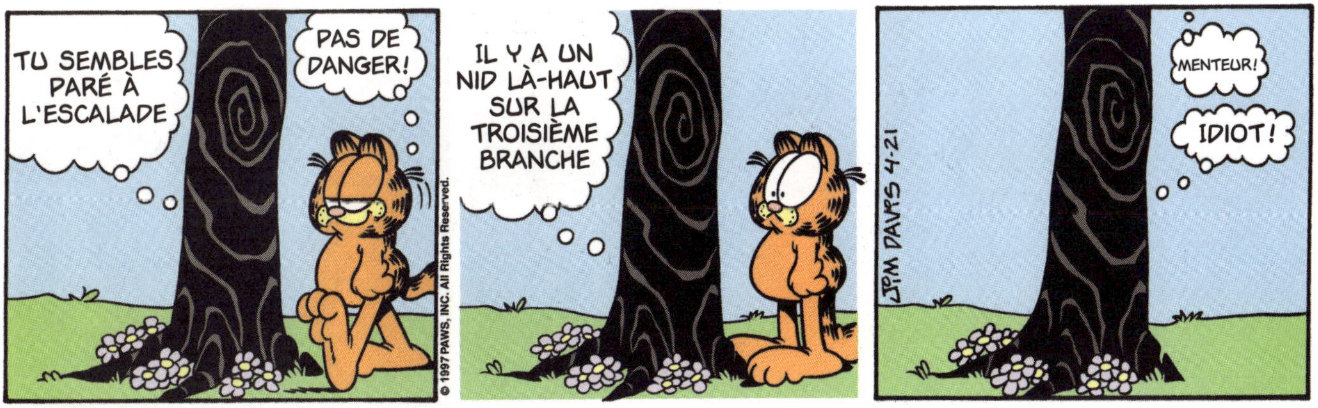
TU SEMBLES PARÉ À L'ESCALADE
PAS DE DANGER!
© 1997 PAWS, INC. All Rights Reserved.
IL Y A UN NID LÀ-HAUT SUR LA TROISIÈME BRANCHE
JIM DAVIS 4-21
MENTEUR!
IDIOT!

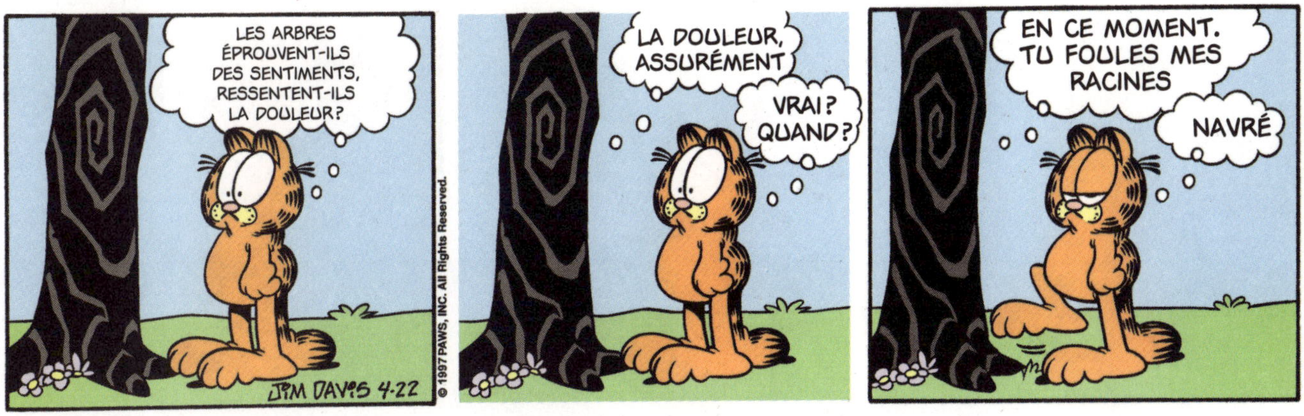
LES ARBRES ÉPROUVENT-ILS DES SENTIMENTS, RESSENTENT-ILS LA DOULEUR?
JIM DAVIS 4-22
© 1997 PAWS, INC. All Rights Reserved.
LA DOULEUR, ASSURÉMENT
VRAI? QUAND?
EN CE MOMENT. TU FOULES MES RACINES
NAVRÉ

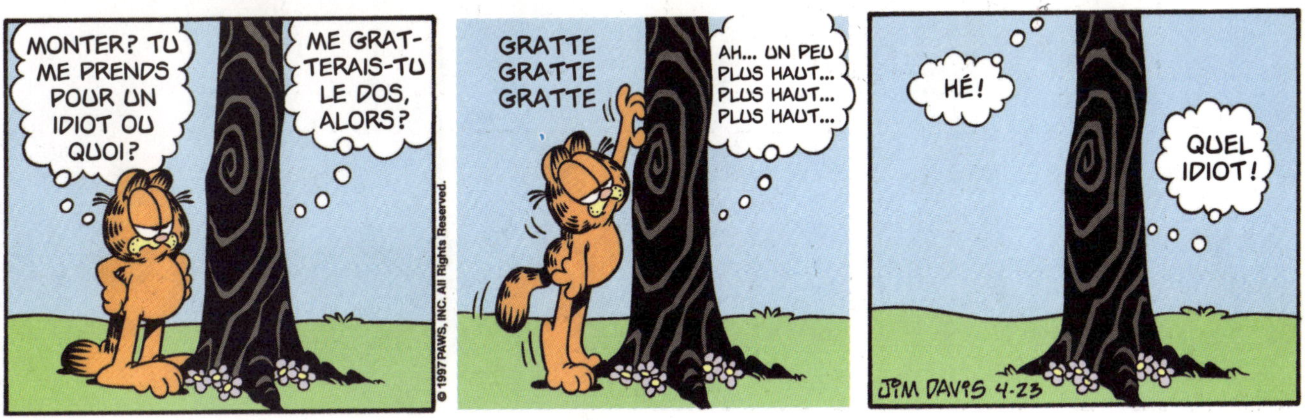
MONTER? TU ME PRENDS POUR UN IDIOT OU QUOI?
ME GRATTERAIS-TU LE DOS, ALORS?
© 1997 PAWS, INC. All Rights Reserved.
GRATTE GRATTE GRATTE
AH... UN PEU PLUS HAUT... PLUS HAUT... PLUS HAUT...
HÉ!
QUEL IDIOT!
JIM DAVIS 4-23

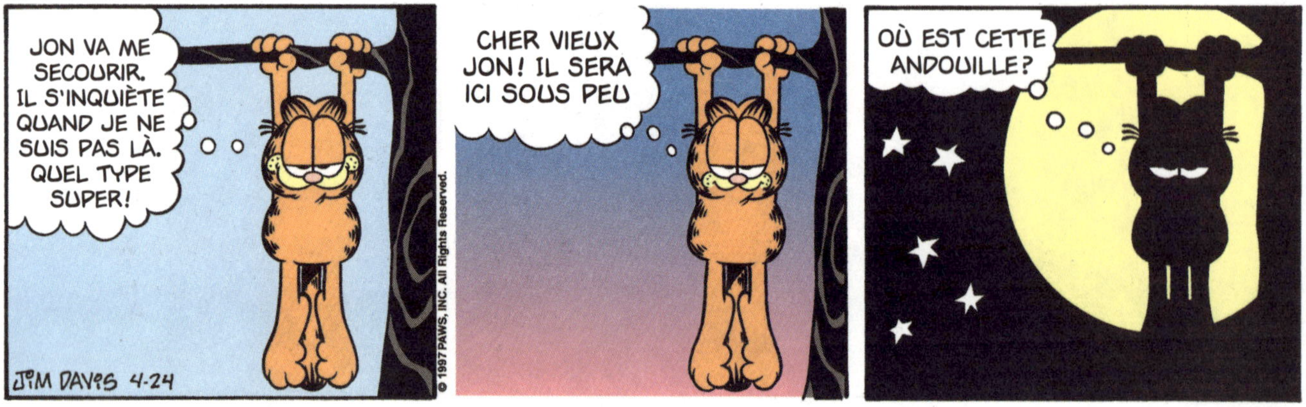
JON VA ME SECOURIR. IL S'INQUIÈTE QUAND JE NE SUIS PAS LÀ. QUEL TYPE SUPER!
JIM DAVIS 4-24
© 1997 PAWS, INC. All Rights Reserved.
CHER VIEUX JON! IL SERA ICI SOUS PEU
OÙ EST CETTE ANDOUILLE?

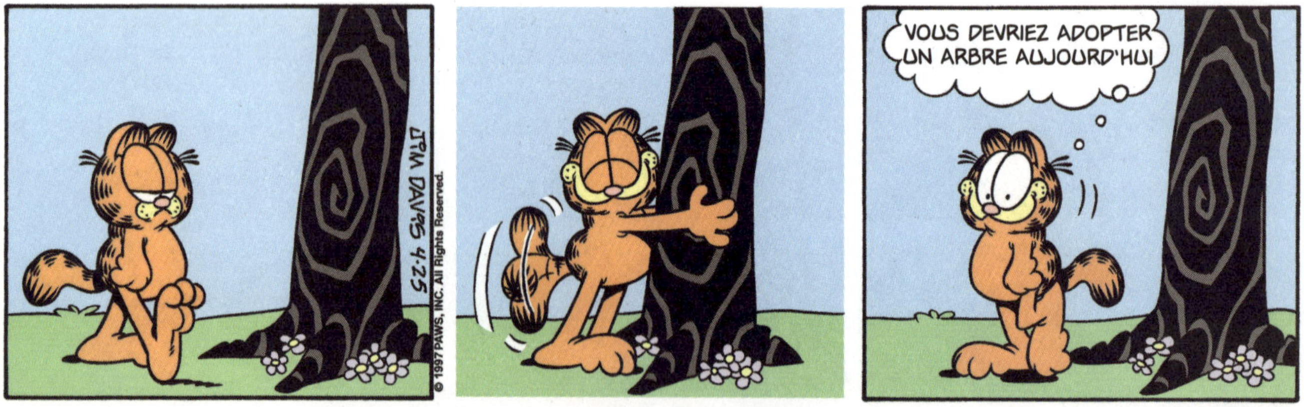
JIM DAVIS 4-25
© 1997 PAWS, INC. All Rights Reserved.
VOUS DEVRIEZ ADOPTER UN ARBRE AUJOURD'HUI

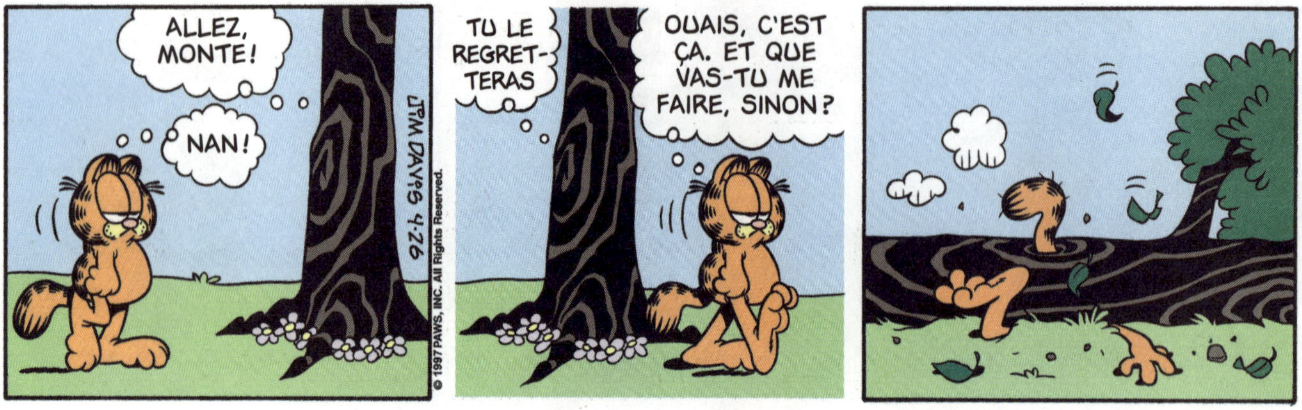
ALLEZ, MONTE!
NAN!
JIM DAVIS 4-26
© 1997 PAWS, INC. All Rights Reserved.
TU LE REGRET-TERAS
OUAIS, C'EST ÇA. ET QUE VAS-TU ME FAIRE, SINON?

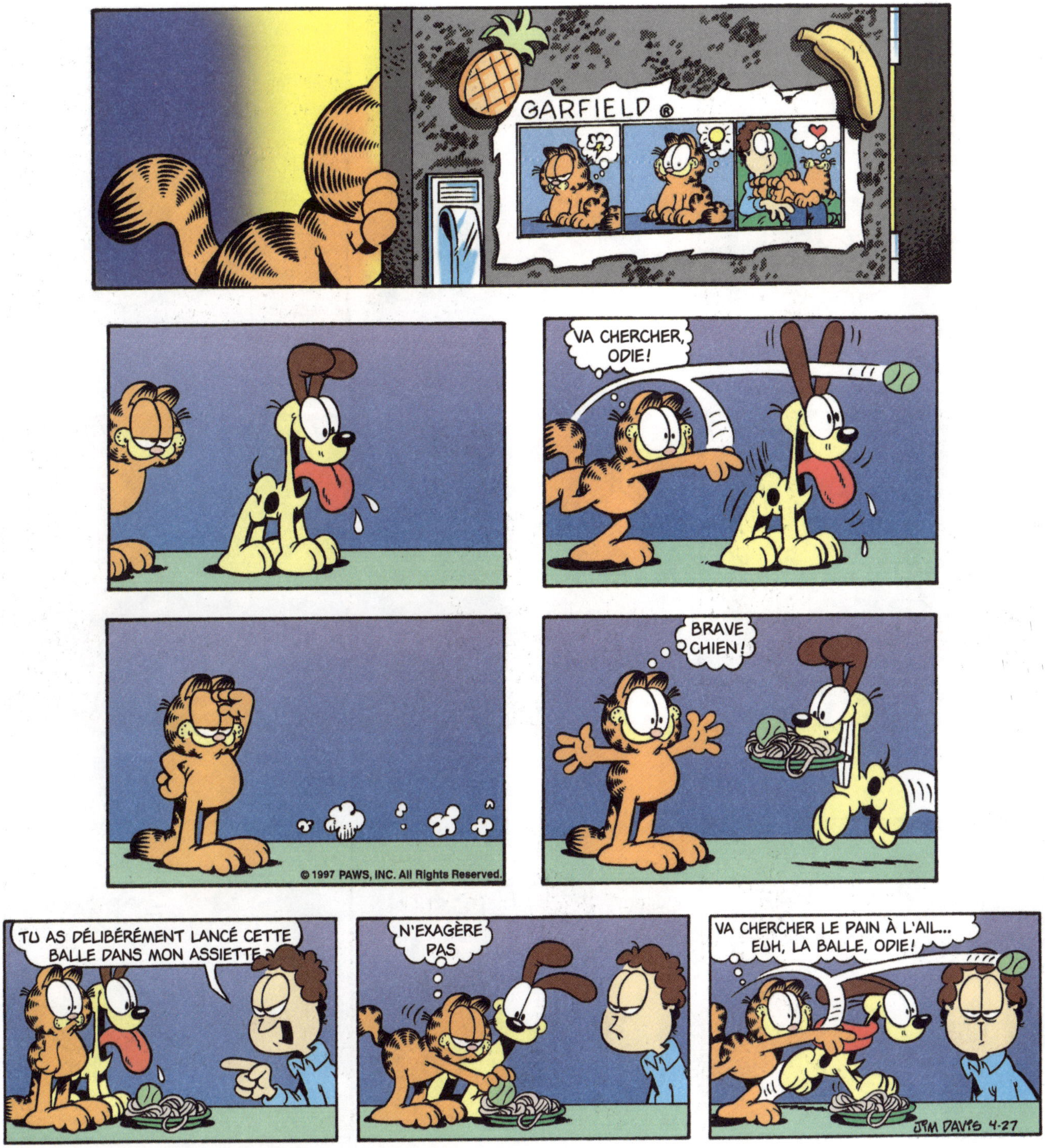
GARFIELD ®
VA CHERCHER, ODIE!
BRAVE CHIEN!
© 1997 PAWS, INC. All Rights Reserved.
TU AS DÉLIBÉRÉMENT LANCÉ CETTE BALLE DANS MON ASSIETTE?
N'EXAGÈRE PAS
VA CHERCHER LE PAIN À L'AIL... EUH, LA BALLE, ODIE!
JIM DAVIS 4-27

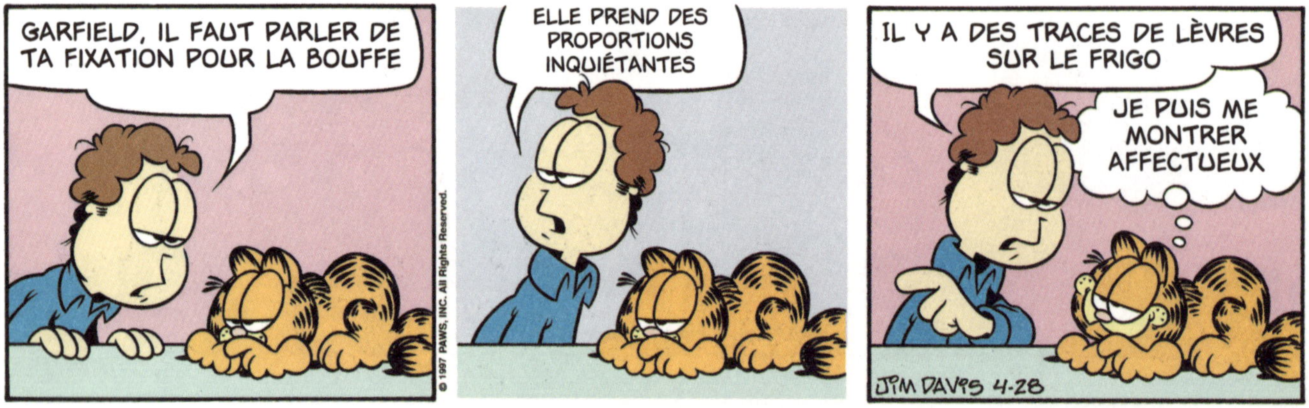
GARFIELD, IL FAUT PARLER DE TA FIXATION POUR LA BOUFFE
© 1997 PAWS, INC. All Rights Reserved.
ELLE PREND DES PROPORTIONS INQUIÉTANTES
IL Y A DES TRACES DE LÈVRES SUR LE FRIGO
JE PUIS ME MONTRER AFFECTUEUX
JIM DAVIS 4-28

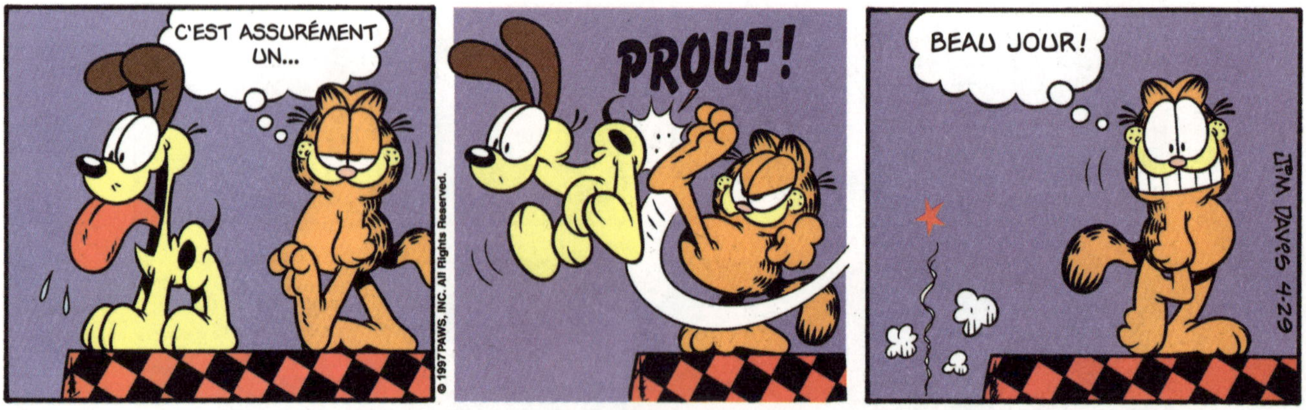
C'EST ASSURÉMENT UN...
© 1997 PAWS, INC. All Rights Reserved.
PROUF!
BEAU JOUR!
JIM DAVIS 4-29

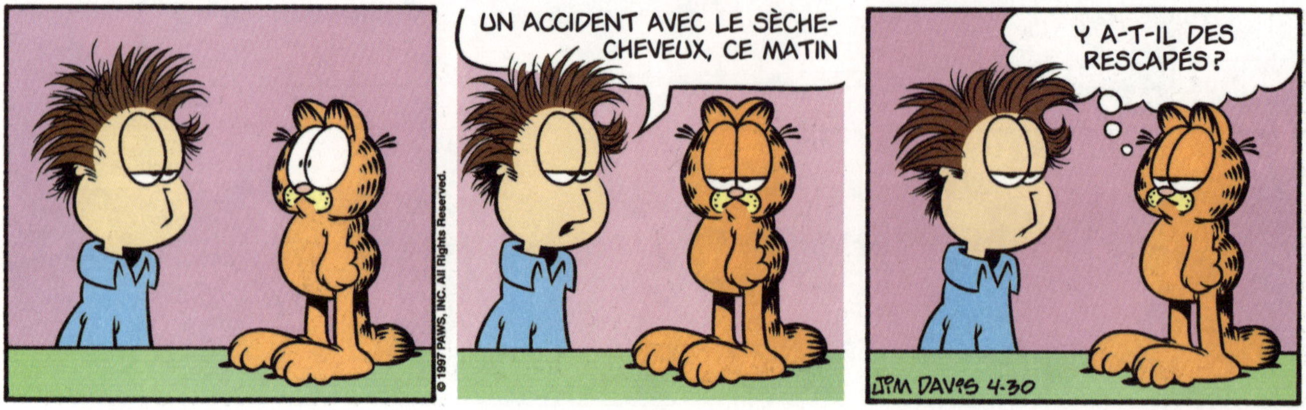
© 1997 PAWS, INC. All Rights Reserved.
UN ACCIDENT AVEC LE SÈCHE-CHEVEUX, CE MATIN
Y A-T-IL DES RESCAPÉS ?
JIM DAVIS 4-30

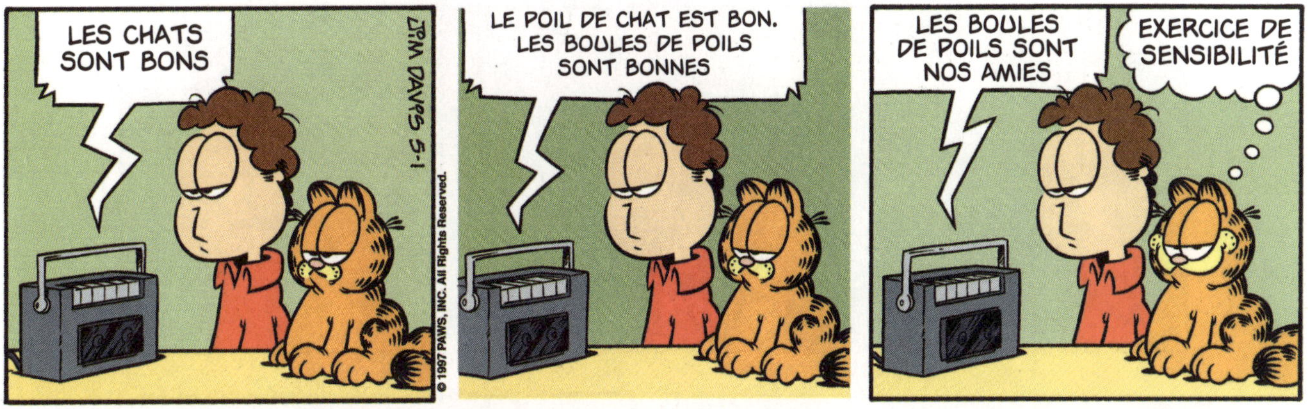
LES CHATS SONT BONS
LE POIL DE CHAT EST BON. LES BOULES DE POILS SONT BONNES
LES BOULES DE POILS SONT NOS AMIES
EXERCICE DE SENSIBILITÉ
© 1997 PAWS, INC. All Rights Reserved.

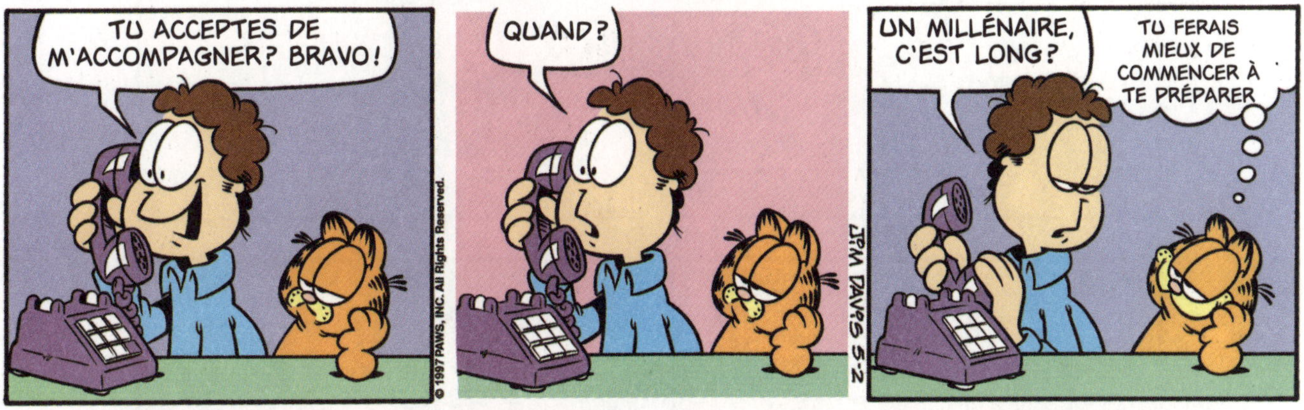
TU ACCEPTES DE M'ACCOMPAGNER? BRAVO!
QUAND?
UN MILLÉNAIRE, C'EST LONG?
TU FERAIS MIEUX DE COMMENCER À TE PRÉPARER
© 1997 PAWS, INC. All Rights Reserved.

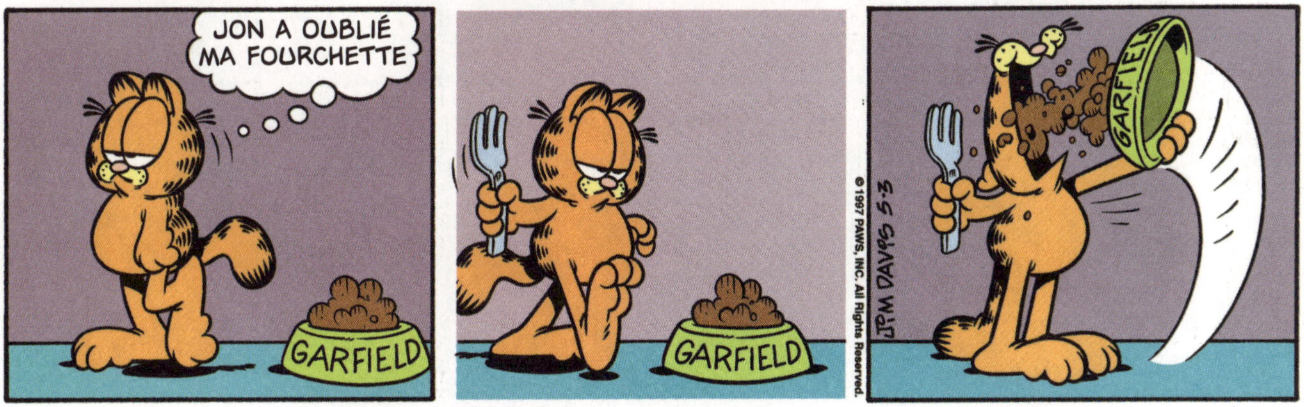
JON A OUBLIÉ MA FOURCHETTE
GARFIELD
GARFIELD
© 1997 PAWS, INC. All Rights Reserved.

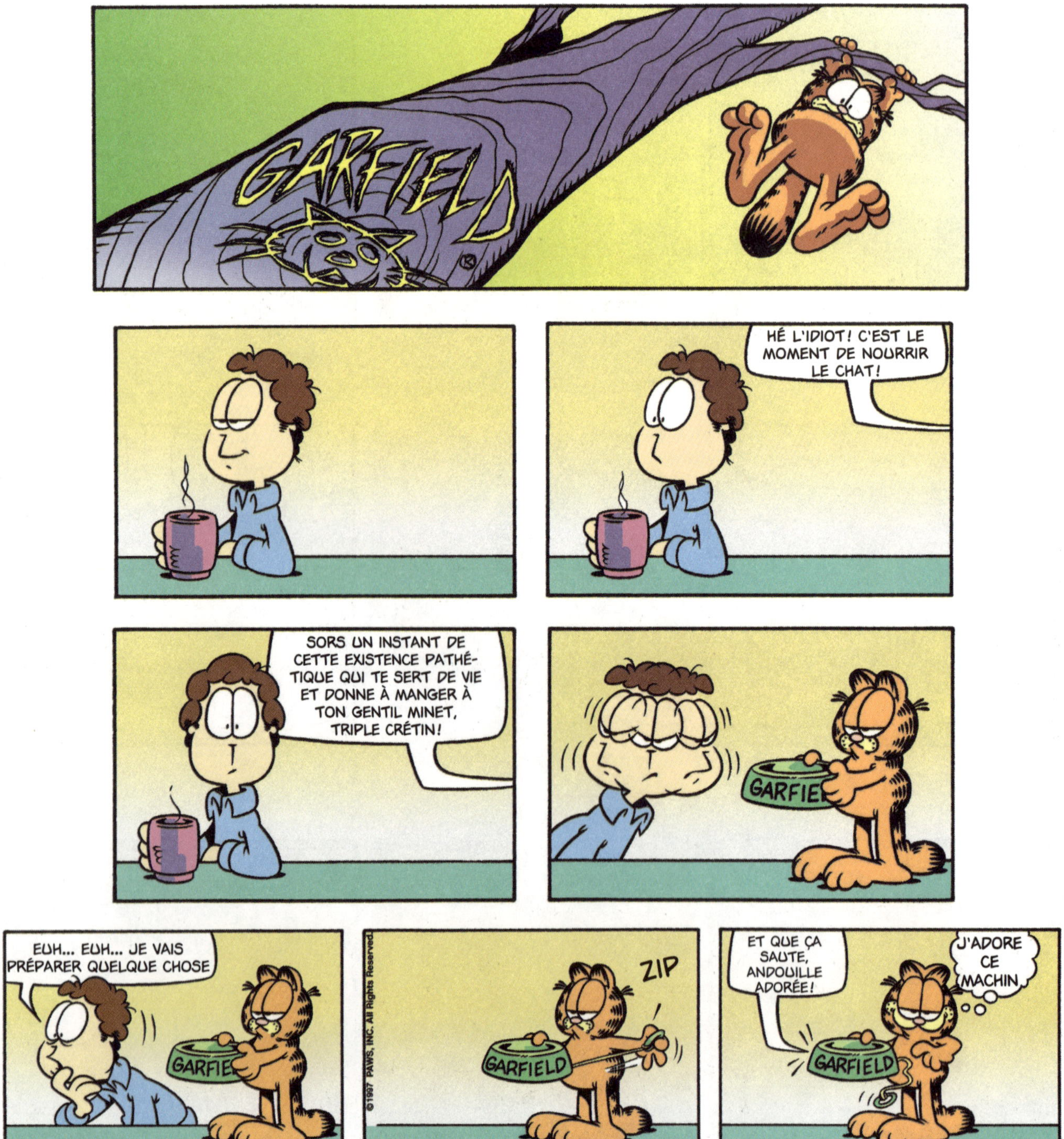
GARFIELD
HÉ L'IDIOT! C'EST LE MOMENT DE NOURRIR LE CHAT!
SORS UN INSTANT DE CETTE EXISTENCE PATHÉTIQUE QUI TE SERT DE VIE ET DONNE À MANGER À TON GENTIL MINET, TRIPLE CRÉTIN!
EUH... EUH... JE VAIS PRÉPARER QUELQUE CHOSE
©1997 PAWS, INC. All Rights Reserved.
ZIP
GARFIELD
ET QUE ÇA SAUTE, ANDOUILLE ADORÉE!
J'ADORE CE MACHIN
JIM DAVIS 5-4

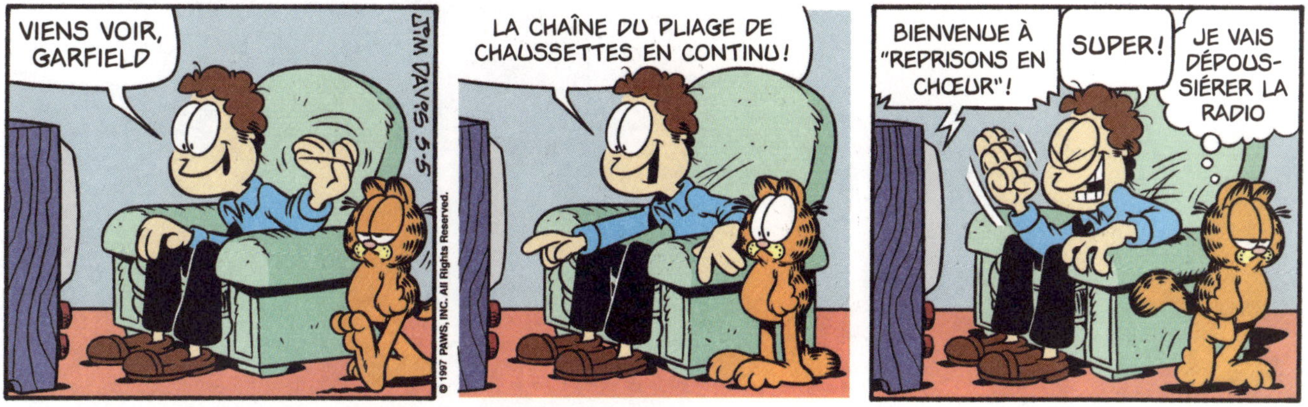
VIENS VOIR, GARFIELD
JIM DAVIS 5-5
© 1997 PAWS, INC. All Rights Reserved.
LA CHAÎNE DU PLIAGE DE CHAUSSETTES EN CONTINU !
BIENVENUE À "REPRISONS EN CHŒUR" !
SUPER !
JE VAIS DÉPOUSSIÉRER LA RADIO

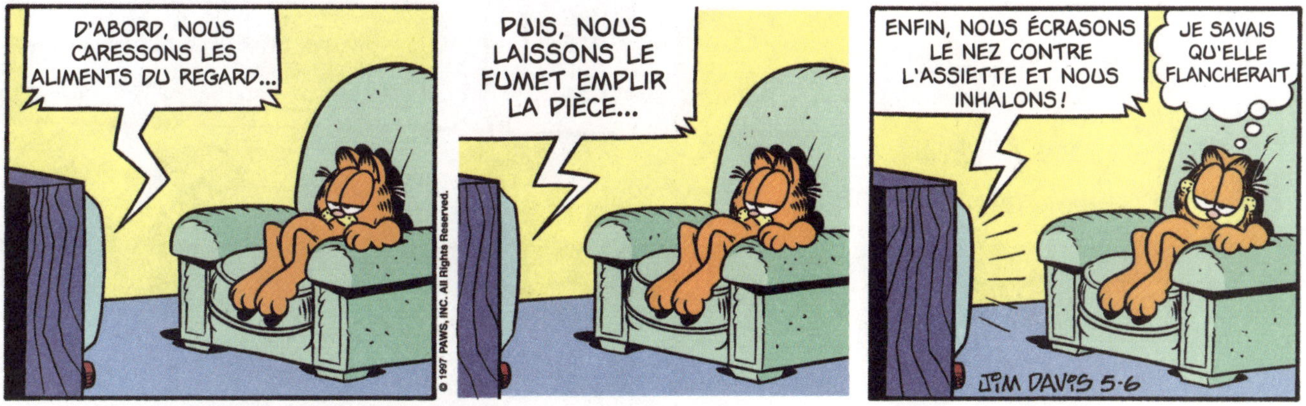
D'ABORD, NOUS CARESSONS LES ALIMENTS DU REGARD...
© 1997 PAWS, INC. All Rights Reserved.
PUIS, NOUS LAISSONS LE FUMET EMPLIR LA PIÈCE...
ENFIN, NOUS ÉCRASONS LE NEZ CONTRE L'ASSIETTE ET NOUS INHALONS !
JE SAVAIS QU'ELLE FLANCHERAIT
JIM DAVIS 5-6

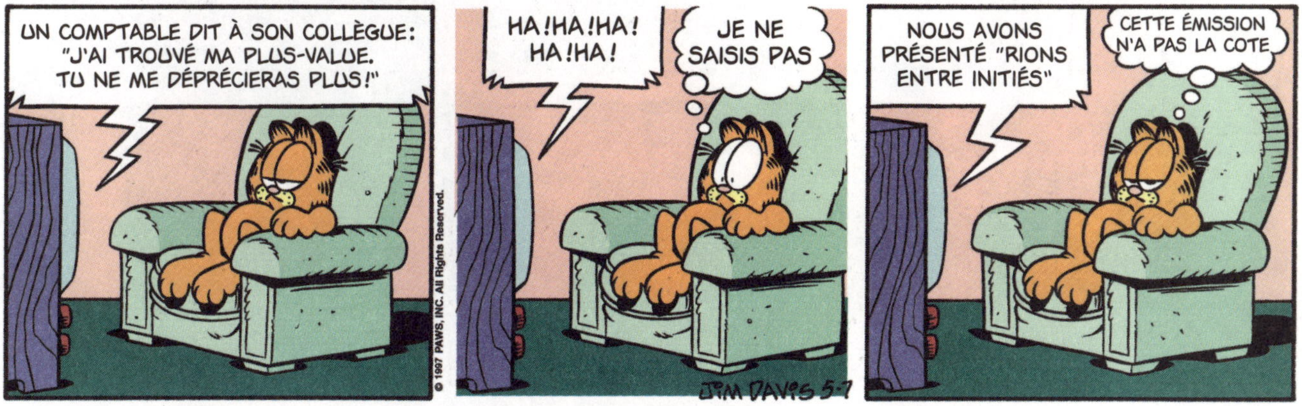
UN COMPTABLE DIT À SON COLLÈGUE: "J'AI TROUVÉ MA PLUS-VALUE. TU NE ME DÉPRÉCIERAS PLUS !"
© 1997 PAWS, INC. All Rights Reserved.
HA ! HA ! HA ! HA ! HA !
JE NE SAISIS PAS
JIM DAVIS 5-7
NOUS AVONS PRÉSENTÉ "RIONS ENTRE INITIÉS"
CETTE ÉMISSION N'A PAS LA COTE

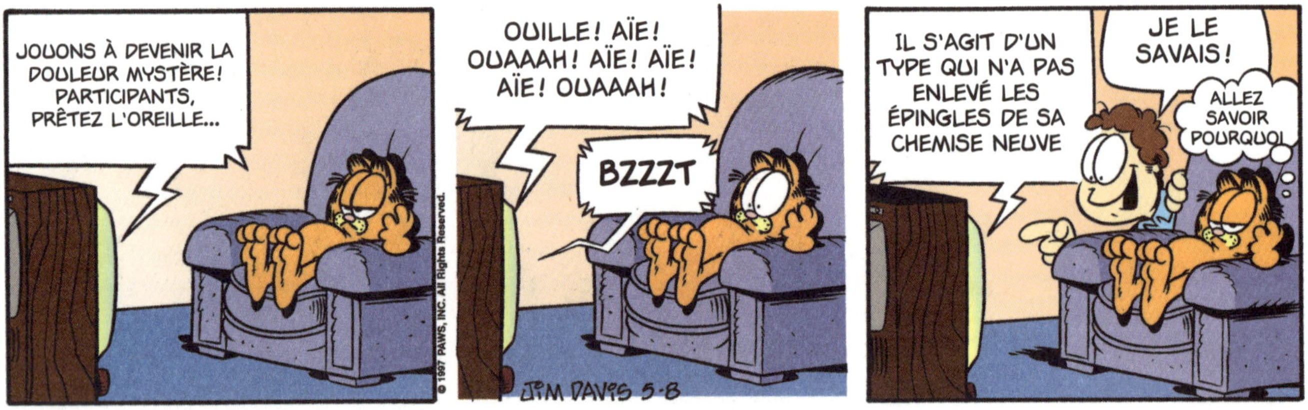
JOUONS À DEVENIR LA DOULEUR MYSTÈRE! PARTICIPANTS, PRÊTEZ L'OREILLE...
© 1997 PAWS, INC. All Rights Reserved.
OUILLE! AÏE! OUAAAH! AÏE! AÏE! AÏE! OUAAAH!
BZZZT
JIM DAVIS 5-8
IL S'AGIT D'UN TYPE QUI N'A PAS ENLEVÉ LES ÉPINGLES DE SA CHEMISE NEUVE
JE LE SAVAIS!
ALLEZ SAVOIR POURQUOI

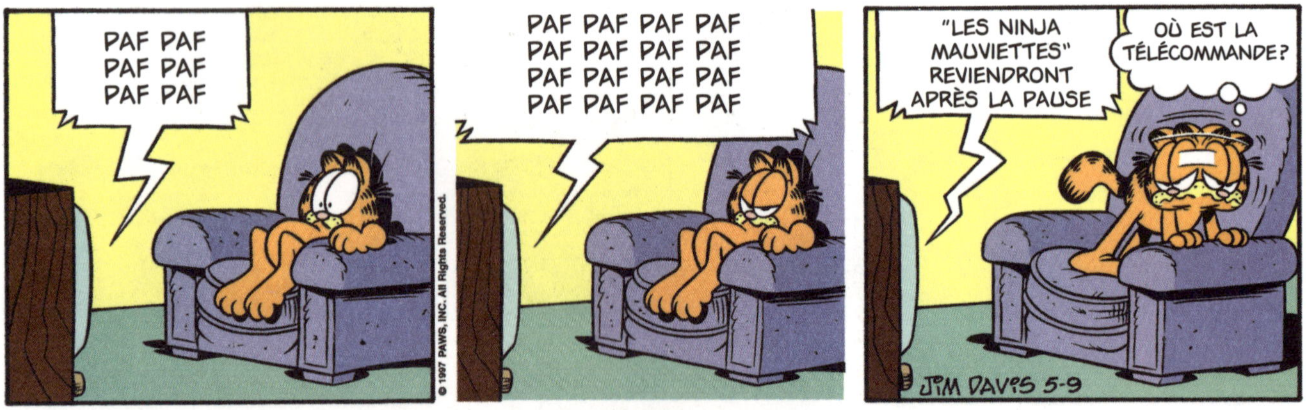
PAF PAF PAF PAF PAF PAF
© 1997 PAWS, INC. All Rights Reserved.
PAF PAF PAF PAF PAF PAF PAF PAF PAF PAF PAF PAF PAF PAF PAF PAF
"LES NINJA MAUVIETTES" REVIENDRONT APRÈS LA PAUSE
OÙ EST LA TÉLÉCOMMANDE?
JIM DAVIS 5-9

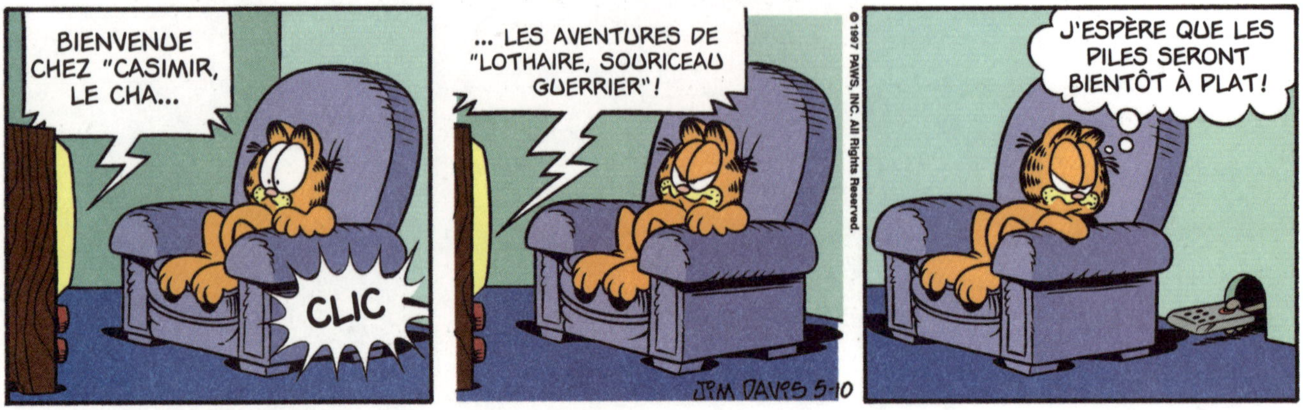
BIENVENUE CHEZ "CASIMIR, LE CHA...
CLIC
... LES AVENTURES DE "LOTHAIRE, SOURICEAU GUERRIER"!
JIM DAVIS 5-10
© 1997 PAWS, INC. All Rights Reserved.
J'ESPÈRE QUE LES PILES SERONT BIENTÔT À PLAT!

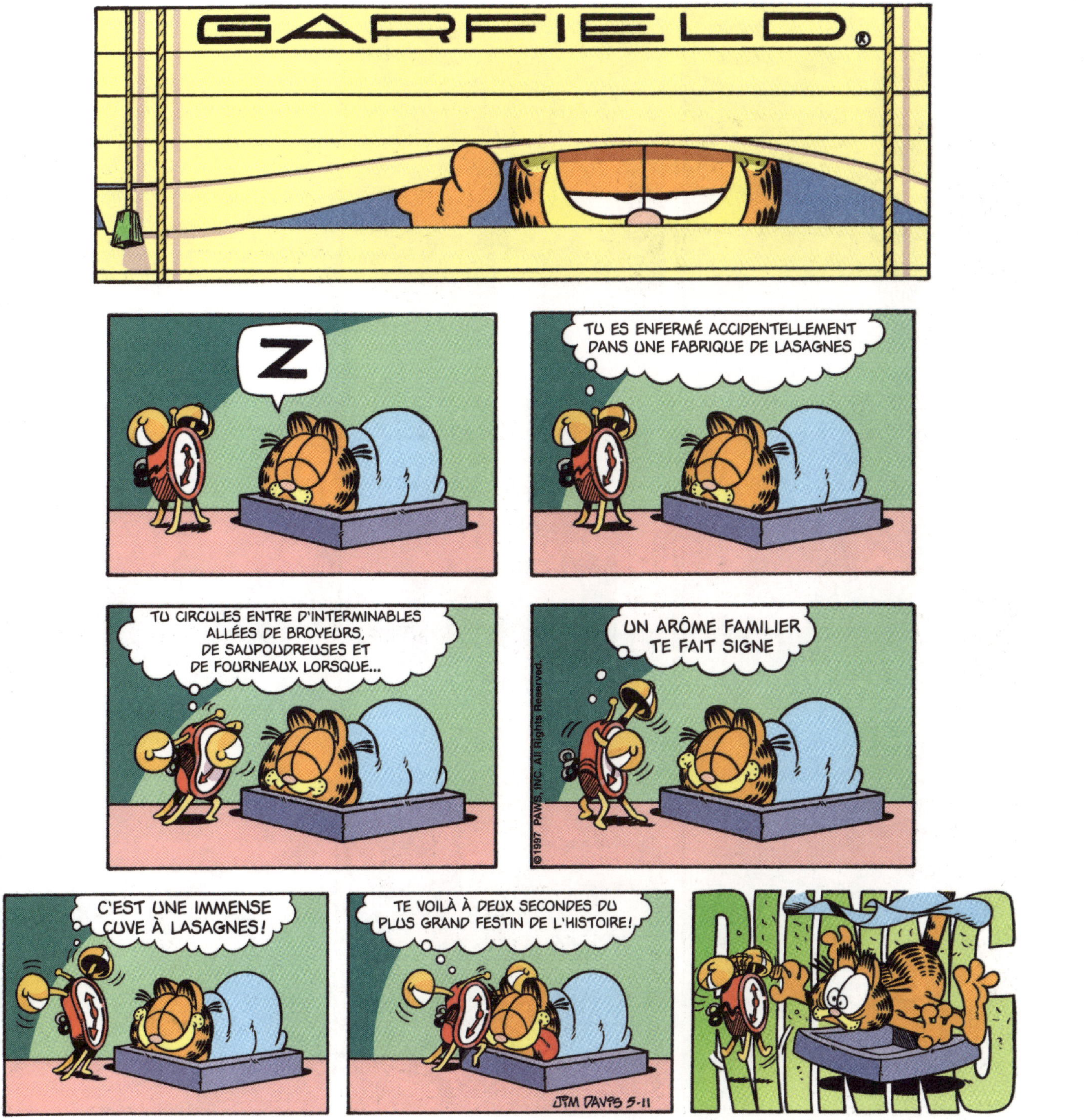
GARFIELD®
Z
TU ES ENFERMÉ ACCIDENTELLEMENT DANS UNE FABRIQUE DE LASAGNES
TU CIRCULES ENTRE D'INTERMINABLES ALLÉES DE BROYEURS, DE SAUPOUDREUSES ET DE FOURNEAUX LORSQUE...
UN ARÔME FAMILIER TE FAIT SIGNE
©1997 PAWS, INC. All Rights Reserved.
C'EST UNE IMMENSE CUVE À LASAGNES!
TE VOILÀ À DEUX SECONDES DU PLUS GRAND FESTIN DE L'HISTOIRE!
JIM DAVIS 5-11

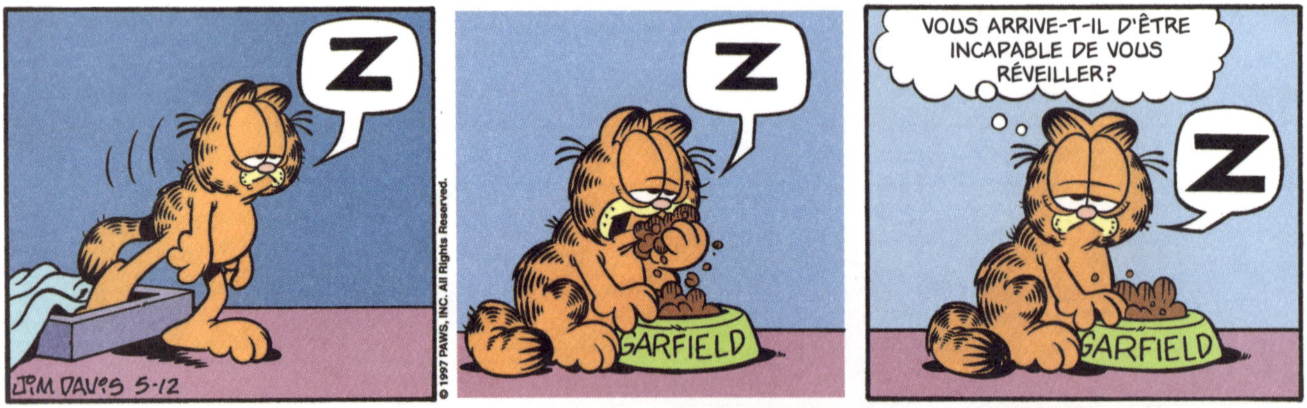
Z
JIM DAVIS 5-12
© 1997 PAWS, INC. All Rights Reserved.
Z
GARFIELD
VOUS ARRIVE-T-IL D'ÊTRE INCAPABLE DE VOUS RÉVEILLER?
Z
GARFIELD

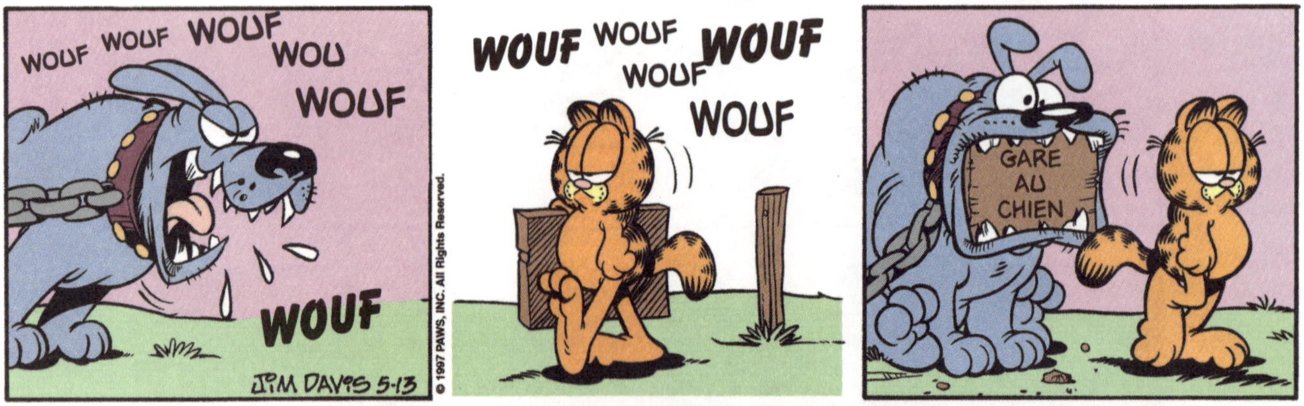
WOUF WOUF WOUF WOU WOUF
WOUF
JIM DAVIS 5-13
© 1997 PAWS, INC. All Rights Reserved.
WOUF WOUF WOUF WOUF WOUF
GARE AU CHIEN

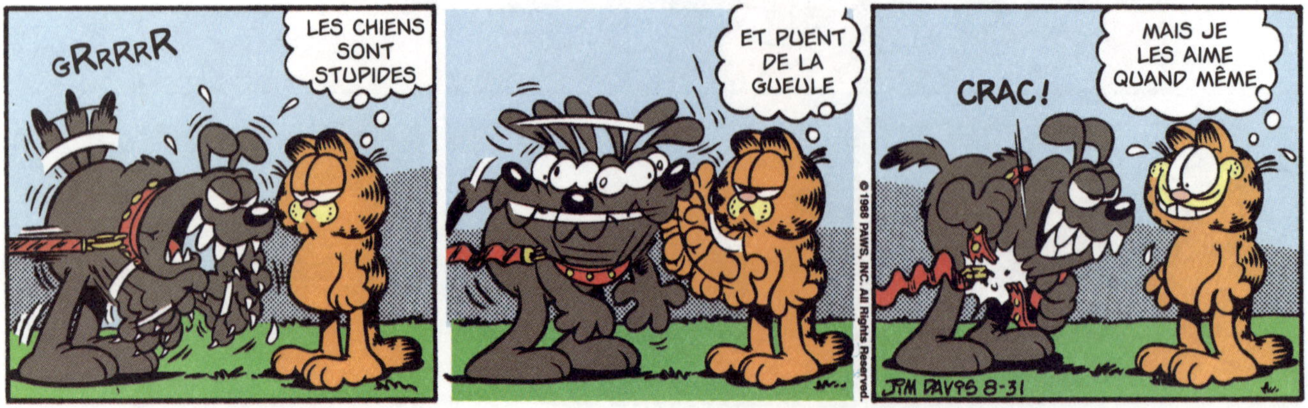
GRRRRR
LES CHIENS SONT STUPIDES
ET PUENT DE LA GUEULE
© 1988 PAWS, INC. All Rights Reserved.
CRAC!
MAIS JE LES AIME QUAND MÊME
JIM DAVIS 8-31